Le Bled

Vocabulaire

Daniel BERLION

Inspecteur d'académie

Raphaëlle LEQUEUX

Agrégée de Lettres modernes

Professeur en collège

Anne-Laure CHAT

Certifiée de Lettres modernes

Professeur en collège

hachette
ÉDUCATION

Conception graphique
Couverture : Mélissa CHALOT
Intérieur : **M**édiamax

Réalisation
Intérieur : **M**édiamax

AVANT-PROPOS

◗ Les mots sont les instruments qui permettent à chacun d'entre nous d'appréhender le monde, et par conséquent d'y vivre et de communiquer avec ses semblables. C'est dire le pouvoir que possède celui dont le vocabulaire riche et précis lui permet de se sentir à l'aise en toutes circonstances, en tous milieux.

◗ Les nouveaux programmes du collège, qui sont progressivement entrés en vigueur à partir de 2009, ont fait de l'acquisition du lexique une des priorités de l'enseignement du français. En effet, si la qualité de l'expression dépend d'abord de la maîtrise de la syntaxe, elle résulte aussi de la variété des mots que l'on connaît et de la capacité à utiliser le mot juste pour exprimer sa pensée, ses sentiments de la façon la plus nuancée et la plus précise possible. Ainsi, en plus du vocabulaire concret qui permet de désigner et de décrire efficacement, un élève a-t-il besoin de maîtriser un vocabulaire abstrait pour structurer sa pensée et manier les idées.

La lecture, certes, est extrêmement bénéfique mais il est aussi nécessaire de pratiquer des activités régulières et spécifiques pour développer son vocabulaire.

◗ Deux objectifs ont guidé notre démarche :
– concevoir un outil d'utilisation simple et rapide, dans un format maniable ;
– prendre en compte les éléments de langage récurrents dans les situations de communication du quotidien d'une personne d'aujourd'hui, sans exclure un enrichissement dans des domaines qui lui sont peut-être moins familiers.

◗ Les fiches thématiques de ce livre de vocabulaire sont organisées en doubles pages.
• Page de gauche : liste des mots liés à un domaine précisé dans le titre de la page, parfois accompagnés d'une brève définition. Des sous-titres facilitent la recherche. Pour enrichir l'emploi de ces mots, nous les avons, autant que possible, combinés : ainsi, après un nom, nous proposons une série d'adjectifs qui peuvent le qualifier ; un verbe est suivi de quelques compléments.
• Page de droite : la rubrique « Expressions usuelles » propose une dizaine d'expressions qui reprennent des mots de la leçon et donnent l'occasion de découvrir leur sens figuré. Dans la tradition BLED, suivent de nombreux exercices de mise en situation des acquis qui permettent à chacun de s'auto-évaluer grâce aux corrigés qui figurent en fin d'ouvrage.

◗ Cet ouvrage peut s'utiliser de deux façons, qui ne s'excluent pas l'une l'autre. D'une part, vous pouvez travailler les fiches les unes après les autres, de façon méthodique. Les exercices vous permettent d'assimiler le sens des mots que vous aurez lus dans la leçon. Mais vous pouvez aussi avoir recours à ces listes lorsque vous devez écrire un texte. De plus, le début de cet ouvrage propose des fiches qui présentent des notions lexicales et des conseils techniques pour une aide à la rédaction. Ces notions et techniques se conçoivent alors comme un vivier dans lequel puiser des idées pour les différents travaux d'écriture demandés au collège.

Nous espérons qu'à l'aide de cet ouvrage, vous enrichirez votre vocabulaire et pourrez évoluer, sans jamais être pris au dépourvu, dans toutes les situations langagières que vous serez amenés à rencontrer.

Les auteurs

SOMMAIRE

LA NATURE ET L'ENVIRONNEMENT

LES LIENS SOCIAUX

LES ACTIVITÉS HUMAINES

CORRIGÉS DES EXERCICES

1 L'ORIGINE DE LA LANGUE FRANÇAISE

La langue française, comme toutes les langues, s'est construite au fil de l'histoire. Les guerres, les invasions, les échanges commerciaux ont contraint les hommes à adapter leur langage afin de se faire comprendre de leurs semblables.
L'**étymologie** d'un mot est son origine.

Les mots d'origine latine

• Si quatre-vingt pour cent des mots du français sont d'origine latine, ils ont souvent été déformés.
Exemples
– le nom « assiette » est de la même famille que le verbe « asseoir »,
– le nom « cadence » est de la même famille que l'adjectif « chanceux » ;
mais :
– le nom « auvent » n'a rien à voir avec le « vent »,
– l'adjectif « forcené » ne vient pas du nom « force »,
– le nom « péage » n'appartient pas à la famille de « payer »,
– le nom « pinceau » n'appartient pas à la famille étymologique de « peinture ».
• D'autre part, un même mot latin a pu donner naissance à deux mots, l'un de formation populaire et l'autre de formation savante.

nager / naviguer	écouter / ausculter	étroit / strict
chasser / capturer	sécurité / sûreté	canal / chenal

• Cependant, environ trois cents mots et expressions ont conservé leur forme latine et sont employés avec autant d'aisance et de fréquence que les mots français.
un agenda – un omnibus – *a priori* – un tibia – un requiem – un junior – le recto – le verso – un visa – un consensus – l'abdomen
Beaucoup se terminent par la graphie *-um* : un album – un pensum – le minimum
Ils sont parfois légèrement déformés ou peuvent prendre des accents alors que ceux-ci n'existent pas en latin : un spécimen – un déficit – un mémento – un alinéa

Les mots d'origine grecque

Les mots d'origine grecque sont assez nombreux, mais la plupart sont d'usage restreint car ils appartiennent, généralement, à des lexiques spécialisés (scientifique ou technique).
la philosophie – la cardiologie – la physique – la technologie – un cylindre – la chlorophylle – un dinosaure – un cataplasme – un tréma – un archéologue – la morphologie...

Les mots empruntés à d'autres langues

Les mots francisés

Comme le français est une langue vivante, les emprunts à d'autres langues sont habituels. Peu à peu, les mots sont francisés et leur origine n'est plus connue que des linguistes.
– Origine gauloise : le blé – la bruyère – la charrue – le chemin – le chêne...
– Origine arabe : un chiffre – la caravane – le matelas – le sirop – la jupe...
– Origine allemande : une cible – l'accordéon – trinquer – la bretelle...
– Origine scandinave : un édredon – le renne – le homard – la carlingue...
– Origine tchèque : un pistolet – la calèche – le robot – l'obus...
– Origine néerlandaise : un boulevard – le vacarme – la bière – une étape...
– Origine italienne : un balcon – la caresse – un pantalon – une galerie...

Les mots qui conservent leur forme d'origine

Certains mots résistent à l'assimilation, peut-être parce qu'ils sont d'usage courant dans d'autres langues.
– L'anglais : un tandem – kidnapper – un short – le week-end – le stock...
– L'arabe : une merguez – le ramadan – une razzia – le couscous – un caïd...

– L'italien : la pizza – les spaghettis – une mezzanine – un scénario – un duo...
– L'espagnol : un camarade – l'armada – l'embargo – une paella – la vanille...
– L'allemand : un bivouac – un hamster – un képi – un vasistas – le zinc...
– Le japonais : le kimono – le tsunami – un kamikaze – un bonsaï...
– Le russe : un mammouth – le mazout – la steppe – un cosaque – une isba...
– Le portugais : l'autodafé – la pintade – le cachalot – baroque...
– Des langues scandinaves : un fjord – un drakkar – un iceberg – un geyser...
– Des langues de l'Inde : un cachou – la jungle – un cornac – le yoga – une mangue...
– Des langues africaines : le baobab – le chimpanzé – un zèbre – le raphia...
Attention
Il faut toujours penser aux mots français avant d'utiliser certains mots anglo-saxons.
Il est préférable d'employer « baladeur » plutôt que « Walkman », « présentateur » plutôt que « speaker », « gratte-ciel » plutôt que « building ».

Les mots d'origine régionale

• Mais les mots ne viennent pas uniquement du latin, du grec ou de langues étrangères. Il y avait sur le territoire de la France actuelle des dizaines de langues et de dialectes. Des mots de ces régions sont entrés dans notre langue.
la cigale (provençal) – la choucroute (alsacien) – le bocage (normand) – un bijou (breton) – le maquis (corse) – le chalet (suisse romand) – le mascaret (gascon) – la kermesse (flamand) – un caillou (picard) – un coron (wallon)
• Certains noms sont issus de noms propres.
une poubelle : nom du préfet Poubelle inventeur de cette boîte à ordures
une silhouette : nom d'un contrôleur des Finances de Louis XV
le braille : nom de l'inventeur de l'alphabet à l'usage des aveugles
un diesel : nom de l'ingénieur allemand inventeur de ce type de moteur

Les néologismes et les archaïsmes

Les néologismes

Aujourd'hui, il se crée aussi des mots nouveaux : les néologismes.
• Pour accompagner des techniques nouvelles :
surfer sur Internet – la robotique – la rétrofusée – un courriel (courrier électronique)
• Pour la publicité :
positiver – le Téléthon – le zapping – un diaporama – la croissanterie
• En modifiant (ou en regroupant) certains mots :
un Abribus – un héliport – une foultitude
• Par changement de sens :
une balance (un indicateur de police) – une niche fiscale (moyen d'échapper à l'impôt)
• En utilisant des abréviations ou des sigles :
la hi-fi – le laser – le radar – les énarques (élèves sortis de l'ENA)

Les archaïsmes

• Il demeure également des archaïsmes, c'est-à-dire des mots qui ne sont plus qu'exceptionnellement utilisés ou que l'on ne rencontre plus dans des textes anciens.
Il a laissé **choir** (tomber) le vase en cristal.
Les serfs ont **ouï** (entendu) dire que le seigneur les affranchirait.
À la pensée d'un bon repas, les convives **se pourlèchent les babines** (se régalent).
Cette nuit, la princesse a dormi dans le **mitan** du lit (le milieu du lit).
Pour être en forme, ce sportif a suivi **moult** (beaucoup de) séances de musculation.
• D'autre part, certains mots peuvent changer de catégorie grammaticale et provoquer de nouvelles créations dans le lexique.

le silence (nom)	Silence (interjection) ! On tourne.
une personne (nom)	Personne (pronom indéfini) n'est venu ce matin.
chanter faux (adverbe)	obtenir un résultat faux (adjectif qualificatif)
poser contre (préposition) le mur	marquer un but sur un contre (nom)
blessé (participe passé)	soigner un blessé (nom)
devoir (verbe)	faire son devoir (nom)

2 LA FORMATION DES MOTS

- Les mots sont des groupements de lettres qui ont un sens dans une langue donnée.
- Les **mots simples** ne peuvent pas être décomposés en unités de sens plus petites.
la tête – avant – elle – beau – dire – le cadre – qui – rouge
- Les **mots construits** peuvent être découpés en unités de sens plus petites.
la télé/vision – re/lire – un chass/eur – une en/jamb/ée – une soup/ière

Les mots composés

La composition permet de proposer un mot nouveau par juxtaposition de mots existant déjà dans le lexique. La juxtaposition peut s'effectuer de différentes façons.
- Les mots peuvent être **soudés** :
un gentilhomme – maintenir – clairsemé – la contrebande – un portefeuille – longtemps – un marchepied – le vinaigre – un gendarme – une soucoupe
- Les mots peuvent être **reliés par un trait (ou des traits) d'union** :
un porte-clés – un chasse-neige – un arc-en-ciel – un après-midi – un avant-propos – un nouveau-né – un sous-marin – un monte-charge
- Les mots peuvent être **reliés par une préposition** :
une salle à manger – un chef de gare – une machine à laver – une pomme de terre – la marche à suivre – échec et mat – le chemin de fer – une boîte de vitesses
- Les mots peuvent être simplement **juxtaposés** :
une chaise longue – un compte rendu – tout à coup – parce que – tant soit peu – quelque part – (à) bon escient – une lampe témoin

Les mots dérivés

- La **dérivation** permet de former des mots à partir d'un mot de base, le **radical**, par adjonction de **préfixes** (avant le radical) ou de **suffixes** (après le radical).
une fleur → fleurir – **re**fleurir – **af**fleur**er** – une fleur**iste** – un fleur**on** – un fleur**et**
- Parfois le radical est légèrement modifié dans les mots dérivés.
une fleur → la **flore** – la **flor**aison – les **flor**alies – un **flor**ilège – **flor**issant

Les préfixes et les suffixes

Les préfixes et les suffixes sont nombreux et possèdent, en eux-mêmes, un sens.
Exemples de préfixes :
trans- (à travers, au-delà) : transpercer – transalpin – transmettre – le transport
re- (répétition, de nouveau) : remonter – refaire – recommencer – retomber
in-, im-, il-, ir- (contraire) : invendable – impossible – illisible – irrégulier
ex- (hors de) : exporter – expatrier – l'expiration – extraire – excentrer
bi-, bis- (deux fois) : biannuel – une bicyclette – un bimoteur – un biscuit
inter- (entre) : intervenir – l'interclasse – international – intercaler
dis-, dys- (mauvais état) : dyslexique – le dysfonctionnement – disproportionné – la dysharmonie – dissymétrique – disjoindre
Exemples de suffixes :
-té (qualité) : l'honnêteté – l'égalité – la rapidité – la mobilité
-asse (péjoratif) : fadasse – molasse – blondasse – tiédasse – la vinasse
-ance, -ence (résultat de l'action) : la méfiance – la prudence – la souffrance
-al, -el (manière d'être) : familial – fraternel – glacial – habituel
-eur (au masculin, celui qui fait l'action) : le nageur – l'éleveur – le voyageur
-eur (au féminin, la qualité) : la grandeur – la maigreur – la frayeur
-graphe, -graphie (écriture) : le paragraphe – l'orthographe – la calligraphie
-aie (plantation) : l'oliveraie – la bananeraie – la roseraie – la chêneraie
-ette (diminutif) : une cuvette – une savonnette – une bouclette – une chemisette

Les familles de mots

• Tous les mots formés à partir d'un **même radical** appartiennent à la **même famille**. Ils sont formés par adjonction de préfixes et de suffixes et ils ont entre eux un **rapport de sens**.

Par exemple, la famille du nom « terre » comprend les mots suivants : le terrain – la terrasse – un terrassier – le terreau – atterrir – l'atterrissage – le souterrain – se terrer – un terril – enterrer – un enterrement – un territoire – une terrine – un parterre ; etc.

• Le radical peut se présenter sous des formes différentes.

Le mot latin « carnis » a donné : un carnassier – carné – un carnivore, mais également : la chair – charnu – décharné

Le mot latin « quattor » a donné : quatre – un quadrilatère – une quadrette, mais également : un carré – la carrure – le carrelage – un carreau

• Il est parfois difficile de retrouver le radical à partir de plusieurs mots de même famille.

un pied – un trépied – un piéton – pédestre – une pédale – un bipède – un piédestal

Les racines latines

• Deux racines latines peuvent donner des radicaux différents qui permettent néanmoins de constituer des mots de même famille.

Le latin populaire « cor » a donné : le cœur – écœurant – l'écœurement – le courage – encourager

Le latin savant « cordis » a donné : cordial – l'accord – accorder – la concorde – la discorde

On pourrait même ajouter la racine grecque « kardia » qui a donné : cardiaque – le cardiologue

• Il arrive également que le radical soit un mot d'origine latine qui n'appartient plus au français d'aujourd'hui.

« innocent » a pour radical « nocere » (en latin : nuire) → « innocent » : qui ne peut nuire.

Les variations orthographiques

• Dans quelques familles, certains mots contiennent une **consonne double** et d'autres une **consonne simple**. Il faut toujours vérifier dans un dictionnaire.

un collier mais une accolade

un homme mais un homicide

nulle mais l'annulation

une trappe mais attraper

le tonnerre mais une détonation

donner mais un donateur

• On note aussi des **modifications d'accents** à l'intérieur d'une même famille.

la grâce mais gracieux

extrême mais l'extrémité

le pôle mais polaire

le séchage mais la sècheresse

un cône mais conique

le côté mais le coteau

Les mots abrégés

Beaucoup de mots jugés trop longs, ou difficiles à prononcer, ont été abrégés.

Apocope : suppression de la fin du mot

C'est le cas le plus fréquent.

la photographie → la photo

le cinématographe → le cinéma

un survêtement → un survêt

la dernière → la der

la météorologie → la météo

un professeur → un prof

un pneumatique → un pneu

la publicité → la pub

sympathique → sympa

le football → le foot

Aphérèse : suppression du début du mot

un autobus → un bus

surfer sur Internet → surfer sur le net

faire de l'auto-stop → faire du stop

un capitaine → un pitaine

3 LA POLYSÉMIE – LE SENS PROPRE ET LE SENS FIGURÉ

Connaître le sens précis d'un mot, savoir utiliser le mot juste ou bien ses synonymes permet de mieux comprendre et de mieux se faire comprendre.

Les mots monosémiques

Ce sont des mots qui n'ont qu'**un seul sens**. Ils sont relativement rares. Ce sont souvent des termes techniques ou scientifiques.

un microscope – la médecine – un carburateur – un électron – une électrolyse

Ces mots sont strictement définis afin de ne pas être l'objet d'interprétations diverses. Il n'y a pas d'ambiguïtés, chaque mot est défini de façon rigoureuse en raison du caractère objectif et univoque que réclament les activités scientifiques ou techniques.

Les mots polysémiques

• Ce sont des mots qui peuvent avoir **plusieurs sens**. Étudier la polysémie d'un mot, c'est retrouver tous les sens que l'on peut lui donner selon le contexte. L'ensemble des sens d'un mot constitue son **champ sémantique**.

• Dans un dictionnaire, les différents sens d'un mot sont numérotés.

Exemple : **fin, fine (adjectif)**
1. Formé d'éléments très petits. *Sel fin.*
2. De très faible épaisseur. *Verre fin.*
3. Délicat, élégant. *Visage aux traits fins.*
4. D'une qualité supérieure. *Des chocolats fins.*
5. Très sensible. *Avoir l'ouïe fine.*
6. Qui est subtil, intelligent. *Une remarque fine.*

Le sens propre et le sens figuré

Des mots

• **Le sens propre d'un mot est son sens premier, le plus simple et le plus courant.**
De gros **nuages** noirs annoncent l'orage.

• Un mot peut posséder **d'autres sens** que l'on appelle les **sens figurés**. Un mot est au sens figuré quand on le **détourne de son sens premier** (le sens propre) pour créer un **effet de style**, en s'appuyant sur des caractéristiques attribuées à ce mot.
Karim est dans les **nuages**. – Heureux, Karim flotte sur un petit **nuage**. – Il n'y a jamais eu de **nuages** entre nous : nous nous entendons bien.

• Pour distinguer le sens propre du sens figuré, il faut souvent examiner **le contexte**.
Les randonneurs prennent l'**air** au sommet de la montagne. Sens propre : respirer l'air frais.
Jordan prend un **air** détaché, mais on sent qu'il est vexé. Sens figuré : manifester de l'indifférence.

• En général, le **sens propre** renvoie au **sens concret** et le **sens figuré** renvoie au **sens abstrait** ou **imagé**.
J'ai pris une épaisse **couverture** pour dormir sous la tente.
Sens propre : sens concret d'un morceau de tissu qui tient chaud quand on est couché.
Mon assurance me garantit une bonne **couverture** en cas d'accident.
Sens figuré : idée abstraite de protection.

Des expressions

• Le plus souvent, c'est une expression complète qui indique un sens figuré.
Se faire fort de réussir : être sûr d'arriver à quelque chose
Enfoncer une porte ouverte : démontrer une évidence
Perdre la tête : s'affoler, ne plus savoir ce que l'on fait
• Les changements de sens peuvent s'effectuer :
– par passage de la cause à l'effet : Cet écrivain a une bonne plume.
– par passage du contenant au contenu : Nous buvons une tasse de café.
– par passage de la partie au tout : On aperçoit une voile au large. (une voile pour un bateau)
– par affaiblissement de sens : Autrefois, meurtrir, c'était commettre un meurtre.
– par extension de sens : Au Moyen Âge, le boucher ne vendait que de la viande de bouc.
– par la présence, ou non, d'un COD : Je repasserai le linge. / Je repasserai tout à l'heure.
• Les textes comiques ou poétiques jouent très souvent sur les sens figurés des mots et des expressions.

LES NIVEAUX DE LANGUE

Selon les destinataires de nos paroles et de nos écrits, le niveau de langue que nous employons varie. On distingue **trois niveaux de langue.**

Le niveau de langue soutenu

Le niveau de langue soutenu exige un **respect strict des règles de grammaire** et une grande **diversité dans le choix des mots et des tournures.** C'est le niveau de langue de la plupart des **œuvres littéraires** et de la **correspondance administrative** ou **officielle.**
Ces deux personnages émettent des points de vue divergents.
Aurais-tu l'obligeance de me prêter tes mocassins ?
Quelles réflexions cet ouvrage vous inspire-t-il ?
Remarque
Dans un niveau de langue soutenu, on n'utilise pas les pronoms personnels compléments « en » et « y » pour remplacer une personne ou un animal ; cet emploi est cependant toléré à l'oral pour « en ».
Cette chanteuse, tout le monde en dit du bien.

Le niveau de langue courant

Le niveau de langue courant s'emploie, à l'**oral** ou à l'**écrit**, dans la **vie quotidienne** avec des personnes qui nous sont peu familières. Le **vocabulaire** et la **syntaxe sont corrects.**
Ces deux personnes ont des opinions différentes.
Tu me prêtes tes chaussures ?
Qu'est-ce que vous pensez de ce livre ?
Remarque
L'omission de la première partie de la négation et celle du sujet « il » dans les tournures impersonnelles relèvent d'un niveau de langue relâché.
Cet étang est guère profond.   Faut que nous partions de bonne heure.

Le niveau de langue familier

Le niveau de langue familier s'utilise **spontanément** avec des **personnes de notre entourage. Rarement écrite,** cette langue présente des approximations, un vocabulaire particulier et de nombreuses élisions ou omissions.
Ces types n'disent pas la même chose.
Tu m'passes tes pompes ?
Vous pensez quoi de c'bouquin ?

L'argot

• Il existe également une langue argotique au **lexique** bien **spécifique.**
Tu m'files tes godasses ?   Y's'la pète un max !
• Le **verlan** est l'inversion des syllabes des mots.

branché → chébran   tomber → béton   lourd → relou
la fête → la teuf   une femme → une meuf   fou → ouf

Langages particuliers

Il existe des termes et des tournures propres à des groupes de personnes qui exercent la même profession, demeurent en des mêmes régions ou ont des centres d'intérêt communs.
Les marins envoient le spi pour profiter de la moindre risée.
Le journaliste remet son papier au rédacteur en chef.
Avec les machines à commandes numériques, les ajusteurs n'utilisent plus de pied à coulisse.
Le boucher vous demande si vous voulez un bifteck dans l'araignée ou la macreuse.
Les dents du 45 c de 1978, représentant Pasteur, intéressent le philatéliste et non le dentiste !

Savoir adapter son niveau de langue en fonction des situations et des interlocuteurs est la marque d'une maîtrise affirmée du français.

5 — SYNONYMES – ANTONYMES – HYPERONYMES – PARONYMES – PLÉONASMES

Les synonymes

• Les synonymes sont des mots qui, **dans un même contexte**, ont des **sens à peu près identiques**. Les synonymes appartiennent à la **même catégorie grammaticale**.
La **voiture** (nom) de M. Denisot n'est pas encore réparée : il **attend** (verbe).
L'**automobile** (nom) de M. Denisot n'est pas encore réparée : il **patiente** (verbe).
• Il faut choisir des synonymes pour **éviter les répétions**.
Le **talent** de ce tailleur de pierre saute aux yeux. Son **habileté** à manier le ciseau fait merveille.
• On emploie aussi des synonymes pour être **plus précis**.
Sur le menu de ce restaurant, il y a beaucoup de **choses**.
Sur le menu de ce restaurant, il y a beaucoup de **plats**.

Des synonymes aux sens plus ou moins proches

Les synonymes qui ont exactement le même sens sont rares. Le plus souvent, le sens varie légèrement d'un mot à l'autre.
• Les synonymes peuvent être **plus ou moins précis**.
Le loyer de l'**habitation** de M. Colin est très élevé.
Le loyer de l'**appartement** de M. Colin est très élevé.
• Les synonymes peuvent **varier d'intensité**.

la chaleur / la canicule	audacieux / téméraire
orner / embellir	figer / pétrifier
mince / fluet	une opposition / une divergence
intelligent / génial	maigre / squelettique

• Les synonymes peuvent avoir des **sens plus ou moins favorables**.
un garçon / un garnement   un malheur / une calamité
• Les synonymes peuvent appartenir à des **niveaux de langue différents**.

Langage soutenu : Ce problème est **ardu**.	Nous **musardons** le long du canal.
Langage correct : Ce problème est **difficile**.	Nous **nous promenons** le long du canal.
Langage familier : Ce problème est **coton**.	Nous **nous baladons** le long du canal.

Des synonymes différents selon le contexte

Un même mot peut avoir, selon le contexte, des synonymes différents.
Les **lettres** de l'alphabet cyrillique sont différentes de celles de l'alphabet romain.
Les **caractères** de l'alphabet cyrillique sont différents de ceux de l'alphabet romain.
Au centre de tri, les **lettres** sont rangées à l'aide d'une machine capable de lire les adresses.
Au centre de tri, les **courriers** sont rangés à l'aide d'une machine capable de lire les adresses.
L'acrobate vient de **tomber** du trapèze.
L'acrobate vient de **chuter** du trapèze.
Flavien vient de **tomber** sur un livre intéressant.
Flavien vient de **trouver** un livre intéressant.

Les antonymes

• Les antonymes sont des **mots de même nature grammaticale** qui, dans un **même contexte**, ont des **sens contraires**.
M. Leroy travaille **le jour**. M. Leroy travaille **la nuit**.
Mais le contraire de l'expression « au jour le jour » n'est pas « à la nuit la nuit ».
• Un mot qui a plusieurs sens peut avoir un antonyme pour chacun d'eux.
passer un **mauvais** moment / passer un moment **agréable**
avoir une **mauvaise** haleine / avoir une haleine **fraîche**
sortir par **mauvais** temps / sortir par **beau** temps

Les formations particulières de certains antonymes

• Un certain nombre d'antonymes sont formés à l'aide d'un **préfixe négatif**.

honnête / **mal**honnête	lisible / **il**lisible	faire / **dé**faire
normal / **a**normal	connaître / **mé**connaître	un accord / un **dés**accord

• Un certain nombre d'antonymes sont formés à l'aide d'un **changement de préfixe**.

un **pré**fixe / un **suf**fixe   **im**porter / **ex**porter

• La **négation** permet également d'exprimer une idée contraire.

Je sais jouer aux échecs. / Je **ne** sais **pas** jouer aux échecs.

Les hyperonymes

• Les hyperonymes sont des **noms de sens général qui englobent un ensemble de noms de sens plus restreint et plus précis**.

un véhicule → une automobile – un camion – un autocar – un 4 × 4

un fruit → une cerise – une pomme – une pêche – un abricot

• Pour bien se faire comprendre, il faut éviter, autant que possible, l'emploi d'hyperonymes dans des phrases isolées.

Cette personne déplace les icônes.

Ce peut être :

Le prêtre orthodoxe déplace les icônes de son église.

L'informaticien déplace les icônes du bureau.

Les paronymes

Certains mots ont des **formes écrites** et des **prononciations proches**, ce sont des paronymes. Pour choisir le terme correct, il faut bien examiner le sens de la phrase.

Je ne voudrais pas être **importun**, mais je dois entrer dans cette salle. (**importun** : qui déplaît, qui ennuie, qui gêne par sa présence).

Edith est arrivée au moment **opportun**. (**opportun** : qui convient, qui vient fort à propos).

Remarques

• La phrase peut être incorrecte ou incompréhensible lorsqu'on emploie un mot pour un autre par ignorance.

Quand on a pris une décision après mûre réflexion, il faut l'**assurer**.

Il convient évidemment d'écrire :

Quand on a pris une décision après mûre réflexion, il faut l'**assumer**. (assurer, c'est se prémunir contre un danger, un accident)

• Les humoristes utilisent parfois délibérément les paronymes pour nous faire sourire.

Voici une personne qui a gagné une somme **gastronomique** à la loterie. (au lieu d'une somme astronomique)

Les pléonasmes

Lorsqu'on emploie ensemble deux mots qui veulent dire la même chose, on commet un pléonasme.

Pléonasmes à éviter

On ne dit pas :

– **monter en haut**, mais **monter**,

– une **fausse perruque**, mais une **perruque**,

– des **paroles verbales**, mais tout simplement des **paroles**,

– **prévoir à l'avance**, mais **prévoir** (prévoir se fait forcément à l'avance !),

– **enchevêtrés les uns dans les autres**, mais **enchevêtrés** (c'est évidemment les uns dans les autres),

– au **jour d'aujourd'hui**, mais **aujourd'hui**. Aujourd'hui est la contraction de deux mots : au jour et hui (qui vient du latin et qui veut dire : « ce jour-ci »). Aujourd'hui veut donc dire : « Au jour de ce jour-ci », ce qui constitue déjà un pléonasme. Si on ajoute « au jour d' » devant « aujourd'hui », cela veut dire : « Au jour du jour de ce jour-ci » ! Cela fait beaucoup pour un seul jour.

6

LES SUBSTITUTS

• Substituer, c'est mettre à la place de, remplacer, prendre la place de quelqu'un ou de quelque chose. En grammaire, **un substitut est un mot, ou un groupe de mots, qui est mis à la place d'un autre.**

• Comme la langue française n'aime pas les répétitions qui alourdissent l'énoncé, ce procédé de substitution permet donc d'éviter de reprendre plusieurs fois le même mot dans une phrase ou un paragraphe.

• La substitution peut être totale ou partielle.

Substitution totale : **Les joueurs** pénètrent sur le terrain ; le public **les** applaudit à tout rompre.

Substitution partielle : **Les joueurs** pénètrent sur le terrain. **Martial** porte le brassard de capitaine, **Bertrand** observe ses adversaires du coin de l'œil et **Charles**, le gardien de but, enfile ses gants.

Les pronoms

Les pronoms sont les substituts le plus souvent et le plus facilement employés.

Le pronom personnel sujet ou complément

Le pronom personnel sujet ou complément remplace un nom ou un groupe nominal.

La station-service est ouverte toute la nuit. **Elle** possède des distributeurs à carte bancaire.

La station-service est ouverte toute la nuit ; de nombreux automobilistes **la** fréquentent.

Le pronom possessif

Le pronom possessif remplace un groupe nominal dont le déterminant est un adjectif possessif. Les pronoms possessifs varient en fonction du possesseur (en personne et en nombre) et de l'élément possédé (en genre et en nombre).

Gloria enfile son pull ; **mon pull** est introuvable. → **le mien** est introuvable.

Vos meubles sont en merisier ; **nos meubles** sont en acajou. → **les nôtres** sont en acajou.

Remarque

Les pronoms possessifs des 1re et 2e personnes du pluriel prennent un accent circonflexe ; les déterminants possessifs n'en ont pas.

Notre appartement domine le parc municipal ; le **vôtre** donne sur le gymnase.

Le pronom démonstratif

Le pronom démonstratif remplace un groupe nominal ou une proposition.

Je suis devant **les boutiques**... enfin, **celles** qui sont ouvertes !

Mon GPS ne fonctionne plus ; **cela** m'ennuie beaucoup.

Remarque

Le pronom démonstratif « ce » subit l'élision devant toute forme du verbe « être » débutant par une voyelle, ainsi que devant le pronom personnel « en ».

C'est le début du printemps.   **C'**était un jour de fête.   **C'**en est fini de ce travail.

Le pronom indéfini

Le pronom indéfini remplace un groupe nominal dont le déterminant pourrait être un adjectif indéfini.

Tout le nécessaire manque. **Tout** manque.

Les élèves de 4e ont le choix entre deux langues vivantes. **Certains** (élèves) choisissent l'allemand, mais **la plupart** (élèves) optent pour l'espagnol.

Les pronoms indéfinis indiquent l'absence d'une quantité, sa totalité, une unité ou plusieurs.

Ils sont nombreux : aucun ; autre(s) ; autrui ; chacun(e), certains ; personne ; nul ; plusieurs ; quiconque ; tout ; tous ; la plupart ; quelqu'un ; quelques-uns ; …

Les ambiguïtés à éviter

Afin d'éviter toute confusion, il faut essayer d'employer le pronom substitut le plus approprié.

• Francine, après deux ans d'absence, a retrouvé sa cousine. **Elle** ne l'a pas reconnue.
Qui est « elle »? Qui est « l' »? Francine ou sa cousine?
Il convient d'écrire :
Francine, après deux ans d'absence, a retrouvé sa cousine. **Celle-ci** ne l'a pas reconnue.

• Les élèves ont élu leurs délégués de classe. **Ils** se sont réunis en salle 14.
Qui sont « ils »? Les élèves ou les délégués?
Il est préférable d'écrire :
Les élèves ont élus leurs délégués de classe. **Ces derniers** se sont réunis en salle 14.

• Mes parents font réparer le fauteuil de notre grand-père. **Il** était bien fatigué.
Qui était « fatigué » : le fauteuil ou notre grand-père?
Il fallait écrire :
Le fauteuil de notre grand-père était bien fatigué ; mes parents le font réparer.

L'emploi d'un autre groupe nominal

Un synonyme ou un hyperonyme (terme englobant)

La chasse au **tigre** est désormais interdite, car ce **fauve** est en voie de disparition.

Une périphrase

Une périphrase est une figure de style qui consiste à remplacer un mot par sa définition ou par une expression plus longue, mais équivalente.

le lion → le roi des animaux
la foudre → le feu du ciel
le français → la langue de Molière
la jument → la femelle du cheval

le cinéma → le septième art
le pétrole → l'or noir
le dollar → le billet vert
le renard → la terreur des basses-cours

La nominalisation

• La nominalisation est l'emploi d'un nom ou d'un groupe nominal pour remplacer un groupe verbal ou une phrase entière.
Le temps va se **dégrader**, mais cette **dégradation** sera passagère.
Le chien du gardien **aboie** au milieu de la nuit ; ses **aboiements** font fuir les voleurs.
Le principal s'est adressé aux délégués de classes ; son **propos** les a convaincus.

L'apport d'informations nouvelles

Les substituts permettent de participer à la construction d'un personnage ou d'un paysage par l'apport d'éléments nouveaux sans aucune redite.
La mère Cottivet, grande figure frondeuse de l'esprit lyonnais, habitait montée de la Grande-Côte. **Concierge de son immeuble**, elle accueillait volontiers ses voisines pour boire un petit café. **Cette vieille commère** n'avait pas son pareil pour brocarder les bourgeois et dénoncer leurs mesquineries.

Conclusion

Toutes ces substitutions permettent :
• d'éviter des répétitions,
• d'introduire de nouvelles informations,
• de donner de la cohérence à l'énoncé,
• d'organiser la progression du texte.
Pour une bonne compréhension, le lecteur doit être capable de reconnaître et d'interpréter les substituts afin d'éviter le risque de confusion, entre deux personnages par exemple.

7 LES FIGURES DE STYLE

Les figures de style sont des procédés de langage destinés à rendre des propos plus expressifs.

La comparaison

Elle rapproche, à l'aide d'un **mot comparatif** (verbe, adjectif, déterminant indéfini, conjonction de subordination), deux termes – le **comparé** et le **comparant** – pour insister sur les **rapports de ressemblance** qui les unissent.

Une voiture allemande, née avant la Seconde Guerre mondiale, **ressemblait** à une coccinelle.
Les yeux du dragon, **semblables** à des langues de feu, se fixaient sur la proie innocente.
Tel père, **tel** fils.
Plus tu tardes à prendre une décision, **plus** ce sera difficile.
Ce trajet, je l'ai fait **plus souvent** à pied **qu'**à vélo.
Il y a **autant** de boîtes aux lettres **que** de locataires.
Dimitri est menteur **comme** un arracheur de dents. (Autrefois, les barbiers arrachaient les dents douloureuses sur la place publique. Pour attirer les patients effrayés par les énormes tenailles, ils prétendaient que l'opération serait indolore, ce qui n'arrivait qu'exceptionnellement !)

La métaphore

Elle associe, **sans mot comparatif**, un terme à un autre appartenant à un champ lexical différent, afin de traduire une pensée plus riche et plus complexe que celle qu'exprime un vocabulaire descriptif concret.

La métaphore constitue une utilisation suggestive et expressive de la langue.
Pour cette personne retraitée, la peinture est une **source de revenus**.

La métaphore annoncée

• Elle peut contenir à la fois le comparé et le comparant.
La **neige** est un **blanc manteau**.
• Elle peut aussi ne contenir que le comparant ; c'est alors une métaphore directe.
La campagne est recouverte d'un **blanc manteau**.
• Le contexte aide le lecteur à deviner le comparé, c'est-à-dire ce dont on parle réellement.
Le **géant des airs** fut la vedette du Salon du Bourget ; il peut transporter 800 passagers.
→ l'Airbus A380
Le **géant des airs** plane au-dessus de la vallée à la recherche de mulots ou de lapins.
→ un aigle royal

La métaphore filée

Filer la métaphore, c'est développer le champ lexical du comparant pour parler du comparé.
Lorsqu'il affronta les Quarantièmes Rugissants, le navigateur solitaire découvrit que chaque nouvelle vague était pareille à une chaîne de montagnes avec ses sommets, ses vallées, ses plateaux couverts de neige. Son bateau pénétrait droit dans les régions les plus basses et tentait d'éviter les points culminants et les pentes escarpées de la vague.
La vague est décrite en utilisant le lexique de la géographie terrestre.

De la métaphore au cliché

De nombreuses métaphores sont passées dans le langage commun et sont devenues des clichés.

entrer en coup de vent | un terrain d'entente
un coup de fil (un appel téléphonique) | une pomme de discorde

L'antithèse

Elle consiste à rapprocher, en les opposant, deux mots ou deux expressions, pour mieux les mettre en valeur.

souffler le **chaud** et le **froid** | passer de l'**ombre** à la **lumière**
être entre la **vie** et la **mort** | être **invaincu**, mais pas **invincible**
être **volontaire** en paroles, mais bien **timide** en actes

La personnification

Elle présente une chose, une idée, voire un animal comme une personne.

À l'entrée du port de Marseille, le château d'If **regarde** vers le large.
Le récit **tient** les lecteurs en haleine.
Sous l'effet du vent **capricieux**, la voile **souffre** et **gémit**.
La voiture **avale** les kilomètres.
Cette cicatrice lui **mange** la moitié du visage.
La ville de Calvi **respire** la bonne humeur et la joie de vivre.

La périphrase

Elle consiste à désigner quelque chose ou quelqu'un par un groupe de mots qui précise ses caractéristiques.

les soldes → la ruée sur les articles à prix réduit
un détective → un fin limier
le Japon → le pays du Soleil-Levant

un immeuble → un bloc de béton gris
Louis XIV → le Roi-Soleil
Auschwitz → le camp de la mort

L'oxymore

Elle juxtapose deux mots de sens contraires, que l'on n'a pas l'habitude de trouver accolés ; elle donne à la pensée un tour inattendu, paradoxal et saisissant.

une pâle clarté
une bonne claque
se hâter lentement
une belle erreur

un illustre inconnu
un silence assourdissant
briller par son absence
de vrais chevaux de bois

L'hyperbole

Elle exagère l'expression pour créer un effet qui dépasse la mesure.

obtenir le contrat du siècle
être un acteur génial
faire les quatre cents coups
verser un torrent de larmes
boiter bas

attendre une réponse pendant cent sept ans
mourir de faim
dévorer les aventures d'Arsène Lupin
réaliser une fantastique performance
vendre à des prix imbattables

La litote

Elle atténue un propos pour faire comprendre davantage que ce que l'on dit.

Ce problème n'est pas difficile. (Il est facile.)
Je ne déteste pas un brin de persil dans la salade. (J'apprécie un brin de persil.)
Ce que je dis n'est pas dépourvu d'arrière-pensées. (J'ai des arrière-pensées.)
Ce tableau n'est pas mal du tout. (Ce tableau est vraiment réussi.)
Grégory manque de discernement. (Il se trompe.)
Chimène s'adressant à Rodrigue dans le Cid : « Va, je ne te hais point ! » (Je t'aime !)

L'euphémisme

Il atténue des termes désagréables ou une idée jugée choquante.

les malentendants (les sourds)
rendre l'âme (mourir)
le troisième âge (la vieillesse)
les personnes à la recherche d'emploi (les chômeurs)

les non-voyants (les aveugles)
une longue maladie (le cancer)
un juron (un blasphème)

La métonymie

Elle remplace un groupe de mots par un mot qui lui est associé.

Il est porté sur la bouteille. (Il boit vraiment trop de boissons alcoolisées.)
Les Diables rouges ont marqué trois buts. (L'équipe dont les joueurs portent un maillot rouge.)
Le roquefort, j'adore ! (Le fromage élaboré dans la ville de Roquefort.)
Émile est premier violon dans l'orchestre. (Celui qui joue les parties de soliste.)

LA DÉNOTATION ET LA CONNOTATION

La dénotation

C'est le **sens précis**, **permanent**, d'un mot, celui que l'on peut trouver dans un dictionnaire.
• **Pain** : aliment fait de farine, d'eau, de sel et de levain, pétri, fermenté et cuit au four.
J'étale du beurre sur une tranche de pain.
• **Nature** : ensemble de tout ce qui existe et qui n'a pas été fabriqué par les humains.
Il est indispensable de respecter et de protéger la nature.
• **Toit** : partie qui recouvre et protège un bâtiment.
Les toits des maisons angevines sont en ardoise.

La connotation

• C'est le **sens particulier**, plus **subjectif**, culturel ou affectif d'un mot dans un contexte donné.
L'homme gagnera son pain à la sueur de son front. → Il gagnera sa vie en travaillant.
(Le pain est pris dans un sens plus large, celui de nourriture.)
Mes parents adorent vivre en pleine nature. → Ils adorent vivre à la campagne.
(La nature est ici synonyme d'espace, de liberté, d'air pur.)
Toutes ces personnes vivent sous le même toit.
(Elles habitent dans le même logement.)

• Attention, il ne faut pas confondre la connotation avec le sens figuré d'un mot ou d'une expression.
Cet exercice était très simple, tu as mangé ton pain blanc. → Tu as fait le plus facile.
(L'expression « pain blanc » est ici employée dans un sens figuré : quelque chose d'agréable.)
Ce peintre est un spécialiste des natures mortes. → Il a peint des fruits et des légumes.
(L'expression nature morte est employée au sens figuré : une nature morte est un tableau représentant des objets, des végétaux ou des animaux morts.)
Grégorie crie sur les toits qu'il sera un jour champion de France !
(L'expression « crier sur les toits » est employée au sens figuré : annoncer quelque chose à beaucoup de personnes.)

• Les connotations sont liées à l'expérience personnelle de celui qui écrit, voire qui lit.

Des connotations variées

Un mot peut avoir une connotation différente selon la façon, les régions et les circonstances dans lesquelles il est employé.

• L'adjectif « blanc » peut avoir plusieurs sens connotés : en France, il est symbole de pureté ; en Chine, il symbolise le deuil.

• L'adjectif « cruel » est souvent connoté avec un animal sauvage.

• Pour celui qui connaît le célèbre poème de Charles Baudelaire « L'Albatros », l'évocation de cet oiseau lui rappellera le poète solitaire.

• L'enfer, lieu où se retrouvent les damnés dans la religion chrétienne, sera assimilé à une situation pénible, voire terrifiante.

• Les expressions « Grande Guerre » ou « Guerre de 14-18 » sont associées à la Première Guerre mondiale.

• Le « rat » connote la saleté, la maladie (la peste), la répugnance ou l'avarice.

• L'adjectif « vert » est parfois associé à l'espérance, la jeunesse.

• Le « printemps » est lié au renouveau.

• Une « plume » désigne le talent d'un écrivain.

LE CHAMP LEXICAL

● Un champ lexical comprend l'**ensemble des mots qui se rapportent à une même notion, une même idée ou un même thème.**

Champ lexical de la petite enfance :
un bambin – un hochet – une puéricultrice – un biberon – la crèche – téter – bercer – babiller – câliner – joufflu – affectueux – attachant …

Champ lexical du rêve :
le songe – le mirage – le mythe – la chimère – l'utopie – s'imaginer – croire – se figurer – irréel – saugrenu – insolite – illusoire – pensif – absent …

Champ lexical de l'humour :
le rire – le comique – la plaisanterie – la blague – la galéjade – le canular – la farce – la parodie – le gag – la boutade – la bonne humeur – amuser – divertir – ridiculiser – se moquer – caricaturer – tourner en dérision – faire de l'esprit – spirituel – jovial – malicieux – subtil – burlesque – désopilant – cocasse – délirant …

● Les mots d'un champ lexical peuvent être de **nature grammaticale différente** : noms, verbes et adjectifs qualificatifs essentiellement, parfois des adverbes.

Le champ lexical des récits et des genres littéraires

Les noms

un auteur – un écrivain – un poète – un romancier – un comédien – un dramaturge – un traducteur – l'illustrateur – l'éditeur
un roman – un récit – une histoire – une fiction – un conte – une légende – une fable – une nouvelle – un fabliau – les Mémoires – un poème – un ouvrage – un recueil – une œuvre – les péripéties – une biographie – la collection
le génie – le talent – l'inspiration – la création – l'imagination – l'écriture
l'introduction – les personnages – un portrait – la narration – le dénouement – l'épilogue – la chute – le style – l'ordre chronologique – les descriptions
un spectacle – une représentation – le décor – une pièce – une scène – une comédie – une tragédie – un drame – une farce – un mélodrame – les épisodes – les chapitres

Les verbes

jouer – décrire – représenter – se mettre dans la peau de – traduire – imaginer – inspirer – évoquer – créer – publier – rédiger – raconter – narrer – exposer – imiter – s'identifier

Les adjectifs qualificatifs

amusant – insolite – fantastique – drôle – chimérique – irréel – lettré – cultivé – érudit – merveilleux – dépaysant – célèbre – passionnant – curieux – enchanteur – captivant

Les limites d'un champ lexical

● Même si l'on ne peut jamais maîtriser totalement un champ lexical, plus sa connaissance en est étendue, plus les possibilités d'expression seront nombreuses et riches.
● On utilise parfois les mots d'un champ lexical qui n'a pas de rapport avec ce qui est décrit pour créer des images.
un flot de paroles pour évoquer une personne bavarde
un champ lexical pour parler de vocabulaire étendu
● Un même mot peut appartenir à des champs lexicaux différents.
On peut parler d'un portrait en peinture, littérature, photographie.
Un bruit peut être sourd ; un sourd est handicapé ; on relève l'absence de communication dans un dialogue de sourds ; l'entêté est sourd à tous les arguments.
Un génie est un être doté de pouvoirs magiques (celui de la lampe d'Aladin) ou un homme doté d'un talent exceptionnel (Mozart) ; il peut s'agir aussi des connaissances techniques dans un domaine (génie civil, génie génétique, génie poétique...).

10 LES TERMES ÉVALUATIFS

Les termes évaluatifs permettent d'émettre une opinion sur ce que l'on décrit ou ce que l'on rapporte.

Les termes mélioratifs

Ils expriment une **opinion positive**. Ils appartiennent à différentes catégories grammaticales.

Adjectifs qualificatifs

porter une **magnifique** robe
un sauveteur **courageux**
un animal **affectueux**

une journée **ensoleillée**
un sourire **engageant**
un ami **dévoué**

Noms

Ce repas est un **régal**.
avoir **confiance** en quelqu'un
réaliser un **exploit**

le **triomphe** de la vérité
s'en tirer avec les **honneurs**
faire preuve **d'efficacité**

Verbes

vaincre sa peur
vanter ses nombreuses qualités
franchir un obstacle

libérer son énergie
réconforter un ami
s'envoler vers la victoire

Adverbes

se servir **adroitement** de ses mains
évoluer **gracieusement** sur la piste

répondre **clairement** aux questions
faire **consciencieusement** son travail

Les termes péjoratifs

Ils expriment une **opinion négative**. Ils appartiennent aussi à différentes catégories grammaticales.

Adjectifs qualificatifs

une réponse **affligeante**
une défaite **humiliante**
une **triste** journée

un visage **décharné**
un démenti **cinglant**
un geste **brutal**

Noms

Ce tableau est une vraie **croûte**.
commettre une **infraction**
vivre un vrai **calvaire**

la **menace** du réchauffement climatique
être pris de **panique**
laisser à l'**abandon**

Verbes

se **décourager** rapidement
négliger sa tenue vestimentaire
chanceler sous les coups

broyer du noir
épuiser ses maigres ressources
polluer la planète

Adverbes

se servir **maladroitement** de ses mains
être accueilli **fraîchement**

répondre **effrontément** aux questions
être **lourdement** pénalisé

Suffixes

Le choix d'un suffixe permet parfois d'apporter un jugement péjoratif.

Un **avocaillon** est un mauvais avocat.

Ce garçon est un vrai **pleurnichard**.

L'eau de l'étang, d'une couleur **verdâtre**, n'incite pas à la baignade.

La **barbiche** de cet acteur ne compte que quelques poils !

Désœuvré, Mickaël **traînasse** son ennui tout au long de l'après-midi.

Niveaux de langue

Le choix d'un niveau de langue permet également d'apporter un jugement péjoratif.

Quelle idée a-t-il eue de se **fagoter** de cette façon ?

Ton histoire n'est pas **marrante** ; personne ne rit.

Ne te fais pas de **mouron** ; tout va s'arranger.

Arrête de **jacasser**, tu ennuies tes camarades.

Cette personne ne fait jamais le ménage ; c'est une vraie **souillon**.

Les autres moyens d'expression du point de vue

Graduation dans l'emploi des adjectifs

une **mince** silhouette – une **maigre** silhouette – une silhouette **squelettique**

un bruit **inquiétant** – un bruit **angoissant** – un bruit **terrifiant**

un **médiocre** résultat – un **mauvais** résultat – un résultat **désastreux**

Adverbes

grand – **plutôt** grand – **assez** grand – **très** grand – **extrêmement** grand

répondre **tardivement** – répondre **prestement** – répondre **hâtivement** – répondre **sur-le-champ**

Préfixes

un marché – un **super**marché – un **hyper**marché

un octet – un **kilo**-octet – un **méga**octet – un **giga**octet

les **mini**-technologies – les **micro**technologies – les **nano**technologies

Constructions exclamatives

Ce puzzle compte mille pièces minuscules : **comme il est compliqué !**

La tempête a fauché des milliers d'arbres : **quel désastre !**

Figures de style

être paresseux **comme une couleuvre**

une humeur **vagabonde**

être **plus vif que l'éclair**

J'arrive **dans une seconde**.

Cécilia est **aux anges**.

Tristan est **mort de fatigue**.

RÉUSSIR UN SUJET DE RÉDACTION

S'assurer de bien traiter le sujet

Faire le lien entre le sujet et le cours

• Durant l'année, un sujet de rédaction est toujours en **relation avec ce que vous étudiez en classe**, et notamment les textes. Le sujet vous amènera à reprendre un **thème** (un bon souvenir, une émotion forte, un combat de chevaliers, etc.) ou une **forme d'écriture** (une description, un retour en arrière, un point de vue, un dialogue argumentatif, etc.). Relisez donc les cours qui peuvent vous aider ainsi que le texte sur lequel s'appuie le sujet.

• S'il s'agit du brevet, faites le lien entre le sujet et le texte sur lequel portent les questions : là encore, vous aurez à reprendre un thème ou une forme d'écriture.

Analyser le sujet

• Puis analysez le sujet en en **soulignant les mots les plus importants**. Utilisez un dictionnaire pour chercher le sens des mots clés, même si vous les connaissez bien. Cela vous permettra de trouver des expressions qui utilisent ce mot, des synonymes, des antonymes, etc. et donc des idées.

• Identifiez le ou les types de textes à rédiger car chacun répond à des exigences particulières (voir fiches suivantes) : texte narratif, descriptif, explicatif ou argumentatif. Pour cela, **entourez les verbes** qui indiquent un type de texte : « racontez », « décrivez », expliquez », « exprimez votre opinion et justifiez-la ».

• Déterminez aussi les **contraintes d'écriture du sujet** : un dialogue, une lettre, un article de journal, etc.

Rester toujours en lien avec le sujet

• Pour être bien sûr de n'oublier aucun aspect du sujet, vous pouvez prendre quelques minutes pour imaginer le **barème** qu'utilisera votre correcteur. Cela vous amènera à cerner les points importants à traiter.

• À plusieurs reprises au cours des différentes étapes de votre travail, **relisez le sujet** pour être bien sûr de n'en négliger aucune partie. Gardez-le sous les yeux tout le long de votre composition.

Exemple

Voici le sujet de rédaction du brevet de juin 2009 qui prenait appui sur un texte de Le Clézio, extrait de *L'Enfant de sous le pont*.

Quelques années plus tard...
Ali a gardé avec lui « l'enfant de sous le pont » et il a pris soin d'elle.
Un journaliste découvre toute l'histoire et la raconte. Il explique aussi en quoi et pourquoi la vie d'Ali a changé.
Écrivez cet article. Vous lui donnerez un titre et vous le signerez des initiales J.P.

• plus tard... Il s'agit donc presque d'une suite de texte, en tout cas, de la suite d'une histoire. Il faut donc respecter les données de celle-ci et les réutiliser : les lieux, l'époque, les personnages, leur caractère, leurs sentiments, leurs actes, etc.

• il a pris soin d'elle / la vie d'Ali a changé Vous devez donc imaginer tout ce qu'Ali a fait pour le bonheur de cette enfant et les conséquences que cela a eues sur sa vie.

• article Le sujet impose une contrainte d'écriture : la forme de l'article. Vous devez donc en respecter les caractéristiques (voir page 40).

• raconte / explique On attend de vous le récit de la vie d'Ali avec l'enfant sur plusieurs années et les causes et les conséquences de ce nouveau mode de vie.

• Un **plan** possible est suggéré : le journaliste commence par décrire la situation présente d'Ali et de sa fille adoptive et comment il a eu connaissance de leur histoire. Puis il fait un retour en arrière pour raconter l'histoire de cet homme. Il explique ensuite comment et pourquoi sa vie s'est transformée.

Barème imaginable (sur 15 points pour un sujet de brevet)
Respect des données du texte de départ : 2
Récit de la vie d'Ali et de l'enfant : 3
Explication des causes et des conséquences des changements dans sa vie : 3
Qualité de l'expression : 5
Qualité de l'orthographe : 2

Utiliser un brouillon

• Le brouillon est utile pour **chercher des idées et les noter en vrac** (le type de personnages, les circonstances, les mots clés, vos associations d'idées, etc.).
• Le brouillon est nécessaire pour **organiser vos idées dans un plan** : pour détailler les étapes du récit, par exemple.
• Enfin, si votre temps n'est pas limité, il est fortement conseillé d'utiliser le brouillon pour **rédiger votre texte**. Vous pourrez ainsi l'améliorer avant de le recopier : vous vérifiez que tous les aspects du sujet sont bien traités, que votre texte est cohérent, que le vocabulaire est riche et précis, et que la construction des phrases et l'orthographe sont correctes.

Soigner la qualité de l'expression

La syntaxe et le vocabulaire

Trois grands défauts doivent être évités : une syntaxe incorrecte, une ponctuation insuffisante et un vocabulaire pauvre.
• Tout d'abord, les phrases doivent être construites selon des règles, la première étant que **chaque phrase contient au moins un verbe conjugué**. Vos cours de grammaire vous apprennent à utiliser et associer correctement les propositions : utilisez-les. D'une façon générale, moins on est à l'aise à l'écrit, **moins il est conseillé de se lancer dans de longues phrases**. À partir de deux lignes, le risque augmente que la phrase soit mal construite. Un bon conseil pour éviter d'écrire de trop longues phrases : ne commencez à écrire une phrase que lorsque vous en connaissez la fin dans votre tête.
• Enfin, traquez les répétitions et le vocabulaire vague (*beau*, *grand*, *gentil*, etc.). Pour enrichir votre vocabulaire, lisez et utilisez régulièrement ces fiches. Enfin, ayez constamment recours à un dictionnaire pour vérifier le sens et l'orthographe des mots ou chercher des synonymes.

La présentation

• Soignez aussi la présentation de votre texte. D'une part, mettez en évidence les étapes en faisant des **paragraphes**. Pensez alors à faire un **alinéa**. Tout cela vous permettra aussi d'aérer votre page.
• D'autre part, pensez à **écrire de façon lisible** : les correcteurs n'aiment pas avoir à décrypter une copie.

Gérer le temps

• Enfin, il est nécessaire de prévoir du **temps pour relire votre texte**. C'est à ce moment-là que vous vous assurez qu'il ne **manque pas de mots**, que tout est clair et cohérent, et que vous **vérifiez l'orthographe**.
• Ne cherchez pas à faire long. Une **copie de qualité est d'abord celle qui traite bien le sujet et qui est bien rédigée**. En fin de sixième, on attend de vous une vingtaine de lignes et une quarantaine en troisième.

Rédaction

25

• Un **récit raconte une suite de péripéties**, c'est-à-dire d'événements, vécus par un ou des personnages dans un cadre spatio-temporel donné.
• Un **cadre spatio-temporel** est défini par l'époque et le ou les lieux où l'action se déroule.

Première étape : chercher des idées au brouillon selon le genre de récit demandé

Pour trouver les bonnes idées, il faut d'abord avoir bien déterminé le **genre de récit** attendu.

Un conte

• Le **cadre spatio-temporel est imprécis**. L'action se passe dans un **passé indéfini** (« Il était une fois… ») et dans un **lieu peu identifiable** : le royaume d'un roi, une forêt, une chaumière, une contrée lointaine, etc.
• Les **personnages sont souvent définis par leur métier ou leurs liens familiaux**. Leur **caractère n'est pas nuancé** et se résume à un seul trait : la belle-mère est cruelle, le prince est charmant, la sœur est menteuse, le paysan est naïf, la marraine est généreuse, le domestique est rusé, etc. Dans un conte merveilleux apparaissent certains **personnages typiques** comme la fée, l'ogre, le loup, la sorcière, etc.
• L'histoire peut contenir des **éléments merveilleux** (des animaux se transforment en êtres humains ; des personnages ont recours à la magie). Dans ce cas, elle se termine toujours bien. Mais le conte peut aussi être l'**illustration d'une leçon sur le bien et le mal**. Il finit alors sur une **morale** comme « *L'argent ne fait pas le bonheur.* »

Une histoire réaliste

• Le **cadre spatio-temporel est précis** et identifiable. Situer votre récit dans un endroit que vous connaissez bien peut vous aider. En effet, vous pourrez alors plus facilement le décrire et citer des lieux précis, des monuments, des noms de rues, de quartiers, de montagnes, de fleuves, etc. Cela contribuera à ancrer votre récit dans le réel. Mais vous pouvez aussi utiliser le plan d'une ville ou la carte d'une région que vous ne connaissez pas.
• Le **choix du narrateur est plus ou moins libre**, selon le sujet. Les récits se font souvent à la troisième personne.
Mais s'il n'y a pas d'indication contraire dans l'énoncé du sujet, vous avez le choix entre la première et la troisième personne.
En revanche, si l'on vous demande le récit d'une **expérience personnelle** (par exemple : « *Vous avez, un jour, assisté à une scène de colère…* »), le **texte doit être écrit à la première personne** et le narrateur doit être obligatoirement un personnage de votre âge vivant dans votre pays. En effet, l'histoire que vous racontez peut être imaginée mais le correcteur doit pouvoir croire qu'elle vous est arrivée.
• Le **choix du point de vue** ne se pose pas si le récit est écrit à la première personne : c'est celui du narrateur. En revanche, si le récit est à la troisième personne, on peut vous imposer le point de vue d'un personnage. Vous racontez alors les péripéties à travers ce qu'il pense, ce qu'il ressent, ce qu'il voit, ce qu'il entend, etc.
• Certains sujets vous demanderont d'enrichir votre récit par des passages descriptifs, argumentatifs ou l'expression de vos émotions.

Un récit fantastique

• Le **cadre spatio-temporel** doit être **réaliste** et **clairement défini**.
• La **situation initiale** est **calme** et **heureuse** puis l'**atmosphère se dégrade petit à petit** : des détails troublants vont s'accumuler au point de rendre l'ambiance de plus en plus inquiétante jusqu'à l'irruption d'un événement irrationnel qui provoque la terreur et l'angoisse du personnage.
• Le récit est généralement fait à la **première personne**.
• S'il s'agit d'un **récit de science-fiction**, l'histoire se déroule dans le **futur**. Les progrès technologiques expliquent certains faits qui seraient inimaginables à notre époque.

Deuxième étape : faire le plan au brouillon

Le récit des péripéties peut suivre deux ordres.

Un récit chronologique

Les **événements sont racontés dans l'ordre dans lequel ils se sont déroulés.**
Le récit s'organise alors souvent en un certain nombre d'étapes dont l'ensemble est appelé **schéma narratif** :
- la situation initiale présente le cadre spatio-temporel et les personnages principaux ;
- l'élément perturbateur va bouleverser la situation initiale et provoquer le début de l'action en posant un problème ;
- les péripéties sont les différents événements que vivent les personnages. Il peut y avoir plusieurs rebondissements dans l'histoire : ils sont racontés tels qu'ils se sont enchaînés ;
- l'élément de résolution est la solution apportée au problème créé par l'élément perturbateur ;
- la situation finale présente les personnages dans un nouvel état.

Un récit à la chronologie bouleversée

> On peut **commencer un récit au beau milieu de l'action**, par une scène. L'intérêt est de plonger directement le lecteur dans l'histoire et d'accrocher ainsi immédiatement son attention. Seulement, il est ensuite nécessaire de **faire un retour en arrière** pour présenter le cadre spatio-temporel et les personnages et expliquer comment ils en sont arrivés là.
> Si le récit est raconté au passé, ce retour en arrière se fera au plus-que-parfait de l'indicatif.
> Plus rarement, on vous demandera d'intégrer à votre récit une anticipation. Vous devez alors évoquer ce qu'il adviendra, par exemple, d'un personnage plusieurs années après le moment du récit (« *Il ne savait pas que, plusieurs années plus tard, il reviendrait dans cette maison et découvrirait...* »). Vous utiliserez alors le conditionnel.

Troisième étape : rédiger au brouillon

> Dans un récit, vous mettez en scène un ou plusieurs personnages et, pour cela, vous devez souvent les désigner. La difficulté est parfois de le faire clairement tout en évitant les répétitions. N'utilisez les **pronoms personnels** sujets que lorsqu'il n'y a pas de doute possible sur l'identité du personnage qu'ils évoquent. Mais variez aussi les **reprises nominales** et enrichissez-les d'indications. Par exemple, « un homme » peut être repris, selon l'histoire, par « *l'inconnu* », « *cet individu inquiétant* », « *le séduisant gentleman* », « *ce père dévoué* », etc.
> Soulignez les **étapes de l'histoire avec des indications de temps** (« *un mois plus tard* », « *une heure après* », « *dans la semaine qui suivit* », etc.). Pensez aussi à aller à la ligne chaque fois que vous passez à une autre étape.

Dernières étapes : relire, recopier au propre et relire encore

> Avant de recopier au propre, **relisez une dernière fois le sujet** pour être sûr de n'en avoir oublié aucun détail.
> Puis **vérifiez la cohérence des temps.** Si le temps de base de votre récit est le passé simple, vous ne pouvez utiliser le passé composé. Veillez aussi à ne pas alterner passé et présent.
> Enfin, **relisez votre copie pour corriger les fautes d'orthographe.** Pour cela, pensez à utiliser un dictionnaire.

13 RÉDIGER UN TEXTE À PARTIR D'UN PREMIER TEXTE

Une suite ou un début de texte

Première étape : étudier le texte donné

• Il s'agit de bien le comprendre et d'en respecter les différents éléments. Lisez-le et répondez aux questions suivantes :
  – quel est le statut du narrateur : à quelle personne est fait le récit ?
  – quel est le temps de base : le passé ou le présent ?
  – quelle est l'époque ?
  – que sait-on sur le lieu, l'âge des personnages, leur situation, leurs relations, leur caractère ?
  – quel est le ton de l'auteur (humoristique, triste, neutre, etc.) ?
  – quel est le niveau de langue (familier, courant, soutenu) ?
  – quel est le genre littéraire du texte (science-fiction, conte merveilleux, etc.) ?

Deuxième étape : chercher des idées au brouillon

• La première exigence est de **ne pas contredire le texte donné** : veillez à ne pas faire d'anachronismes ou à ne pas modifier la psychologie des personnages (ainsi, une personne avare ne va pas devenir brusquement généreuse, ou alors il faut expliquer ce qui provoque un tel changement).

• Appuyez-vous au maximum sur le texte de départ et essayez d'en reprendre certains éléments.

Étapes suivantes : voir « Rédiger un récit » (page 26)

Un changement de point de vue

Il s'agit de reprendre une histoire ou une scène écrite du point de vue d'un personnage en l'imaginant depuis un autre point de vue.

Première étape : étudier le texte donné

L'enjeu sera de faire la part entre ce que vous devez reprendre du texte initial et ce que vous devez inventer. Il faut **respecter toutes les données objectives du texte**, tout ce qui appartient à la réalité et inventer la façon dont un autre personnage vit la même scène. Ainsi, tout d'abord, observez le texte et repérez les éléments à ne pas contredire (vous n'êtes pas obligé de tous les reprendre) :
  – le **cadre spatio-temporel et tous les éléments de la réalité** ; soulignez notamment les indications de lieux, étendez votre observation aux objets et à leur disposition, aux vêtements des personnages et veillez à ne pas faire d'anachronismes ;
  – les **paroles** qui ont été prononcées, les **gestes** qui ont été faits.

Deuxième étape : chercher des idées au brouillon

Placez-vous ensuite dans la tête d'un personnage et racontez ce qu'il voit de la scène (tout ou partie), ce qu'il en comprend, ce qu'il en pense, les émotions que cela provoque chez lui.
N'hésitez pas à être original et à surprendre votre lecteur en imaginant une façon de vivre la scène complètement différente de celle du personnage du texte.

Étapes suivantes : voir « Rédiger un récit » (page 26)

RACONTER UN SOUVENIR

- **Raconter un souvenir** ou **rapporter une expérience personnelle** amène à écrire les **récits rétrospectifs**, c'est-à-dire des textes dans lesquels vous considérez le passé à partir du moment présent.
- Ces **textes autobiographiques** juxtaposent donc **deux temporalités** : celle de l'événement passé et celle du présent de l'écriture. La première est celle du récit, la seconde celle de la réflexion ou de la prise de position : vous analysez ce que vous pensez aujourd'hui de ce qui vous est arrivé autrefois.

Première étape : chercher des idées

- Idéalement, vous **puiserez vos idées dans vos souvenirs**. Mais vous pouvez aussi faire **preuve d'imagination** : l'important est que le narrateur ait votre âge, vive à la même époque et ait à peu près la même vie que vous. Le correcteur doit pouvoir croire que ce que vous racontez vous est bien arrivé.
- Identifiez bien la **visée de votre texte** : faire revivre le passé, se faire plaisir, mieux se connaître, se justifier, témoigner, etc.
- Dans la **partie analyse**, vous exprimerez votre **point de vue sur ce que vous avez vécu** : vous évoquerez ce que vous en pensez, comment vous jugez les choses aujourd'hui, en quoi cela vous a modifié, ce que vous avez appris ; vous analyserez les conséquences sur vous ; etc.
- Vous pouvez avoir **deux positions vis-à-vis du passé** : ou bien vous revivez les **mêmes émotions en écrivant**, ou bien **vous avez pris de la distance**. Dans ce cas, le ton pourra être humoristique, vous pourrez faire preuve d'autodérision, c'est-à-dire vous moquer de vous-même.

Deuxième étape : chercher le plan au brouillon

Il faut **articuler l'analyse sur le récit**. Le plus simple est d'écrire l'un à la suite de l'autre dans deux parties distinctes. Mais vous pouvez aussi alterner l'un et l'autre.

Troisième étape : rédiger le brouillon

- La narration est forcément faite à la **première personne** puisque le narrateur est le personnage.
- Vous utiliserez le **présent de l'indicatif** pour ce qui renvoie au **moment de l'écriture**. Pour le récit, vous pouvez employer le **passé simple** ou le **passé composé** de l'indicatif selon la distance que vous voulez mettre entre vous et les événements relatés (la distance est plus grande avec le passé simple).
- Introduisez les passages dans lesquels vous rapportez les souvenirs : « *Je me souviens* », « *Si mes souvenirs sont justes* », « *Si je me rappelle bien* », etc. Vous pouvez souligner que votre mémoire vous trahit : « *Il me semble me souvenir que* », « *J'ai oublié* ». Précisez par des indications de temps le nombre d'années qui vous séparent du moment de l'événement : « *Quand j'avais dix ans* », « *Il y a déjà deux ans* », etc.
- Dans la **partie récit, évoquez des émotions, des sensations** : reportez-vous aux fiches 33 à 36 (pages 60 à 67) pour étoffer votre vocabulaire. Dans la **partie analyse**, employez le vocabulaire du jugement (voir fiche 40, page 74).
- **Remarque** : les verbes « *se rappeler* » et « *se souvenir* » ne se construisent pas de la même façon. Le premier est suivi d'un COD (se rappeler quelque chose : « *Je me rappelle sa réaction.* », « *Je me la rappelle clairement.* ») et le second d'un COI (se souvenir de quelque chose : « *Je me souviens de sa réaction.* », « *Je m'en souviens clairement.* »)

Dernières étapes : relire, recopier au propre, relire encore

15

DÉCRIRE UN LIEU

Par une description, on fait percevoir un environnement, la réalité qui entoure les personnages ; c'est le cadre de l'action. On dit de quoi celui-ci se compose et ce qui le caractérise.

Première étape : chercher des idées au brouillon

Posez-vous d'abord trois questions auxquelles vous répondrez sur votre brouillon, sans forcément faire de phrases. Il s'agit de chercher des idées.

Quel est le but de la description ?

• **Préciser les circonstances au début d'un récit et ancrer celui-ci dans la réalité.** Dans ce cas, donnez les informations importantes pour comprendre le cadre dans lequel le récit a lieu. Vous pouvez organiser cette description en la resserrant progressivement autour des personnages : présenter la ville, puis le quartier, puis la rue, puis l'immeuble, etc.
• **Créer une ambiance.** Dans ce cas, choisissez-la avant de commencer à chercher des idées : ambiance inquiétante, joyeuse, sereine, électrique, dramatique, etc. Puis sélectionnez les éléments qui peuvent contribuer à créer cette impression particulière. Par exemple, dans un paysage inquiétant, on évoquera un lieu désert, un orage, des bruits étranges, des formes floues, sombres, des choses en mauvais état, etc.
• **Refléter l'état d'esprit d'un personnage.** Par exemple, un paysage pluvieux avec des couleurs sombres et un ciel bas redoublent la tristesse ; un orage avec des volets qui claquent et les arbres qui craquent font écho à la colère. On peut alors utiliser le vocabulaire des émotions pour décrire des choses : un ciel *morne*, une rivière *capricieuse*, des troncs d'arbres *tourmentés*, une maison *mélancolique*, la *fureur* de l'orage, etc.

Que décrire ?

• Ne décrivez pas seulement ce qui est vu : pensez à **ce que l'on perçoit par tous les sens comme l'ouïe, l'odorat, le toucher**. À partir d'un lieu donné, essayez de trouver une ou deux idées par sens, toujours selon l'ambiance que vous voulez créer. Aidez-vous des fiches 35 et 36, (pages 64 à 67), sur les sensations.
• Pensez à un lieu précis que vous connaissez bien, faites-en le tour en pensée. N'hésitez pas à citer des noms de lieux, de villes, de rues, de forêts, de plages, etc.

Qui voit ?

Deux points de vue sont possibles.
• C'est un **narrateur omniscient** qui est à l'origine de la description. Il a un regard panoramique et complet, il sait tout, y compris le passé et le futur.
• Les choses sont vues et décrites **à travers le regard et la sensibilité d'un personnage.** Dans ce cas, utilisez le champ lexical des sensations, des émotions ou des pensées.

Deuxième étape : faire le plan au brouillon

• L'organisation de la **description** est **différente** selon qu'elle est faite depuis **un point de vue fixe** ou **un point de vue mobile**.
• Si le point de vue est fixe, l'organisation peut se faire du plus près au plus loin, de gauche à droite, de l'impression d'ensemble aux détails, ou inversement. Dans ce cas, employez des mots de liaison comme : « *au loin* », « *à l'horizon* », « *à droite* », « *au premier plan* », etc.
• Si le personnage se déplace, le narrateur décrit ce qu'il voit au fur et à mesure qu'il le découvre, par exemple, les pièces d'une maison. Dans ce cas, employez des mots de liaison comme : « *tout d'abord* », « *plus loin* », « *ensuite* », etc. Pensez à un mouvement de caméra.

Troisième étape : rédiger au brouillon

Introduire une description dans un récit

S'il s'agit d'insérer une description au cours d'un récit, vous introduisez celle-ci par une **phrase de transition** pour justifier ce temps d'arrêt. Par exemple, le personnage s'assoit à une fenêtre et attend ; il s'arrête et est frappé par un élément étrange du paysage ; quelque chose attire son attention (un bruit) ; il entre dans un lieu nouveau ; il tourne la tête ; etc.

Les temps

Le temps employé est soit le présent de l'indicatif dans un récit au présent, soit l'imparfait de l'indicatif dans un récit au passé.

La qualité de l'expression

• La difficulté est d'**éviter les répétitions** de certaines expressions qui vont revenir naturellement : « *il y a* », « *plein de* », le verbe « *être* », « *avec* », etc.
• La qualité de votre description dépendra aussi de la **richesse** et de la **précision du vocabulaire** employé.

• **Quelques conseils d'écriture**
– Utilisez le moins possible de termes génériques : non pas « *un oiseau* » mais « *une mésange* », « *un corbeau* », « *une mouette* » ; non pas « *un arbre* » mais « *un chêne* », « *un platane* », etc. Pour vous aider, utilisez les fiches de vocabulaire, notamment celles de la troisième partie (La nature et l'environnement, pages 78 à 109).
– Qualifiez les noms de différentes façons : avec des compléments du nom (« *une maison en pierres de taille* » ; « *une forêt de conifères* », etc.), des subordonnées relatives (« *un bouquet de roses qui embaumait la pièce* » ; « *une fenêtre dont les volets claquaient* »), des appositions (« *la maison, une luxueuse villa,* » ; « *son appartement, un minuscule deux pièces,* ») ou des adjectifs (« *un jardin abandonné* » ; « *une place bondée* »).
– Évitez les mots passe-partout comme « *grand* », « *petit* », « *énorme* » ou « *beau* ». Aidez-vous des fiches de vocabulaire ou d'un dictionnaire de synonymes ou de combinaisons de mots.
– Utilisez des figures de style comme la comparaison (« *Le salon ressemblait à un champ de bataille* » ; « *De lourds nuages noirs écrasaient la ville comme un couvercle de plomb* ») ou la métaphore (« *Un maigre serpent de fumée s'échappait de la cheminée* » ; « *Les sapins gémissaient sous les rafales du vent* »).

Dernières étapes : relire, recopier au propre et relire encore

• Relisez votre texte et faites la chasse aux répétitions.
• Vérifiez que vous ne passez pas du présent au passé, ou inversement.
• Si la description est longue, faites des paragraphes pour en souligner les étapes.
• Enfin, corrigez votre orthographe.

RÉALISER UN PORTRAIT

16

Un portrait est la description, aussi bien physique que morale, d'un personnage. Le but est de le donner à imaginer, de le présenter et d'expliquer son comportement, ses idées, ses actes.

Première étape : chercher des idées au brouillon

• Posez-vous d'abord trois questions auxquelles vous répondrez sur votre brouillon, sans forcément faire de phrases. Il s'agit de chercher des idées.

Quelle impression doit se dégager du portrait ?

• Il s'agit de présenter un personnage en donnant des informations sur son aspect physique, sa démarche, ses gestes, son caractère. La difficulté est de composer un **ensemble cohérent**.
• Choisissez d'abord l'**impression principale qui se dégage du personnage** : il est sympathique, hautain, malicieux, naïf, séducteur, etc. (il peut y avoir plusieurs traits de caractère pour un portrait plus nuancé). Puis, cherchez les éléments qui contribueront à créer cette impression : une personne malicieuse aura des yeux rieurs, un nez en trompette, des pommettes hautes ; une personne hypocrite aura un regard fuyant, un sourire mi-figue mi-raisin, une voix mielleuse ; une personne nerveuse aura des gestes saccadés, des tics, un corps sec, sursautera facilement, etc.

Que décrire ?

• En ce qui concerne le physique, ne pensez pas qu'aux traits du visage, prenez en compte aussi l'ensemble du corps, la voix, les habits, l'allure générale ou les gestes distinctifs.
• On définit le caractère grâce à des adjectifs (« *lâche* », « *prétentieux* », « *généreux* ») mais mieux encore à travers quelques rapides anecdotes qui l'illustrent. Le caractère peut aussi être annoncé par la description du physique et des gestes (une personne timide rase les murs, enfonce la tête entre ses épaules, parle bas ; une personne sévère a le visage grave, une bouche serrée, un regard dur, le corps rigide, etc.).

Qui voit le personnage ?

Deux points de vue sont possibles.
• C'est un **narrateur omniscient** qui est à l'origine du portrait. Il a un regard complet, il sait tout du personnage, y compris son passé et son avenir.
• Le personnage est vu et décrit **à travers le regard et la sensibilité d'un autre personnage**. Dans ce cas, on utilise le champ lexical des sentiments ou du jugement.

Deuxième étape : faire le plan au brouillon

• Il est possible de distinguer deux grandes parties dans un portrait et donc de séparer ce qui concerne **le physique** de ce qui concerne **le caractère**.
• Dans chacune des parties, vous pouvez organiser le propos du plus général (l'impression principale) aux détails ou, inversement, conclure sur l'impression générale. Pour le physique, il est aussi possible de suivre le regard du personnage qui le voit ou de procéder de haut en bas.

Dernières étapes : voir « Décrire un lieu », page 30

Pour employer un vocabulaire précis et riche, aidez-vous des fiches :
– portrait physique : fiches 24, 25, 26, 27, 31 et 32 (pages 42 à 49 et 56 à 59) ;
– le caractère : fiches 38 et 39 (pages 70 à 73).

ÉCRIRE UN DIALOGUE

• Un dialogue est un **échange de paroles** entre deux ou plusieurs personnages : **les locuteurs**.

• Pour écrire un bon dialogue, vous devrez satisfaire à différentes exigences.
D'abord, évitez d'écrire des propos inutiles, comme : « *Comment vas-tu ? – Ça va, et toi ? – Ça va !* ».
Puis, pour que le lecteur suive facilement l'échange, vous devez préciser, chaque fois que c'est nécessaire, qui parle, surtout quand il y a plus de deux interlocuteurs.
Enfin, respectez une présentation particulière des paroles sur la page et utilisez correctement la ponctuation.

Première étape : chercher les idées au brouillon

• Dans un récit, **un dialogue a différentes fonctions**.
D'une part, il **fait avancer l'action**, d'autre part, il permet de **caractériser le personnage** qui parle. En effet, sa façon de s'exprimer (son niveau de langue, son accent, ses défauts de prononciation, ses tics de langage, etc.) donne une certaine image de lui. De plus, ce qu'il dit révèle ses pensées ou ses émotions.

• Avant de commencer, il convient donc de se poser différentes questions :
– Qu'est-ce que le dialogue apporte à l'histoire ? Quelles informations sur l'action ou le locuteur délivre-t-il au lecteur ? Sur quel résultat doit-il déboucher (un acte, une décision) ?
– Quelle image le dialogue va-t-il donner des personnages ? Par quels moyens ? Ces précisions complètent le portrait des locuteurs. Ainsi, une personne distinguée utilisera un niveau de langue soutenu ; une personne impressionnable sera hésitante, bredouillera facilement ; une personne autoritaire donnera des ordres et donc emploiera souvent l'impératif.
– Qu'est-ce que le personnage nous apprend de ce qu'il pense, de ce qu'il désire, de ce qu'il ressent ?

Deuxième étape : rédiger le brouillon

Présentation particulière des paroles rapportées dans un récit

• Au début du dialogue, la prise de parole est souvent annoncée par une formule qui contient un verbe de parole (« *dire* », « *affirmer* », etc.) et finit sur un deux-points. Puis on ouvre des guillemets qui ne seront fermés qu'à la fin de l'échange, juste avant le retour de la narration. Enfin, à chaque changement d'interlocuteur, on va à la ligne, on fait un alinéa et on trace un tiret.

• La place des verbes de parole au cours de l'échange peut varier. Le verbe est utilisé soit avant la prise de parole, soit à la fin (voir ci-dessous : « *s'écria d'Artagnan furieux* »), soit au milieu si la réplique est longue (voir ci-dessous : « *reprit l'inconnu* »).

D'Artagnan, voyant le moqueur arriver, tira son épée d'un pied hors du fourreau.
« Ce <u>cheval</u> est décidément ou plutôt a été dans sa jeunesse bouton-d'or, **reprit l'inconnu continuant les investigations commencées et s'adressant à ses auditeurs de la fenêtre.** C'est une couleur fort connue en botanique, mais jusqu'à présent fort rare chez les chevaux.
– Tel <u>rit</u> du <u>cheval</u> qui n'oserait pas <u>rire</u> du maître ! **s'écria d'Artagnan furieux.**
– Je ne <u>ris</u> pas souvent, Monsieur, **reprit l'inconnu** ; mais je tiens cependant à conserver le privilège de <u>rire</u> quand il me <u>plaît</u>.
– Et moi, **s'écria d'Artagnan,** je ne veux pas qu'on rie quand il me <u>déplaît</u> !
– En vérité, Monsieur ? **continua l'inconnu plus calme que jamais.** Eh bien ! c'est parfaitement juste. »
Et tournant sur ses talons, il s'apprêta à rentrer dans l'hôtellerie par la grande porte.
D'après Alexandre Dumas, *Les Trois Mousquetaires*, 1844.

• Vous remarquerez la ponctuation qui entoure les verbes de parole (en rouge dans l'exemple ci-avant) : ceux-ci sont précédés d'une virgule, d'un point d'exclamation ou d'interrogation, de points de suspension, mais jamais d'un point. Aussi ces verbes ne commencent-ils jamais par une majuscule. En revanche, ils peuvent être suivis d'une virgule ou d'un point.

Quelques conseils d'écriture

• Pour assurer la **richesse du vocabulaire, variez les verbes de parole**, ils sont innombrables et souvent très expressifs. Ils permettent d'indiquer différentes choses :
– la force de la voix : « *s'écrier* », « *brailler* », « *s'égosiller* », « *s'époumoner* », « *vociférer* », « *chuchoter* », « *susurrer* », « *marmonner* », etc.
– une prononciation particulière : « *balbutier* », « *bégayer* », « *bredouiller* », « *bafouiller* », « *ânonner* », etc.
– les émotions : « *geindre* », « *gémir* », « *se plaindre* », « *soupirer* » ; « *rugir* » ; « *grogner* », etc.
– l'intention de l'intervention : « *demander* », « *interroger* », « *ordonner* », « *prier* », « *assurer* », etc.

• Pour aider le lecteur à visualiser la scène et comprendre les enjeux de l'échange, **accompagnez les verbes de parole d'indications sur les états d'esprit, les gestes ou les déplacements des personnages** grâce à différents groupes de mots :
– des gérondifs ou des participes présents : « *s'adressant à ses auditeurs de la fenêtre* », « *en s'asseyant* », « *en baissant les yeux* », « *en reculant* », etc.
– des adjectifs : « *accablé* », « *rassuré* », « *étonné* », « *furieux* », « *plus calme que jamais* », etc.
– des groupes nominaux : « *sur un ton ironique* », « *dans un soupir* », « *l'œil malicieux* », « *avec un grand sourire* », etc.
– des adverbes : « *naïvement* », « *joyeusement* », « *calmement* », etc.

• Pour assurer **l'enchaînement des répliques, reprenez des mots d'une réplique sur l'autre.** Par exemple, dans l'extrait de Dumas, le mot « *cheval* » fait le lien entre les répliques 1 et 2 puis c'est le verbe « *rire* » entre les répliques 2 et 3 ; enfin, « *plaire* » se transforme en « *déplaire* » de la réplique 3 à la 4.

• S'il s'agit d'écrire un **dialogue argumentatif**, vous pouvez suivre le **schéma suivant** :
– premier locuteur : argument 1
– second locuteur : contre-argument 1 + argument 2
– premier locuteur : contre-argument 2 + argument 3, etc.
– etc.

Dernières étapes : relire, recopier au propre et relire une dernière fois

• **Vérifiez l'emploi des temps** : le récit qui encadre le dialogue n'est pas forcément aux mêmes temps que le dialogue. Le récit a souvent pour temps de base le passé simple alors que les paroles sont échangées au présent. Celui-ci alterne alors avec le passé composé ou le futur de l'indicatif.

• **Vérifiez que toutes les répliques sont nécessaires.** Pour plus de légèreté, vous pouvez résumer certains échanges. Par exemple, vous pouvez raccourcir des adieux inintéressants pour l'action avec des formules comme : « *Ils se séparèrent en se souhaitant une bonne journée* », « *Ils se quittèrent après un bref salut* », etc.

COMPOSER UN TEXTE ARGUMENTATIF

18

- Dans un texte argumentatif, l'**énonciateur prend position sur un sujet** : il expose et justifie son opinion, il défend une cause ou il dénonce un fait.
- Au collège, on attendra rarement de vous que vous composiez un texte entièrement argumentatif : il s'agira plutôt de passages à insérer dans un ensemble qui peut revêtir plusieurs formes : récit, dialogue, lettre, etc.

Première étape : chercher des idées au brouillon

- Tout d'abord, il s'agit de chercher tous les **arguments** qui vous permettront de soutenir tel ou tel avis, c'est-à-dire votre **thèse**.

Trouver des arguments

- Pour approfondir votre réflexion, vous pouvez **envisager un autre point de vue sur la question** et chercher les arguments que l'on pourrait vous opposer pour les **réfuter**, c'est-à-dire pour expliquer en quoi ils ne sont pas convaincants.
- Mais vous pouvez aussi faire des **concessions** à la position adverse pour, ensuite, développer tous vos arguments.
- D'une façon générale, **peser le pour et le contre** d'une question vous permettra d'aboutir à une **opinion nuancée**.

Étayer les arguments par des exemples

Vous devrez aussi chercher des **exemples qui illustrent vos arguments**. Cherchez-les dans votre expérience ou, mieux encore, dans vos lectures, des films, l'actualité, l'histoire, etc.

Chercher à convaincre

- Il y a deux façons de chercher à convaincre : **construire un raisonnement rigoureux** ou **toucher la sensibilité du lecteur** par des images frappantes ou en l'interpellant, en le prenant à partie, en le faisant sourire, etc.
- Choisissez votre stratégie, elle aura des conséquences sur le ton de votre texte : il sera neutre si vous raisonnez, ironique, indigné ou émouvant si vous cherchez à troubler.

Deuxième étape : faire le plan

Le plan classique d'un texte argumentatif est le suivant :
– exposition de la thèse, de l'opinion sur telle ou telle question,
– présentation des arguments pour la soutenir, chacun illustré d'un exemple.

Troisième étape : rédiger au brouillon

Quelques conseils d'écriture

- Employez des mots de liaison pour souligner les enchaînements logiques de votre raisonnement ou les étapes de votre pensée : « en effet », « d'une part », « de plus », « en outre », « par ailleurs », « néanmoins », « par conséquent », etc. Cette progression sera aussi soulignée par des paragraphes.
- Aidez-vous de la fiche de vocabulaire 40 (page 74) pour enrichir votre expression de l'opinion, du raisonnement, du jugement.
- Pour marquer votre lecteur, utilisez des procédés de mise en relief et des figures de style (voir page 18) : des formes de phrases emphatiques, des anaphores, des questions rhétoriques, des phrases interro-négatives, des contrastes saisissants, des gradations, des chutes, des énumérations, etc.
- Sauf indication contraire, le temps utilisé est le présent.

Dernières étapes : relire, recopier au propre, relire encore

• Une scène de théâtre est essentiellement constituée d'un **dialogue entre un ou plusieurs personnages**. Ce sont donc uniquement les paroles qui font avancer l'action à travers, par exemple, des disputes, des prises de décision, des révélations, etc.

• L'autre particularité du texte théâtral est qu'il est destiné à être joué devant des spectateurs : c'est un **art visuel**.

• Ainsi, de brèves indications sur les déplacements, les gestes, le ton, les mimiques peuvent accompagner les paroles. Ce sont les **indications scéniques**, aussi nommées **didascalies** qui renseignent le metteur en scène et les acteurs sur la façon de jouer.

Première étape : chercher les idées au brouillon

• **L'intrigue d'une pièce de théâtre** a souvent pour noyau un **conflit entre des personnages** : ils veulent obtenir la même chose, ne sont pas d'accord sur une décision à prendre, etc. Choisissez donc le type de conflit que vous voulez évoquer s'il n'est pas imposé par le sujet.

• Ensuite, les **questions à se poser** sont les mêmes que pour écrire un dialogue (voir page 33).

Deuxième étape : rédiger le brouillon

Respecter les règles de la mise en page du texte théâtral

• Les paroles sont précédées du nom du personnage écrit en majuscules et suivi d'un tiret. Ce nom peut être accompagné d'indications scéniques en italique et souvent entre parenthèses.

ARGAN – Où est-ce donc que nous sommes ? Et quelle audace est-ce là à une coquine de servante de parler de la sorte devant son maître ?

TOINETTE – Quand un maître ne songe pas à ce qu'il fait, une servante bien sensée est en droit de le redresser.

ARGAN (*court après Toinette*) – Ah ! Insolente, il faut que je t'assomme.

TOINETTE (*se sauve de lui*) – Il est de mon devoir de m'opposer aux choses qui vous peuvent déshonorer.

Molière, *Le Malade imaginaire* (1673), acte I, scène 5.

• L'action est divisée en **actes** selon les grandes étapes de l'action. Au début de la pièce, on peut donner des indications sur le **décor**, et au début de chaque acte si le décor change.

• Les actes sont eux-mêmes divisés en **scènes**. Il y a changement de scène chaque fois qu'un personnage entre ou sort. Précisez l'acte (en chiffres romains) et la scène (en chiffres arabes) au début de votre copie.

Les conventions théâtrales

• On accepte sur une scène des situations qui paraîtraient bien étranges dans la vie réelle. Ces conventions découlent du fait que, tout d'abord, **les éléments de l'intrigue ne sont révélés que par des paroles** : il n'y a pas de récit. De plus, **ces paroles sont entendues à la fois par les personnages et par les spectateurs**.

• Ainsi, il se peut qu'**un personnage parle seul sur scène : c'est un monologue**. Cette convention est utilisée pour révéler ce que pense un personnage en son for intérieur.

• Parfois aussi, **certains personnages parlent sans être entendus des autres : c'est un aparté**. Dans ce cas, le nom du personnage est suivi de l'indication entre parenthèses : « *à part* ». L'aparté permet une complicité entre les spectateurs et le personnage.

Conseils d'écriture

Voir les trois derniers conseils d'écriture de la fiche sur le dialogue, page 33.

Dernières étapes : relire, recopier au propre, relire encore

ÉCRIRE UN POÈME

• Un poème est une forme particulière que prend l'expression d'une émotion ou d'une idée. Plus que dans la prose, on s'appuie sur le pouvoir suggestif des mots, des sonorités et du rythme.
• Il existe deux grands types de poèmes : les **poèmes en vers libres** et les **poèmes en vers qui obéissent à des règles très strictes d'écriture**. Les deux se caractérisent par une mise en page et une ponctuation particulières : le passage à la ligne en fin de vers et la présence d'une majuscule en début de vers.

Un poème en vers libres

• Ce type de poème n'a **aucune contrainte à respecter en ce qui concerne le nombre de syllabes par vers ou la présence de rimes**. Il s'agit uniquement de faire confiance au pouvoir évocateur des mots.
• Pour cela, vous pouvez **partir d'un ou des mots du sujet et laisser libres la pensée et les associations d'idées** : notez tous les mots qui vous viennent à l'esprit. Choisissez ceux qui font naître le plus d'images en vous. Constituez deux ou trois **champs lexicaux** selon le thème que vous traitez. Par exemple, pour un paysage de rêve, cherchez des mots qui appartiennent aux champs lexicaux de la lumière, de l'exotisme, de la douceur, etc.

Un poème lyrique

S'il s'agit d'un **poème lyrique**, c'est l'expression des sentiments et des émotions qui sera privilégiée. Le poète s'y exprime à la **première personne** pour faire partager sa vie intérieure au lecteur. Pour évoquer ses impressions, pour exprimer l'indicible, il est souvent amené à faire des **comparaisons** (« *L'amour s'en va comme cette eau courante* », Guillaume Apollinaire) ou des **métaphores** (« *Mon passé se dissout je fais place au silence* », Paul Eluard).

Un poème argumentatif

• S'il s'agit d'un **poème argumentatif**, le but est de **dénoncer un fait ou de défendre une cause**. Il est donc fortement ancré dans la réalité et fait référence à des noms, des dates, etc. Il vise à provoquer la révolte, l'engagement, l'action.
• Dans les deux cas, vos idées seront mises en valeur par un travail sur le rythme (créé, par exemple, par les répétitions, les refrains, les parallélismes ou des structures précises : le rythme ternaire) et les sonorités (répétitions de consonnes ou de voyelles).

> Rappelle-toi Barbara
> Il pleuvait sans cesse sur Brest ce jour-là
> Et tu marchais souriante
> Épanouie ravie ruisselante
> Sous la pluie
> Rappelle-toi Barbara
> Il pleuvait sans cesse sur Brest
> Jacques Prévert, « Barbara », *Paroles*, 1946.

Dans ce début de poème de Prévert, un rythme particulier est créé par le refrain « *Rappelle-toi Barbara / Il pleuvait sans cesse sur Brest* », mais aussi par les énumérations d'adjectifs « *souriante / Épanouie ravie ruisselante* ». Dans celle-ci, les sonorités sont harmonieuses du fait de la répétition des voyelles [a] et [i] et de la consonne [r] qui apparaît d'ailleurs dès le premier vers.

Un poème en vers réguliers

Il est soumis à deux types de contraintes.

Le nombre de syllabes par vers

• Le **nombre de syllabes par vers est imposé**. En général, tous les vers du poème sont composés du même nombre de syllabes, mais il peut aussi y avoir des irrégularités, comme dans les *Fables* de La Fontaine.

• La première difficulté est de **compter correctement les syllabes car on ne prononce pas des vers comme de la prose.**

– Ainsi, le **-e** n'est-il pas toujours muet. Il ne se prononce pas s'il est devant une voyelle ni en fin de vers, mais se fait entendre s'il est suivi d'une consonne.

Les deux vers suivants comptent chacun douze syllabes :

« Mon / pè/**re**, / ce /hé/ros / au / sou/ri/**re** /si /doux » Victor Hugo

« De/main, / dès / l'au/b(e), à / l'heu/r(e) où / blan/chit / la / cam/pagn(e) » Victor Hugo

– Il se peut qu'une **suite de voyelles** qui, dans la prose, se prononce comme une seule syllabe soit prononcée en deux temps. On parle alors de **diérèse.**

« L'un miaule en grondant comme un tigre en furie » Nicolas Boileau

Il faut prononcer le troisième mot en deux temps : « mi/aul(e) ». La diérèse offre ici un jeu sur les sonorités en rapprochant le mot du cri de l'animal.

• Les vers les plus utilisés sont l'**alexandrin** (douze syllabes), le **décasyllabe** (dix syllabes), l'**octosyllabe** (huit syllabes) et l'**heptasyllabe** (sept syllabes).

• Les vers sont parfois regroupés en paragraphes qu'on appelle **strophes.**

Les rimes

Les vers doivent rimer, c'est-à-dire qu'ils fonctionnent par couples qui finissent avec le ou les mêmes sons. Trois dispositions sont possibles :

– les rimes plates ou suivies, de schéma AABB (le 1er vers rime avec le 2e, le 3e avec le 4e),

– les rimes croisées de schéma, ABAB (le 1er vers rime avec le 3e, le 2e avec le 4e),

– les rimes embrassées, de schéma ABBA (le 1er vers rime avec le 4e, le 2e avec le 3e)

Dans ce poème de Louise Labé, il s'agit de rimes embrassées.

Je vis, je meurs ; je me brûle et me noie.

J'ai chaud extrême en endurant froidure ;

La vie m'est et trop molle et trop dure.

J'ai grands ennuis entremêlés de joie.

Louise Labé, *Sonnets*, 1555.

RÉDIGER UNE LETTRE

21

Rédaction

Une lettre est adressée par un expéditeur (ou destinateur) à un destinataire pour lui transmettre un message.

Première et deuxième étapes : chercher des idées et les organiser dans un plan

Selon le sujet, vous devez faire un récit, évoquer des sentiments ou présenter une opinion. Reportez-vous aux fiches qui traitent ces types d'écrit, pages 26, 29 et 35.

Troisième étape : rédiger le brouillon

Respecter une présentation particulière

• Pour une **lettre personnelle** (à un ami, un membre de sa famille, une connaissance) :

.............., ...	Le lieu et la date (le mois écrit en toutes lettres)
..............,	Une formule d'appel
....	Le corps de la lettre : chaque paragraphe est précédé d'un alinéa.
..............,	Une formule d'adieu
....	Le prénom de l'expéditeur

• Pour une **lettre officielle** (à une entreprise, un organisme, etc.), on ajoute **le nom et les coordonnées de l'expéditeur** en haut à gauche et **ceux du destinataire à droite**, sous la date. On peut aussi ajouter l'**objet** (c'est-à-dire le sujet) de la lettre ou juste le nom du destinataire avant la formule d'appel. Par exemple : « Objet : demande de stage » ; « À l'attention de Monsieur Martin ».
On finit en mentionnant son prénom, son nom et l'on signe. **Le jour d'un examen, ne signez pas de votre vrai nom, cela pourrait être considéré comme une tentative de tricherie.**
• Conseils : pensez à faire des **marges** alignées à gauche aussi bien qu'à droite. Si vous écrivez sur papier blanc, évitez de tirer des traits au crayon car il en reste toujours des traces. Tirez plutôt des traits noirs sur une feuille quadrillée et utilisez-la en transparence.

Quelques conseils d'écriture

• En **début de lettre**, commencez par quelques phrases de **prise de contact** ou **faites le lien avec la dernière lettre reçue**. Il peut s'agir, en effet, d'une correspondance suivie. Vous pouvez alors faire des références à la lettre à laquelle vous répondez : répondez à des questions ou commentez certaines remarques.
• Vous rendrez votre lettre vivante en **impliquant votre destinataire dans votre propos** comme s'il s'agissait d'un dialogue : interpellez-le, posez-lui des questions, etc.
• Selon la relation entre l'expéditeur et le destinataire, les formules d'appel et d'adieu varient : elles expriment le degré d'intimité des personnes. Dans les lettres personnelles, on utilisera « *Cher Simon* », « *Bien chers tous* », « *Je t'embrasse affectueusement* », etc. Dans une lettre officielle, on utilisera « *Monsieur* », « *Je vous prie d'agréer mes salutations distinguées* », etc.
• Les **pronoms personnels** diffèrent selon que les personnes se tutoient ou se vouvoient.
• Enfin, le **temps** de référence est le **présent**.

Dernières étapes : relire, recopier au propre, relire encore

39

ÉCRIRE UN ARTICLE DE JOURNAL

Un article de journal est un texte qui a pour but de délivrer des informations dont les sources sont sûres mais aussi, selon les cas, d'expliquer, de raconter, d'analyser des faits, voire d'exprimer un point de vue. Il peut être illustré de photographies ou de schémas, toujours légendés.

Première étape : chercher des idées

• Pour un **article informatif**, posez-vous les questions essentielles en ce qui concerne les faits : où ? quand ? qui ? quoi ?

• Pour un **article** aussi **explicatif**, posez-vous les questions : pourquoi ? comment ?

• Pour un **article** qui doit **analyser un fait**, demandez-vous quelles en sont les conséquences.

• Pour un **article** qui **expose une opinion**, **dénonce un fait** ou **soutient une** cause, reportez-vous à la fiche sur le texte argumentatif (page 35).

Rassembler des informations

• Répondez à toutes ces questions, en vous documentant sur le thème que vous devez traiter : rassemblez des **informations de différentes sources**.

• Vous pouvez apporter des informations par le biais d'**interviews**. Dans ce cas, cela suppose une enquête de votre part. Ne citez que des personnes compétentes. Par exemple, pour une question de santé, interrogez un médecin. Mais vous pouvez aussi vous contenter de citer un court extrait des propos (écrits ou oraux) d'un spécialiste du domaine que vous traitez.

Deuxième étape : faire le plan

• L'article doit, dès le début, situer le sujet et répondre aux questions essentielles : quoi ? où ? quand ? qui ? pourquoi en parler ?

• Puis, selon les cas, vous aurez à décrire, raconter, analyser ou prendre parti.

Troisième étape : rédiger au brouillon

Respecter une présentation particulière

• Inventez un **titre général** et, si votre article est long, des **intertitres**. Ils auront tous la forme de **phrases nominales** (c'est-à-dire sans verbe conjugué). Leur but est d'informer ou d'accrocher l'attention du lecteur.

• L'article peut commencer par une **accroche**, c'est-à-dire un paragraphe introductif qui rassemble les informations essentielles et donne envie de lire la suite.

• Dans un journal, l'article se présente en **colonnes**. Vous pouvez respecter cette présentation. Faites des **paragraphes courts**.

• Il y a deux façons de rapporter des paroles.

– Vous ne citez que quelques réponses d'une interview : vous présentez les paroles entre guillemets et vous insérez un verbe de parole suivi du statut de la personne qui parle.
« En 2050, la Terre comptera 3 milliards de bouches supplémentaires à nourrir », affirme Jack Smith, enseignant en microbiologie et santé environnementale à l'université Columbia, à New York.

– Vous citez les questions et les réponses. Dans ce cas, vous pouvez préciser le nom de chaque personne avant d'en rapporter les paroles.

Utiliser le style journalistique

• Le style d'un journaliste répond à **deux exigences** : **informer de façon très précise** et **retenir l'attention du lecteur** (pour qu'il ait envie de lire l'article, et donc d'acheter le journal). Vous devrez donc citer des noms (de lieux, de personnes, etc.) ou des chiffres et trouver des formules marquantes.

• Si vous écrivez un article informatif ou explicatif, vous devez rester objectif, c'est-à-dire neutre, et vous n'utilisez pas la première personne (je).

Dernières étapes : relire, recopier au propre et relire encore

N'oubliez pas de signer votre article, mais surtout pas de votre vrai nom le jour d'un examen : cela pourrait être considéré comme une tentative de tricherie.

FAIRE UN RÉSUMÉ

Un résumé est le résultat d'une contraction de texte : il s'agit de réduire un récit à ses événements les plus importants ou un texte documentaire à ses idées principales.

Le résumé d'un texte narratif

Première étape : repérer les étapes du récit

• Après avoir lu une ou deux fois le texte, vous **délimitez les principales étapes de l'histoire** en prenant appui sur les paragraphes et en encadrant les connecteurs temporels : *« soudain », « puis », « ensuite », « tout à coup »*… Gardez aussi en tête le plan du schéma narratif (voir « Rédiger un récit », page 26) : le texte le respecte peut-être.
• Puis, **donnez un titre** à chacune de ces parties pour faire apparaître le plan du texte.

Deuxième étape : rédiger au brouillon

• Respectez l'**ordre des actions**, les **temps employés** et le **narrateur** (récit à la première ou à la troisième personne).
• Ne recopiez aucune phrase, seulement les mots clés. Pour éviter d'être tenté d'utiliser les expressions du texte, retournez celui-ci après avoir noté son plan sur une feuille à part.

Troisième étape : relire son brouillon

Comparez une dernière fois votre texte avec celui de l'auteur pour vérifier que vous n'avez pas oublié d'idée ou que vous n'avez pas recopié de phrases entières.

Dernières étapes : relire, recopier au propre et relire encore

Le résumé d'un texte documentaire

Première étape : repérer les idées clés et leur organisation

• Après avoir lu une ou deux fois le texte, vous vous demanderez quelles sont les **informations les plus importantes** qu'il donne : de quoi parle-t-il ? qu'apprend-on sur ce thème ? Puis **soulignez les mots clés ou les expressions clés** qui répondent à ces questions.
• Pour repérer l'organisation des idées et leur enchaînement, encadrez les mots de liaison.
• Délimitez les étapes du texte en vous aidant des paragraphes. Puis donnez-leur un titre pour faire apparaître le plan. Pour cela, vous pouvez vous aider de la première phrase de chaque paragraphe : en général, elle annonce son thème.

Deuxième étape : rédiger au brouillon

• Il faut **suivre l'ordre des idées** sans jamais ajouter aucune idée personnelle.
• Il faut laisser de côté les idées secondaires, les exemples illustratifs ou les chiffres.
• Il ne faut recopier aucune phrase, seuls les mots clés seront employés. C'est un exercice de réécriture : **il faut reformuler les idées**. Ne gardez que le plan du texte sous les yeux.
• Pour conserver l'enchaînement des idées, vous pouvez utiliser les mêmes mots de liaison.

Conseils d'écriture

• Pour réduire le texte, vous pouvez utiliser des termes génériques :
« L'ours dévore des petits fruits rouges appelés myrtilles, des châtaignes et des glands. » devient « L'ours se nourrit de fruits et de féculents. »
• Il faut garder l'idée générale du texte sans entrer dans les détails :
« à l'époque où les arbres commencent à jaunir » devient « à l'automne »
• Les compléments du nom ou les propositions subordonnées relatives peuvent être transformés en adjectifs :
« les battements de son cœur » devient « ses battements cardiaques »
« les animaux qui mangent des insectes » devient « des insectivores »

Troisième étape : relire son brouillon

Comparez une dernière fois votre texte avec celui de l'auteur pour vérifier que vous n'avez pas oublié d'idée ou que vous n'avez pas recopié de phrase entière.

Dernières étapes : recopier au propre et relire à nouveau son texte

Le visage

la face figure, visage
le minois visage jeune et charmant
la frimousse (fam.) minois
les traits
  – harmonieux réguliers
  – irréguliers
  – délicats
  – marqués qui portent les marques de l'âge, de la fatigue
  – épais
le profil contour du visage vu de côté
le visage
  – anguleux
  – carré
  – rond
  – triangulaire
  – joufflu qui a de grosses joues
  – poupin joufflu comme une poupée
  – bouffi enflé, boursouflé
  – émacié très maigre, squelettique
  – décharné très maigre, étique
  – buriné aux rides très marquées
  – imberbe qui est sans barbe
  – rude dur, sévère

Les éléments du visage

le nez
  – retroussé au bout relevé
  – grec dont l'arête prolonge la ligne du front
  – aquilin courbé en bec d'aigle, busqué
  – épaté large et court
  – camus court et plat
la bouche
  – charnue épaisse
  – pulpeuse aux formes pleines, sensuelle
  – pincée serrée et mince
les yeux
  – en amande
  – de lynx qui ont une vue perçante
  – bridés qui ont les caractéristiques de ceux des Asiatiques
  – exorbités qui semblent sortir de l'orbite
  – enfoncés
  – cernés
  – injectés de sang
  – globuleux gros
l'iris partie colorée de l'œil
la pupille partie centrale de l'œil, la prunelle
l'orbite cavité osseuse dans laquelle se trouve l'œil
le menton
  – en galoche qui dépasse la mâchoire du haut
  – double, triple menton bourrelets de chair sous le menton

les pommettes partie arrondie de la joue
  – saillantes qui avancent, proéminentes
l'arcade sourcilière partie en forme d'arc sur laquelle poussent les sourcils
les tempes partie entre l'œil et le haut de l'oreille
  – grisonnantes

La peau

la carnation couleur, apparence de la chair
le teint
  – blême pâle, livide, blafard, cadavérique
  – de porcelaine d'une blancheur transparente
  – d'albâtre (litt.) d'une blancheur éclatante
  – mat assez foncé
  – rougeaud trop rouge, rubicond
  – hâlé doré, bronzé, cuivré
  – cireux qui a la couleur jaune pâle de la cire
la peau
  – laiteuse qui a l'apparence du lait
  – veloutée douce comme du velours
  – rugueuse rude au toucher
  – flétrie ridée, fanée, parcheminée
  – liftée qui a été retendue par la chirurgie

Les cheveux

la chevelure
la tignasse chevelure mal peignée
la calvitie absence de cheveux
les cheveux
  – clairsemés peu denses, épars
  – drus épais
  – en bataille ébouriffés
  – hirsutes échevelés
  – broussailleux hirsutes
  – soyeux doux et fins comme de la soie
  – ternes sans éclat
  – brillants
  – gras
  – gominés recouverts de gel
  – de jais noirs et brillants
  – d'ébène noir foncé
  – descendent (en cascade) sur les épaules
  – encadrent le visage

La voix

mélodieuse
cristalline (litt.) pure, claire
aiguë
grave
nasillarde qui vient du nez
rauque éraillée, enrouée
monocorde qui n'a qu'un son, monotone
de crécelle très aiguë, criarde
chevrotante tremblante comme un bêlement
doucereuse artificiellement douce

Expressions usuelles

Se montrer à visage découvert. Se montrer tel que l'on est.

Perdre la face. Perdre sa dignité, son honneur.

Faire front. Résister.

Mettre la puce à l'oreille. Éveiller des doutes.

Être tiré par les cheveux. Être amené de façon forcée, peu naturelle.

Obéir au doigt et à l'œil. Obéir au premier signe.

Avoir une coquetterie dans l'œil. Loucher légèrement.

Avoir bon pied bon œil. Être en bonne santé (pour une personne âgée).

Avoir le compas dans l'œil. Juger à vue d'œil avec une grande précision.

Au nez et à la barbe de quelqu'un. En la présence d'une personne et en la bravant.

Exercices

1 ❱ Corrigez les erreurs qui se sont glissées dans les expressions.

a. Je n'ai pas besoin d'un mètre pour savoir que cette planche mesure soixante centimètres, j'ai une règle dans l'œil.

b. Le fait de le voir rougir quand il m'a expliqué les prétendues raisons de son retard m'a mis le pou à l'oreille.

c. Mathilde a réussi à copier sur sa voisine au nez et à la moustache du professeur de mathématiques.

d. Malgré son âge, mon grand-père a encore bon pied bonne tête.

e. Ce chien a été très bien dressé : il obéit au doigt et à la baguette.

2 ❱ Reliez chaque partie du visage à l'adjectif qui peut la qualifier. Attention, les adjectifs ne sont pas accordés.

a. des tempes	1. épaté	e. des yeux	5. flétri
b. des traits	2. grisonnant	f. des cheveux	6. pulpeux
c. une bouche	3. irrégulier	g. une peau	7. clairsemé
d. un nez	4. pincé	h. des lèvres	8. globuleux

3 ❱ Retrouvez les couples d'antonymes.

a. dru	1. mince	e. rugueux	5. barbu
b. émacié	2. saillant	f. mat	6. velouté
c. charnu	3. épars	g. anguleux	7. clair
d. enfoncé	4. bouffi	h. imberbe	8. boursouflé

4 ❱ Proposez un synonyme aux mots ou aux groupes de mots en gras.

a. Ses cheveux **sans éclat** tombaient de chaque côté de ses pommettes **proéminentes**.

b. Ses **gros** yeux brillaient sous une arcade de sourcils **drus** qui se rejoignaient presque à la racine d'un nez **large et court**.

c. Son nez **busqué** domine une bouche aux lèvres **épaisses**.

d. Son visage **très ridé** par la vie mais aux traits **réguliers** plaisait encore aux femmes.

e. Son visage **décharné**, **parcheminé** et **livide** trahissait l'avancée de la maladie qui l'emporterait un mois plus tard.

5 ❱ Transformez les adjectifs en noms de façon à former de nouvelles expressions d'un registre de langue plus soutenu.

Exemple : une peau blanche ➜ la blancheur de la peau.

a. une peau douce   c. des joues rondes   e. des traits réguliers

b. des cheveux soyeux   d. des lèvres parfaitement dessinées   f. une peau veloutée

6 ❱ Remplacez l'adjectif par un nom de la liste suivante de façon à créer une métaphore de même sens.

jais – pêche – or – feu – bataille – lynx – braise – porcelaine – ébène

a. un regard passionné : un regard de ...   e. des cheveux noirs : des cheveux d'... ou de ...

b. un teint très blanc : un teint de ...   f. un œil très perçant : un œil de ...

c. une peau très douce : une peau de ...   g. des cheveux blonds : des cheveux d'...

d. une chevelure rousse : une chevelure de ...   h. des cheveux ébouriffés : des cheveux en ...

CORRIGÉS p. 182

25
LE VISAGE
ET SES EXPRESSIONS

L'expression du visage

la mine aspect du visage indiquant certains sentiments
ou l'état du corps
la physionomie ensemble des traits du visage
l'air
une moue grimace que l'on fait en avançant les lèvres
– **boudeuse**
– **dégoûtée**
un visage
– **radieux** rayonnant de joie
– **jovial** gai
– **ouvert** franc, sincère
– **avenant** agréable, aimable
– **sévère**
– **pincé** mécontent, distant
– **mielleux** d'une douceur hypocrite
– **s'anime**
– **s'éclaire**
– **s'assombrit**
– **rougit**
– **blêmit** devient pâle
– **se crispe**
– **se décompose** se trouble sous l'effet d'une forte
émotion, de la douleur
les yeux
– **brillent, pétillent**
– **lancent des éclairs, des étincelles**
écarquiller les yeux les ouvrir très grands
se rembrunir prendre un air triste
se renfrogner exprimer son mécontentement
en contractant le visage
froncer les sourcils
hausser les sourcils
plisser le nez

Le regard

lumineux
perçant
espiègle malicieux
vide
hautain
méprisant, dédaigneux
ardent passionné
fixe
furtif qui se fait à la dérobée
hébété ahuri, stupide
perplexe hésitant, indécis
enamouré amoureux
éloquent expressif
hardi qui ne se laisse pas intimider
insolent qui manque de respect, impertinent
résigné qui accepte sans protester, sans réagir
désemparé qui ne sait plus que faire
serein tranquille, calme

le regard
– **se voile** se trouble, s'éteint
– **s'obscurcit**
– **se dérobe** évite le regard d'autrui, s'échappe
– **se durcit**
– **s'adoucit**
jeter, lancer un regard à quelqu'un, à quelque chose
effleurer quelqu'un, quelque chose du regard
regarder rapidement
balayer (un espace) du regard regarder en entier
foudroyer ou fusiller quelqu'un du regard regarder
méchamment
dévorer quelqu'un, quelque chose du regard
regarder avec envie
braquer son regard sur quelqu'un, quelque chose
regarder fixement

Les larmes

les pleurs
les hoquets
les sanglots respiration bruyante d'une personne
qui pleure
les larmes
– **jaillissent**
– **inondent le visage**
– **ruissellent sur les joues**
– **perlent aux paupières** forment des gouttes

Le sourire

béat exagérément satisfait et tranquille
franc
imperturbable
enjôleur charmeur
désarmant qui enlève toute sévérité
irrésistible
mystérieux
poli
forcé
niais sot
goguenard moqueur
sardonique qui exprime une moquerie méchante
embarrassé gêné
complice
le sourire
– **se fige**
– **s'élargit**
– **s'efface**
– **s'évanouit**
un rictus sourire qui exprime des sentiments négatifs
adresser un sourire à quelqu'un
ébaucher, esquisser un sourire commencer un sourire
sans aller jusqu'au bout
arborer un sourire afficher fièrement un sourire
réprimer un sourire retenir un sourire
grimacer un sourire faire un sourire qui ressemble à
une grimace

Expressions usuelles

Ne pas payer de mine. Ne pas être à son avantage.
Faire mine de. Faire semblant de.
Prendre un air entendu. Prendre une attitude de complicité.
Prendre de grands airs. Affecter des manières de grand seigneur.
Pleurer à chaudes larmes. Pleurer beaucoup.
Pleurer des larmes de crocodile. (fam.) Pleurer des larmes peu sincères.
Rester bouche bée. Rester bouche ouverte.
Faire les yeux doux à quelqu'un. Regarder quelqu'un amoureusement.
Regarder quelqu'un avec les yeux de Chimène. Regarder quelqu'un amoureusement.
Regarder quelqu'un dans le blanc des yeux. Regarder quelqu'un bien en face.

Exercices

1 ▶ Regroupez ces expressions en trois listes, selon qu'elles traduisent le dégoût, le mécontentement ou l'étonnement.

a. hausser les sourcils   d. plisser le nez   g. se gratter le crâne   j. grimacer
b. froncer les sourcils   e. se frotter les yeux   h. se rembrunir   k. se pincer le nez
c. garder la bouche bée   f. grincer des dents   i. écarquiller les yeux   l. se renfrogner

2 ▶ Formez des paires de synonymes avec ces adjectifs qui peuvent qualifier le regard.

a. malicieux   1. tranquille   f. dédaigneux   6. hébété
b. ardent   2. inexpressif   g. ahuri   7. méprisant
c. impassible   3. passionné   h. brillant   8. radieux
d. serein   4. espiègle   i. joyeux   9. aimable
e. goguenard   5. moqueur   j. avenant   10. pétillant

3 ▶ Formez des paires de synonymes avec ces adjectifs qui peuvent qualifier le sourire.

a. béat   1. sot   e. embarrassé   5. sincère
b. enjôleur   2. heureux   f. sardonique   6. gêné
c. niais   3. moqueur   g. forcé   7. contraint
d. goguenard   4. charmeur   h. franc   8. moqueur

4 ▶ Complétez les phrases avec les verbes proposés selon leur sens et l'accord.

accorder – s'assombrit – lança des étincelles – a balayé – détacher – a braqué

a. À l'évocation de ce triste souvenir, son regard ... .
b. Furieux, Jean ... ses regards sur son interlocuteur pour lui faire baisser les yeux.
c. Durant la soirée, ce méprisant personnage n'a même pas daigné m'... un regard.
d. Fasciné par les prouesses de l'équilibriste, je ne pouvais ... mes regards de sa silhouette.
e. Lorsque Pierre prit connaissance des dernières sottises de son fils, son regard ... .
f. En entrant dans la salle de réunion, il ... rapidement l'assemblée du regard.

5 ▶ Complétez les phrases suivantes avec des verbes qui peuvent avoir « sourire » pour complément ou sujet.

a. Gêné, Pierre ... un timide sourire pour se donner une contenance.
b. Le candidat à la présidence n'a pu ... un sourire quand son adversaire a été déstabilisé.
c. La star monte les marches et ... un large sourire aux photographes.
d. L'athlète n'a pu que ... un pauvre sourire lorsqu'elle félicita sa concurrente victorieuse.
e. M. Richard, fraîchement nommé ministre, sort du palais de l'Élysée en ... un sourire satisfait.
f. Lorsqu'elle vit les dessins que son fils avait barbouillés sur les murs, son sourire se ... .

6 ▶ Complétez les phrases avec les verbes suivants selon leur sens et l'accord.

brillaient – révélait – trahissent – se peignait – lisait – se dégageait

a. Dans son expression, on ... à la fois l'orgueil, l'inquiétude et la tristesse.
b. Il ... de ses yeux baissés, de ses pommettes rondes et pâles une impression de douceur.
c. En ce moment, ses yeux ... d'une admiration enfantine.
d. Sa figure aux angles saillants ... des signes de dureté.
e. Une grande bonté ... sur son visage aux traits doux.
f. Ses regards furtifs ... un caractère timide.

Corrigés p. 182

L'être humain

26 LE CORPS
DESCRIPTIF

Le corps

la **stature** la taille, la grandeur
la **constitution** ensemble des caractères physiques
la **morphologie** forme, aspect général du corps
la **charpente** squelette
la **corpulence** masse du corps
la **carrure** largeur du dos au niveau des épaules
les **proportions** rapports de grandeur entre différentes parties d'un tout
la **silhouette** aspect général que la corpulence et le maintien donnent au corps
l'**embonpoint** état d'une personne un peu grasse
la **surcharge pondérale** obésité, grosseur excessive
la **maigreur**
un **manchot** personne sans bras
un **cul-de-jatte** personne sans jambes
un **unijambiste** personne qui n'a qu'une jambe
un **amputé** personne à qui on a coupé un membre
un **mutilé** personne qui a perdu accidentellement un membre
un **estropié** personne qui a perdu l'usage d'un membre
un corps
 – **vigoureux** fort, gaillard
 – **trapu** large et court, qui donne une impression de force
 – **athlétique** fort et musclé
 – **râblé** trapu et musclé
 – **robuste** solide, résistant
 – **bien campé** bien bâti, vigoureux
 – **corpulent** grand et gros
 – **imposant** corpulent
 – **dodu** grassouillet
 – **replet** gras, dodu
 – **girond** bien en chair
 – **empâté** lourd, gras
 – **ventripotent** (fam.) ventru
 – **bedonnant** (fam.) qui prend du ventre
 – **cylindrique** en forme de rouleau
 – **flasque** mou
 – **sculptural** qui évoque une sculpture par sa beauté
 – **svelte** mince et élancé
 – **gracile** (litt.) élancé et délicat
 – **fluet** mince et délicat, grêle
 – **menu** petit et mince
 – **efflanqué** maigre et sec
 – **frêle** qui semble manquer de force, de vitalité
 – **chétif** maigre et maladif
 – **souffreteux** faible, maladif
 – **sec**
 – **décharné** très maigre, rachitique
 – **voûté** courbé
 – **cambré** creusé au niveau des reins

Le torse

le **torse** partie du corps à laquelle sont fixés la tête et les membres
le **buste** le torse, le tronc, le thorax
 – **bien développé**
 – **poilu**
 – **glabre** qui n'a pas de poils
 – **large**
 – **creux**
le **cou**
la **nuque** partie arrière du cou
la **pomme d'Adam** partie saillante du cou chez les hommes
les **épaules**
 – **puissantes**
 – **tombantes**
 – **carrées**
 – **rondes**
la **gorge** (litt.) seins
la **poitrine** partie supérieure du buste ou les seins
 – **forte**
 – **plate**
 – **généreuse**
la **taille**
 – **fine**
 – **souple**
 – **épaisse**
les **flancs** parties situées sous les côtes
l'**échine** colonne vertébrale
les **reins** partie inférieure du dos

Les membres

les **jambes**
 – **torses** tordues, difformes
 – **galbées** bien faites
 – **puissantes**
les **attaches** les poignets et les chevilles
 – **fines**
les **bras**
 – **tatoués**
 – **nerveux** forts, musclés
les **mains**
 – **noueuses** aux articulations épaisses
 – **potelées** dodues
 – **calleuses** dont la peau est dure et épaisse
 – **manucurées** dont les ongles sont soignés
 – **rêches** rudes au toucher
 – **douces**
 – **velues** couvertes de poils
les **doigts**
 – **effilés** minces comme un fil
 – **déliés** souples et agiles
 – **boudinés** en forme de boudin
le **giron** la partie du corps allant de la ceinture aux genoux quand on est assis

46

Expressions usuelles

Se donner corps et âme à quelque chose, à quelqu'un. Se dévouer entièrement à quelque chose, à quelqu'un.

Avoir le diable au corps. Être habité par une passion déchaînée.

À son corps défendant. Malgré soi, contre son gré.

À corps perdu. Sans souci pour sa personne, fougueusement.

Tenir la jambe à quelqu'un. Importuner quelqu'un par de longs discours.

Faire des ronds de jambe. Faire des manières dans l'intention de séduire.

Faire quelque chose par-dessus la jambe. Faire quelque chose sans égard, avec désinvolture.

Avoir le cœur sur la main. Être très généreux.

Avoir le bras long. Avoir du crédit, de l'influence.

Mettre sur le flanc. Exténuer, fatiguer.

Exercices

1 ▶ Complétez les phrases suivantes avec les expressions de la fiche.
   a. Mon cousin va nous aider, il connaît beaucoup de gens à la mairie et il a ... .
   b. Je suis arrivé en retard au bureau car la gardienne m'a ... avec une histoire de plombier.
   c. Il s'est lancé ... dans ce projet, sans jamais ménager sa peine.
   d. J'adore ma voisine ; elle a vraiment ... : elle ne cesse de m'apporter de bons petits plats.
   e. Sa famille a fortement insisté, ce n'est qu'à ... qu'elle a participé à ce tour du monde.

2 ▶ Parmi les propositions en gras, entourez dans chaque cas celle qui convient.
Jacques est un gaillard de deux mètres dont la **surcharge pondérale/corpulence/ pomme d'Adam** est impressionnante. Pourtant il n'y a aucune trace d'**échine/attaches/ embonpoint** chez lui : sa pratique intensive de différents sports lui a forgé un corps d'**artiste/athlète/obèse**, **vigoureux/flasque/chétif** et **girond/frêle/sculptural**. Son torse est **creux/large/glabre**, ses épaules sont **puissantes/tombantes/torses** et son ventre ressemble à une tablette de chocolat.

3 ▶ Attribuez sa définition à chacun de ces mots qui désignent un corps abîmé.
   a. un cul-de-jatte   1. une personne sans bras
   b. un manchot   2. une personne au dos déformé
   c. un bossu   3. une personne sans jambes
   d. un amputé   4. une personne qui a perdu l'usage d'un membre
   e. un estropié   5. une personne qui n'a plus qu'une jambe
   f. un unijambiste   6. une personne à qui l'on a coupé un membre

4 ▶ Remplacez les groupes en gras par le complément du nom de sens équivalent.
   a. un cou **épais et fort**   1. de guêpe
   b. des cuisses **fines et musclées**   2. de taureau
   c. une taille **fine**   3. de pianiste
   d. des mains **fines et agiles**   4. de grenouille
   e. des mains **fines et longues** 5. de sage-femme
   f. des doigts **agiles**   6. d'acier
   g. des muscles **développés**   7. de fée

5 ▶ Dans chaque groupe de trois mots, trouvez l'intrus.
   a. vigoureux – râblé – chétif   d. girond – souffreteux – bedonnant
   b. trapu – svelte – gracile   e. glabre – potelé – dodu
   c. fluet – ventripotent – grêle

6 ▶ Associez sa définition à chacune de ces expressions.
   a. travailler main dans la main   1. se soumettre
   b. avoir l'âme chevillée au corps   2. redonner courage à quelqu'un
   c. se mettre quelqu'un à dos   3. travailler ensemble, en harmonie
   d. remettre du cœur au ventre à quelqu'un 4. se faire un ennemi de quelqu'un
   e. courber l'échine   5. avoir une grande résistance vitale

L'être humain

CORRIGÉS p. 182

Le maintien

la **contenance** maintien, manière de se tenir,
de se présenter
  – **humble** modeste
  – **embarrassée** gênée
le **port** allure, maintien
un **port de tête** gracieux
un **port de reine**
la **distinction** élégance du maintien, des manières,
du langage
la **prestance** maintien imposant, plein d'élégance
l'**allure** manière de se tenir, de se présenter
  – **androgyne** qui tient des deux sexes
  – **juvénile** jeune
  – **avantageuse** qui met le corps en valeur
  – **décontractée** détendue, à l'aise
  – **folle** beaucoup d'allure
  – **quelconque** banale
  – **désinvolte** qui montre une liberté un peu insolente
  – **débraillée** négligée, en désordre
  – **de dandy** d'homme élégant
la **dégaine** (fam.) allure originale ou ridicule
avoir **fière allure** avoir beaucoup d'allure
avoir de la **classe** être distingué

La façon de marcher

la **démarche** façon de marcher
  – **assurée** décidée
  – **alerte** vive, preste
  – **gracieuse**
  – **digne** qui inspire le respect
  – **aérienne** légère
  – **majestueuse** qui a de la grandeur, de la noblesse
  – **altière** qui marque l'orgueil, la fierté
  – **dégagée** qui a de la liberté
  – **féline** qui rappelle le chat
  – **chaloupée** qui est balancée
  – **sautillante**
  – **élastique**
  – **saccadée** qui présente des mouvements irréguliers
  – **nonchalante** lente, traînante
  – **pataude** lente et maladroite
  – **raide**
  – **hésitante**
le **pas**
  – **léger**
  – **vif, énergique**
  – **solennel** plein de gravité
  – **feutré** silencieux
à **pas de loup** silencieusement
allonger le pas presser le pas
se **hâter** se dépêcher
trotter marcher à petits pas, trottiner
cheminer faire du chemin, aller à pied

déambuler marcher sans but précis, flâner
errer marcher longuement, au hasard
vagabonder se déplacer à l'aventure
sillonner (un lieu) parcourir (un lieu) en tous sens
arpenter (un lieu) parcourir (un lieu) à grands pas
crapahuter (fam.) marcher sur un terrain difficile
se **déhancher** se balancer sur ses hanches en marchant
se **pavaner** marcher avec orgueil
tituber aller de droite et de gauche en marchant
boitiller boiter légèrement
claudiquer (litt.) boiter
clopiner marcher avec peine, en boitant
clopin-clopant (fam.) en clopinant
cahin-caha (fam.) avec peine

Les mouvements du corps

l'**adresse** habileté
la **dextérité** habileté de la main
la **gaucherie** maladresse, manque d'aisance
l'**agilité** légèreté du corps, souplesse
les **mimiques** ensemble des expressions du visage
et des gestes et qui traduisent une émotion
se **mouvoir** se déplacer, bouger
gesticuler faire beaucoup trop de gestes
virevolter faire des tours et retours rapides
sur soi-même
se **tortiller** s'agiter dans tous les sens
gigoter (fam.) se tortiller
se **trémousser** se remuer avec des mouvements vifs
et irréguliers
se **dandiner** se balancer maladroitement en étant
debout
s'**avachir** se laisser aller
se **vautrer** s'abandonner, s'étaler de tout son corps
s'**affaler** se laisser tomber
vaciller balancer, être en équilibre instable et risquer
de tomber
chanceler vaciller, flageoler sur ses jambes
chuter tomber
s'**étirer** étendre ses membres
se **recroqueviller** se replier sur soi
se **pelotonner** se ramasser en boule
se **blottir contre quelqu'un** se presser contre
quelqu'un (idée de « refuge »)
se **lover** s'enrouler sur soi-même
s'**accroupir** s'asseoir sur ses talons sans que les genoux
touchent le sol
s'**agenouiller**
s'**étirer**
dodeliner (de la tête) balancer doucement la tête
hocher la tête remuer la tête
opiner (de la tête) faire un geste d'acquiescement
bomber le torse se redresser fièrement, plastronner
se **courber** se baisser, s'incliner
s'**immobiliser** s'arrêter, se figer

Expressions usuelles

Perdre contenance. Être embarrassé.
Faire bonne contenance. Conserver son sang-froid dans un moment critique.
Porter beau. Avoir belle allure.
Marcher droit. Bien se conduire, être obéissant.
Marcher sur les traces de quelqu'un. Suivre l'exemple de quelqu'un.
Marcher sur des œufs. Marcher, agir avec précaution.
Aller quelque part à reculons. Aller quelque part sans en avoir envie.
Rester les bras ballants. Avoir les bras qui se balancent, rester sans rien faire.
Se jeter sur quelqu'un à bras raccourcis. Se jeter violemment sur quelqu'un.
Opiner du bonnet. Manifester son accord en hochant la tête.

Exercices

1 ▶ Complétez les phrases suivantes avec les expressions de la fiche.
  a. J'espère que mon petit-fils ... de son père et qu'il reprendra l'entreprise familiale.
  b. Estelle est tellement susceptible que je surveille tout ce que je dis et ... pour ne pas la vexer.
  c. Ravi du portrait flatteur que son avocat faisait de lui, l'accusé ne cessait d'... .
  d. Troublé par les questions précises du professeur, l'élève, qui savait mal sa leçon, ...
  e. Malgré son grand âge, mon voisin est toujours coquet et ... .

2 ▶ Parmi les propositions en gras, entourez dans chaque cas celle qui convient.
Monter les marches du palais du Festival de Cannes avec **dégaine/allure/dextérité** est un exercice difficile. Si les actrices les plus chevronnées conservent un(e) **mimique/pas/port de reine** et une démarche **androgyne/saccadée/altière** en toutes circonstances, les réalisateurs se montrent souvent plus **patauds/félins/adroits** et ont du mal à garder une **agilité/adresse/contenance dégagée/sautillante/feutrée**.

3 ▶ Retrouvez les paires de synonymes.
  a. altier   1. juvénile   f. pataud   6. balancé
  b. jeune   2. preste   g. banal   7. négligé
  c. aérien   3. léger   h. majestueux   8. maladroit
  d. nonchalant   4. fier   i. débraillé   9. quelconque
  e. alerte   5. lent   j. chaloupé   10. noble

4 ▶ Complétez ces phrases avec des verbes de la fiche exprimant une façon de marcher. Il y a parfois plusieurs possibilités.
  a. M. Dupont a un peu trop fêté la victoire de son équipe favorite : il sort du bistrot en ... .
  b. Après son opération de la hanche, il ... plusieurs semaines.
  c. Mme Berger, bien qu'âgée, ... encore assez vite.
  d. Perchée sur ses hauts talons, la starlette ... devant les photographes.
  e. Très fier de son nouveau survêtement, Jérémie ... dans toute la ville pour le montrer.

5 ▶ Complétez ces phrases avec des verbes de la fiche exprimant une façon de bouger. Il y a parfois plusieurs possibilités.
  a. Que tu fais de manières ! Avance donc sans te ... !
  b. Le déménageur ... sous le poids des cartons.
  c. Comme tous les Méridionaux – paraît-il – ce Marseillais a tendance à ... en parlant.
  d. À peine le skieur avait-il franchi la ligne d'arrivée de la Transjurassienne qu'il ... dans la neige, harassé de fatigue.
  e. Effrayé par les coups de tonnerre, le petit Rémi courut ... dans les bras de sa mère.

6 ▶ Classez les mots suivants en deux groupes : ceux qui ont un sens mélioratif (valeur positive) et ceux qui ont un sens péjoratif (valeur négative).
la dégaine – la distinction – dégagé – saccadé – la prestance – pataud – balourd – lourdaud – dégingandé

7 ▶ Entourez les verbes qui renvoient à l'absence de mouvement.
lancer – s'étirer – s'immobiliser – se figer – frissonner – se pencher – pétrifier – s'agenouiller – courber – statufier – tétaniser – paralyser – chuter – se relever – s'agiter

L'être humain

CORRIGÉS
p. 182

28

LES SOINS DU CORPS

La toilette du corps

l'hygiène ensemble des règles et des pratiques
nécessaires pour conserver et améliorer la santé
la manucure soin de beauté des mains et des ongles
un savon
un gel douche
un shampoing
un lait corporel crème liquide qui hydrate le corps
un déodorant
le talc poudre utilisée pour les soins de la peau
la sueur
la transpiration
la crasse saleté qui s'amasse sur la peau
se frictionner se frotter
se curer une partie du corps se nettoyer cette partie
en grattant

La toilette du visage

le démaquillage
le gommage action d'éliminer les peaux mortes
une crème hydratante crème qui apporte de l'eau
à la peau
une lotion liquide qui adoucit, rafraîchit la peau
un tonique liquide qui rafraîchit la peau
un masque de beauté préparation qu'on applique
sur le visage et qu'on laisse sécher
le sébum substance grasse qui recouvre la peau
la morve substance sécrétée par le nez
le cérumen substance sécrétée par les oreilles
se débarbouiller se nettoyer le visage

L'embellissement du corps

la chirurgie esthétique
les soins capillaires soins donnés aux cheveux
les soins cutanés soins donnés à la peau
un tatouage
la musculation
un lifting intervention de chirurgie esthétique
qui consiste à tendre la peau du visage
un implant prothèse que l'on place dans le corps
pour le soigner ou l'embellir
une épilation
une décoloration
un vernis à ongles
un parfum
la brillantine huile parfumée pour faire briller
les cheveux
la laque
un décrêpage traitement destiné à rendre lisses
les cheveux crépus
des extensions (de cheveux) mèches ajoutées aux
cheveux pour les allonger
une perruque faux cheveux
un postiche une perruque

L'embellissement du visage

des cosmétiques substances utilisées pour la beauté
de la peau et des cheveux
un fond de teint crème qui colore la peau
une poudre (de riz)
un rouge à lèvres
une ombre à paupières
un fard à joues
un blush fard à joues
un rimmel, un mascara fards à cils
un khôl fard à paupières
un eye-liner crayon à paupières
un baume à lèvres
une crème antirides
une barbe
un bouc barbe limitée au menton
des moustaches
des favoris partie de la barbe qu'on laisse pousser
sur les joues
des rouflaquettes pattes de cheveux sur les joues
se farder se maquiller, se grimer

Les objets de la toilette et du maquillage

un nécessaire de toilette trousse de toilette
une brosse à dents
un cure-dent petit instrument, souvent en bois,
servant à nettoyer les dents
un fil dentaire
une lime
un coupe-ongles
un coton (hydrophile)
un coton-tige
un rasoir
un blaireau pinceau pour se savonner la barbe
avant le rasage
un miroir
un pinceau
un poudrier petit boîtier plat qui contient
de la poudre pour le maquillage
une pince à épiler
une pierre ponce pierre pour poncer la corne des pieds
un gant de crin gant en crin tricoté pour se frictionner
le corps
un peigne
une brosse à cheveux
un bigoudi rouleau utilisé pour friser les cheveux

Les lieux de la toilette

une salle d'eau petite salle de bains
un hammam établissement où l'on prend des bains
de chaleur ou de vapeur à la façon turque
un sauna établissement où l'on prend des bains
de vapeur sèche à la façon finlandaise
un spa centre de remise en forme par bains d'eau
et massages

Expressions usuelles

Un lavage de cerveau. Action psychologique exercée sur une personne pour qu'elle change de convictions, de comportement.

Faire une toilette de chat. Faire un brin de toilette, une toilette rapide.

Passer un savon à quelqu'un. (fam.) Réprimander sévèrement quelqu'un.

Savonner la planche à quelqu'un. Utiliser des moyens peu honnêtes pour faire échouer quelqu'un.

Piquer un fard. Rougir brusquement.

Parler sans fard. Parler avec franchise.

Passer (un endroit) au peigne fin. Examiner en détail.

Mettre quelqu'un au parfum. (fam.) Mettre quelqu'un au courant.

Passer de la pommade à quelqu'un. (fam.) Flatter exagérément quelqu'un.

Cirer les bottes de quelqu'un. Flatter exagérément quelqu'un.

« Tu peux toujours te brosser. » (fam.) « Tu te passeras de ce que tu désires. »

Exercices

1 ▶ Complétez ces phrases avec les expressions de la fiche.
a. Pour résoudre nos problèmes de communication, chacun d'entre nous doit ... .
b. Ce matin, je n'ai pu passer qu'en vitesse à la salle de bains pour y ... .
c. La police a ... la scène du crime ... pour y relever les moindres indices.
d. Lorsque Léa est entrée dans cette secte, on lui a fait un vrai ... : depuis, elle ne voit plus sa famille.
e. Quand, en réunion plénière, la chef a félicité Cécile pour son travail, celle-ci a ... .

2 ▶ Parmi les propositions en gras, entourez dans chaque cas celle qui convient.
Né dans l'Empire turc, le **talc/poudrier/hammam** est aujourd'hui bien implanté en Europe. Les vapeurs d'eau des salles chaudes dilatent les pores et permettent de nettoyer la peau en profondeur. On y propose aussi différents soins **arithmétiques/déodorants/ esthétiques** : des **implants/blaireaux/gommages** pour débarrasser la peau des cellules mortes, des masques **hydratants/hydrophiles/postiches**, des massages, mais aussi l'**extension/implant/épilation** des jambes, des aisselles ou de l'aine.

3 ▶ Associez chaque verbe au COD qui lui convient.
a. se curer   1. la bouche   f. talquer   6. les ongles
b. se poudrer   2. les oreilles   g. se limer   7. le corps
c. se lisser   3. les pommettes   h. se frictionner   8. les dents
d. se gargariser   4. les cheveux   i. se brosser   9. les pieds
e. se tailler   5. la barbe   j. se poncer   10. les fesses

4 ▶ Associez chaque substance à la partie du corps qui la sécrète.
a. la sueur   1. le nez
b. la morve   2. les oreilles
c. le cérumen   3. tout le corps (mais on en parle surtout pour le visage souffrant d'acné)
d. le sébum   4. tout le corps
e. la corne   5. le cuir chevelu
f. les pellicules   6. les pieds

5 ▶ Donnez autant de noms que possible appartenant à la même famille que ces verbes.
a. savonner – b. laver – c. purifier – d. démêler – e. friser – f. curer

6 ▶ Reliez les expressions anglaises aux expressions françaises correspondantes.
a. le make-up   1. un vaporisateur aérosol
b. un gloss   2. un fard à joues
c. un blush   3. un brillant à lèvres
d. un eye-liner   4. un rimmel (fard à cils) résistant à l'eau
e. un mascara waterproof   5. un crayon pour les yeux
f. un spray   6. le maquillage

L'être humain

CORRIGÉS p. 182

LA SANTÉ

La santé

la santé bon état physiologique
- physique qui concerne le corps
- mentale qui concerne les fonctions intellectuelles de l'esprit
- psychique qui concerne l'esprit, la pensée
un check-up bilan de santé
un bulletin de santé avis communiqué par les médecins qui soignent un personnage important

La bonne santé

une santé
- florissante très bonne
- éclatante
- prospère bonne
- insolente extraordinaire
- de fer
très bonne
la vitalité intensité de l'énergie vitale, dynamisme
la vigueur force physique, énergie
le tonus énergie vitale, dynamisme
la verdeur vigueur (chez quelqu'un qui n'est plus jeune)
l'énergie
la longévité longue durée de la vie
bien-portant
frais et dispos qui n'est pas fatigué
alerte vif, agile
ingambe (litt.) vif, agile
sain en bonne santé physique ou mentale
valide qui est en bonne santé, capable de se déplacer
salutaire qui est favorable à la santé
salubre qui est favorable à la santé
jouir d'une bonne santé avoir, bénéficier d'une bonne santé
respirer la santé être en très bonne santé
regorger de santé être en très bonne santé
conserver la santé
être en forme

La mauvaise santé

une santé
- délicate
- fragile
- précaire incertaine
- chancelante faible
- déclinante qui faiblit, défaillante
- déficiente insuffisante
- se détériore devient mauvaise, se dégrade
une maladie
une pathologie ensemble des signes par lesquels une maladie se manifeste
une affection maladie
une infection développement localisé ou généralisé d'un germe pathogène dans l'organisme

la contagion transmission d'une maladie par contact direct ou indirect
une indisposition légère altération de la santé
un malaise
le surmenage ensemble des troubles résultant d'un travail excessif de l'organisme
le stress tension nerveuse
nuisible qui cause du tort, un dommage
malsain qui est nuisible à la santé
pathogène qui peut causer une maladie
épuisé très fatigué, éreinté
harassé très fatigué, fourbu, exténué
valétudinaire (litt.) maladif
grabataire (litt.) qui est malade et ne quitte pas son lit
incurable qui ne peut être guéri
négliger sa santé
miner la santé de quelqu'un détruire peu à peu la santé de quelqu'un
ruiner la santé de quelqu'un
perdre la santé

jouer avec sa santé prendre des risques en ce qui concerne sa santé

Le rétablissement

la convalescence période qui suit la maladie et pendant laquelle l'organisme se rétablit
la guérison
un traitement
une cure traitement d'une maladie
une thérapie un traitement
une psychothérapie thérapie par des moyens psychologiques
recouvrer la santé retrouver la santé
se refaire une santé retrouver la santé
se rétablir guérir, se remettre
se fortifier
récupérer recouvrer ses forces, la santé
ragaillardir quelqu'un redonner des forces, de l'entrain à quelqu'un
revigorer quelqu'un redonner de la vigueur à quelqu'un

La prévention

la prévention mesures destinées à prévenir certains risques
la prophylaxie ensemble des mesures prises pour empêcher le développement d'une maladie
la vaccination
la stérilisation destruction des germes présents dans un milieu
une trousse de secours
un antiseptique produit qui détruit les bactéries
le secourisme assistance de premiers secours aux blessés, aux malades
un brevet de secourisme

Expressions usuelles

Boire à la santé de quelqu'un. Boire en l'honneur de quelqu'un.
Se porter comme un charme. Se porter très bien.
Être frais comme un gardon. Être vif et alerte, en bonne santé.
Être frais comme l'œil. Être en bonne santé.
Être sain et sauf. Être en bon état physique après un danger.
Être sain de corps et d'esprit. Être en bonne santé physique et psychique.
Être mal en point. (fam.) Être malade.
Ne pas être dans son assiette. Ne pas se sentir bien.
Être, remettre d'aplomb. Être, remettre en bon état physique et moral.
En vigueur. En application.

Exercices

1 ❱ Complétez les phrases suivantes avec une expression de la fiche.
a. La loi Hadopi 2 entrera ... début 2010.
b. Malgré ses quatre-vingt-douze ans, ma grand-mère se porte ... .
c. Grâce à la rapidité des secouristes, les skieurs sont sortis ... de dessous l'avalanche.
d. Guillaume ... : il grelotte et a la migraine.
e. Jeune homme, intelligent, sportif, ... , cherche à rencontrer jeune femme séduisante.

2 ❱ Remplacez les mots en gras par un mot ou une expression synonyme.
a. Ce n'est qu'après une longue convalescence que M. Landois a **guéri**.
b. Mon père a désherbé son jardin toute la journée : ce n'est pas étonnant qu'il se sente **fatigué**.
c. Pour jouir d'une santé **éclatante**, il est recommandé de pratiquer une activité sportive.
d. Les employés qui subissent beaucoup de pression au travail souffrent souvent de **stress**.
e. Célia doit prendre soin d'elle car, depuis qu'elle est petite, elle souffre d'une santé **fragile**.

3 ❱ Parmi les propositions en gras, entourez dans chaque cas celle qui convient.
Avant de partir faire leur randonnée de quatre mois en Amérique latine, Valérie et Édouard ont jugé bon de faire un **bulletin de santé/carnet de santé/bilan de santé** pour s'assurer qu'ils **recouvraient/rétablissaient/jouissaient** d'une santé de **plomb/fer/marbre**. Puis, ils ont rassemblé leurs bagages sans oublier la nécessaire trousse de secours composée, entre autres, d'**antidouleurs/antiseptiques/antiadhésifs** pour désinfecter les blessures, de compresses **valides/altérées/stériles** pour faire des pansements, et de médicaments contre la diarrhée car l'eau n'est pas toujours **salutaire/salubre/sainte** dans ces pays.

4 ❱ Parmi les adjectifs suivants, relevez ceux qui renvoient à un état de grande fatigue.
vigoureux – fourbu – éreinté – énergique – ingambe – valide – harassé – valétudinaire – exténué – surmené – dispos – alerte

5 ❱ Trouvez les antonymes (mots de sens contraire) des adjectifs de cette liste en leur ajoutant un préfixe.
Exemple : intoxiqué ➜ désintoxiqué
a. sain
b. infecté
c. salubre
d. contaminé
e. dispos
f. délicat
g. valide
h. curable

6 ❱ Trouvez les verbes correspondant à ces noms et à ces adjectifs en faisant les modifications et les ajouts nécessaires.
Exemple : gaillard ➜ ragaillardir
a. vital
b. tonique
c. fort
d. stérile
e. pur
f. soin
g. gorge
h. sang

7 ❱ Parmi ces mots, relevez ceux qui appartiennent à la famille de *santé*.
saint – sanguin – malsain – un sanatorium – assainir – les sanitaires – un santon – le santal – un sanctuaire

CORRIGÉS
p. 182

LES ÉTAPES DE LA VIE

Le début de la vie

la conception acte par lequel un nouvel être vivant est produit
une grossesse état de la femme enceinte qui dure 9 mois
la stérilité fait d'être inapte à se reproduire
une FIV fécondation *in vitro*, obtenue en laboratoire
une IVG interruption volontaire de grossesse, un avortement
une fausse couche avortement spontané, naturel
un embryon être aux premiers stades de son développement dans le ventre de sa mère
un fœtus être aux stades suivants de son développement dans le ventre de sa mère
la vie intra-utérine vie avant la naissance
un accouchement
une naissance avant terme une naissance prématurée
un nouveau-né
un nourrisson jeune enfant de moins de 2 ans
le sevrage remplacement progressif de l'allaitement par une alimentation plus variée
l'enfance
l'âge de raison âge auquel un enfant est considéré comme capable de distinguer le bien du mal (7 ans)
la puberté ensemble des modifications que subit l'être humain au moment du passage de l'enfance à l'adolescence
l'âge ingrat puberté
l'adolescence
la jeunesse
enfantin qui a le caractère de l'enfance
puéril qui ne convient pas à un adulte
infantile puéril
juvénile propre à la jeunesse
pubère qui a atteint l'âge de la puberté
nubile qui est en âge de se marier, de procréer

La vie adulte

les fiançailles
le mariage
le PACS Pacte civil de solidarité, contrat passé entre deux personnes qui vivent ensemble
le concubinage situation d'un couple dont les membres vivent ensemble sans être mariés
la maternité état de mère
la paternité état de père
les noces d'argent le vingt-cinquième anniversaire de mariage
les noces d'or le cinquantième
les noces de diamant le soixantième
le divorce
un trentenaire personne entre 30 et 40 ans
un quadragénaire personne entre 40 et 50 ans
un quinquagénaire personne entre 50 et 60 ans

la maturité époque entre la jeunesse et la vieillesse, de complet épanouissement des capacités
l'âge mûr âge de quelqu'un qui a atteint sa maturité
la ménopause fin de la période durant laquelle une femme peut procréer
nuptial de la cérémonie du mariage
conjugal qui concerne l'union du mari et de la femme
marital du mari
procréer (litt.) engendrer, faire naître
prendre de l'âge vieillir

La vieillesse et la mort

la retraite
les seniors les retraités
un(e) vieillard(e)
un sexagénaire personne entre 60 et 70 ans
un septuagénaire personne entre 70 et 80 ans
un octogénaire personne entre 80 et 90 ans
un nonagénaire personne entre 90 et 100 ans
un centenaire personne de 100 ans et plus
le troisième âge âge de la retraite, la vieillesse
le quatrième âge la grande vieillesse
la sénilité état d'une personne âgée dont les capacités intellectuelles sont diminuées
l'agonie période de transition entre la vie et la mort
le décès, le trépas (litt.) la mort
l'euthanasie mort provoquée dans le but d'abréger les souffrances d'un malade qu'on ne peut guérir
une bière cercueil
des funérailles cérémonies qui entourent l'enterrement
des obsèques funérailles
une inhumation action de mettre en terre, enterrement
un corbillard voiture dans laquelle on transporte les morts
un cortège funèbre suite de personnes qui accompagnent un cercueil au tombeau
un(e) défunt(e) un(e) mort(e)
une dépouille (mortelle) (litt.) corps d'un mort, cadavre
la crémation action de brûler un cadavre
l'incinération action de réduire en cendres, de brûler un cadavre
une sépulture lieu où est déposé le corps d'un mort
une tombe lieu où est enterré un mort
un tombeau sépulture monumentale
funéraire qui a rapport aux funérailles
funèbre qui a rapport aux funérailles
décliner perdre ses forces, ses facultés
se mourir être sur le point de mourir
expirer rendre son dernier souffle
périr mourir (idée de mort violente)
succomber mourir
trépasser (litt.) mourir
ressusciter revenir de la mort à la vie

Expressions usuelles

Ne pas être né de la dernière pluie. Avoir de l'expérience, ne pas être naïf.

Être né avec une cuillère d'argent dans la bouche. Être né dans une famille riche.

Être né coiffé. Avoir de la chance.

Coiffer la sainte Catherine. (fam.) Être encore célibataire à 25 ans pour une jeune fille.

Le démon de midi. La tentation de nature affective et sexuelle qui s'empare des humains vers la quarantaine.

Être dans la fleur de l'âge. Être en pleine jeunesse.

Ne pas être à la noce. Être dans une mauvaise situation.

Un bâton de vieillesse. (fig.) Le soutien d'un vieillard.

Rendre l'âme. Mourir.

Casser sa pipe. (fam.) Mourir.

Passer l'arme à gauche. Mourir.

Rouler à tombeau ouvert. Rouler si vite que l'on risque de mourir.

Exercices

1 ▶ Complétez ces phrases avec les expressions de la fiche.
a. Il n'est pas question que je monte dans la voiture de ce chauffard : il ... même en montagne !
b. Ce n'est qu'après une longue agonie que ce malade a ... .
c. J'ai réussi tous mes examens et je n'ai jamais été malade : on peut dire que je ... .
d. Si ce vendeur compte me faire acheter sa camelote à prix d'or, il se trompe : je ... .
e. À 43 ans Jérôme a épousé une étudiante : le ... a encore frappé !

2 ▶ Parmi les propositions en gras, entourez dans chaque cas celle qui convient.
Le 22 mai 1885 **déclinait/décidait/décédait** Victor Hugo. De véritables **euthanasies/funérailles/bières** nationales sont organisées en l'honneur du grand poète. Le 31 mai son **décès/cercueil/défunt** est exposé sous l'Arc de Triomphe drapé de noir. Des cuirassiers à cheval veillent toute la nuit sa **crémation/dépouille/tombe** mortelle. Le lendemain, un **cortège/trépas/nonagénaire** funèbre de plus d'un million de personnes se forme et accompagne « **le cotillon/corbillon/corbillard** du pauvre » que Hugo avait réclamé vers le lieu de **l'inhumation/l'émanation/l'émulsion** : le Panthéon.

3 ▶ Complétez les phrases avec les adjectifs suivants.
enfantin – infantile – juvénile – pubère – nubile – nuptial
a. En France, l'âge ... des filles est 18 ans.
b. Autrefois, la Cour accompagnait les rois jeunes mariés jusqu'à leur chambre ... .
c. Ayant fait de la danse toute sa vie, Anna a gardé une allure ... .
d. Thomas s'est remis à sucer son pouce. Ce comportement ... coïncide avec la naissance de son petit frère.
e. Les êtres humains ne peuvent avoir d'enfant s'ils ne sont pas ... .
f. Le langage ... n'est pas toujours compréhensible par les gens qui n'y sont pas habitués.

4 ▶ Faites, de mémoire, la liste de tous les synonymes de *mourir* que vous connaissez.

5 ▶ Indiquez comment on appelle un homme selon son âge.
a. trente ans
b. quarante ans
c. cinquante ans
d. soixante ans
e. soixante-dix ans
f. quatre-vingts ans
g. quatre-vingt-dix ans
h. cent ans

6 ▶ Remplacez les mots ou expressions en gras par des synonymes.
a. Les échographies montrent que, déjà durant la vie **dans le ventre de sa mère**, le fœtus suce son pouce.
b. L'**avortement** est autorisé en France depuis 1974.
c. Nous sommes allés voir Annabelle et Salomé à la maternité : la mère et le **bébé** vont bien !
d. Se rouler par terre quand on n'obtient pas ce qu'on veut est complètement **infantile**.
e. C'est à 8 h 30 ce matin que Florence a **mis au monde** Joachim.

CORRIGÉS p. 182

L'être humain

LES VÊTEMENTS

Les vêtements

des habits
une garde-robe ensemble des vêtements
d'une personne
une tenue habit que l'on porte dans certaines occasions
des effets le linge et les vêtements
le prêt-à-porter vêtements qui ne sont pas sur mesure
le linge de corps ensemble des sous-vêtements,
la lingerie
un uniforme
des haillons vieux vêtements en très mauvais état
des hardes haillons, guenilles
la mise manière d'être habillé
des vêtements
  – de ville que l'on porte pour sortir dans la journée
  – de fonction de travail
  – civils qui ne sont pas ceux d'un uniforme
  – sur mesure spécialement adaptés
    aux mensurations d'une personne
  – dégriffés dont la marque a été enlevée et
    qui sont vendus à prix réduits
  – unisexes destinés aussi bien aux femmes
    qu'aux hommes
  – ajustés qui sont proches du corps
  – moulants qui prennent la forme du corps
  – étriqués qui sont trop étroits, trop serrés
  – miteux d'aspect misérable
  – ringards démodés, de mauvais goût
  – seyants qui mettent en valeur la personne
    qui les porte
  – chiffonnés froissés, fripés
  – délavés dont la couleur s'est affaiblie
  – élimés usés, râpés
  – tombent en lambeaux, en loques sont
    d'un aspect pitoyable
enfiler un vêtement mettre un vêtement
endosser un vêtement mettre sur son dos,
  revêtir un vêtement
se fagoter, s'accoutrer s'habiller mal, sans goût
s'affubler d'un vêtement porter un vêtement
  n'importe comment
se costumer se déguiser
avoir l'air endimanché paraître mal à l'aise
  dans de beaux vêtements rarement portés
être engoncé dans des vêtements paraître à l'étroit,
  boudiné dans des vêtements
raccommoder un vêtement réparer un vêtement
  à l'aiguille, le recoudre, le rapiécer
repriser (des chaussettes) raccommoder
  (des chaussettes)

Les vêtements de bébé

la layette ensemble des vêtements du nourrisson
une brassière chemise de bébé qui se ferme dans le dos

une barboteuse vêtement d'une seule pièce fermé
  entre les jambes et qui laisse celles-ci nues
une grenouillère combinaison qui couvre les pieds

Les vêtements de femme

une toilette ensemble des vêtements que porte
  une femme
une jupe
une robe
un corsage un chemisier
un bustier corsage découvrant les épaules
un débardeur maillot à encolure et emmanchures
  très échancrées
un cardigan veste de laine tricotée sans col
un tailleur costume féminin composé d'une jupe
  ou d'un pantalon et d'une veste du même tissu
une nuisette une chemise de nuit très courte
un soutien-gorge
une culotte
un slip culotte courte et ajustée

Les vêtements d'homme (ou unisexes)

un complet, un costume ensemble constitué
  d'un pantalon, d'un veston et parfois d'un gilet
un gilet veste courte et sans manches portée
  sous un veston
un smoking costume d'homme habillé composé
  d'une veste à revers de soie et d'un pantalon
une jaquette veste de cérémonie descendant
  jusqu'aux genoux
un pardessus vêtement porté par-dessus les autres
  quand il fait froid
un caban veste de marin en drap de laine épais
un trench imperméable à ceinture
un chandail pull-over
une chemise
un tee-shirt
un survêtement, un jogging
un pyjama
un short
un caleçon

Les vêtements étrangers

un kilt jupe courte et plissée attachée sur le côté
  par une épingle et portée par les hommes (Écosse)
un kimono longue tunique à larges manches croisée
  sur le devant et maintenue par une ceinture (Japon)
un boubou longue tunique ample (Afrique noire)
une djellaba vêtement de dessus, robe longue avec
  ou sans capuchon (Afrique du Nord)
un poncho manteau fait d'une pièce de laine
  rectangulaire avec une ouverture pour passer la tête
  (Pérou)
un sari pièce de coton ou de soie drapée et ajustée
  sans couture ni épingle pour les femmes (Inde)

Expressions usuelles

Aller comme un gant. Aller très bien, être très seyant (pour un vêtement).

Être sur son trente et un. Être habillé de façon chic, comme pour le réveillon.

Se parer de ses plus beaux atours. Mettre ses plus beaux habits (pour une femme).

Être tiré à quatre épingles. Être habillé de façon impeccable, avec beaucoup de soin.

Être habillé comme l'as de pique. (fam.) Être mal habillé.

Porter la culotte. (fam.) Commander son mari.

Retourner sa veste. Changer brusquement d'opinion, de parti.

Prendre l'habit. Devenir prêtre, moine.

Mouiller sa chemise. Faire des efforts sans se ménager.

Laver son linge sale en famille. Régler ses problèmes entre soi, sans témoin.

Exercices

1 ▶ Complétez les phrases suivantes avec les expressions de la fiche.

a. Cet homme politique a ... et abandonné son parti pour entrer dans le nouveau gouvernement.

b. Tu as bien fait d'acheter cette veste, elle te ... .

c. Après plusieurs mois d'études au séminaire, Paul a ... et il vit maintenant dans un couvent.

d. Mais regarde, tu es ... : tu as mis ton tee-shirt à l'envers !

e. Pour gagner une étape du Tour de France, il ne faut pas avoir peur de ... .

2 ▶ Corrigez les erreurs qui se sont glissées dans les expressions.

a. Pour faire bonne impression lors de son entretien d'embauche, Tahar s'est mis sur son cent un.

b. Ma secrétaire doit passer des heures dans sa salle de bains car elle est toujours tirée à quatre agrafes.

c. M. Lamy ne contredit jamais sa femme. Dans leur couple, c'est elle qui porte le béret !

d. Sandra s'est parée de ses plus beaux ourlets pour la soirée de remise des diplômes.

3 ▶ Classez ces mots en trois groupes : les vêtements pour enfants, pour femmes, pour hommes.

a. la layette
b. un complet
c. un bustier
d. un corsage
e. un smoking
f. une grenouillère
g. un tailleur
h. une jaquette
i. un déshabillé
j. un pardessus
k. une toilette
l. des langes

4 ▶ Retrouvez les mots correspondant aux définitions suivantes (plusieurs réponses sont parfois possibles).

a. l'ensemble des vêtements du nourrisson
b. de vieux vêtements en très mauvais état
c. s'habiller sans goût
d. l'ensemble des vêtements d'une personne
e. un chandail
f. réparer à l'aiguille, recoudre
g. qui met en valeur celui qui en est habillé
h. destiné aussi bien aux femmes qu'aux hommes

5 ▶ Complétez les phrases avec des noms de vêtements étrangers.

a. À ce concert de cornemuses, tous les musiciens, de véritables Écossais, portaient un ... .

b. En Inde, seules les femmes mariées portent un ... par-dessus un jupon et un corsage court.

c. De mon voyage au Pérou, je me suis rapporté un ... en alpaga très coloré. Il me servira de manteau cet hiver.

d. À Tokyo, Olivier a appris qu'autrefois tous les invités participant à une cérémonie du thé devaient porter un ... .

e. C'est chez un tailleur de la médina de Tunis que Nadja fait faire ses plus belles ... .

6 ▶ Proposez un synonyme pour les mots ou les expressions en gras.

a. J'ai donné ce pull à ma fille : il est trop **étroit** pour moi.

b. Les vêtements sortent souvent **froissés** des valises.

c. Pour bricoler, il vaut mieux mettre de vieux vêtements **usés**.

d. Autrefois, on **raccommodait** ses chaussettes.

e. Franck a encore grandi : il est tout **engoncé** dans son blouson de l'année dernière.

L'être humain

CORRIGÉS p. 183

LES ACCESSOIRES

Les accessoires

une **écharpe**
une **étole** large écharpe en fourrure
un **châle** grande pièce d'étoffe dont les femmes
se couvrent les épaules
un **foulard**
une **cravate**
des **gants**
des **moufles**
des **mitaines** gants qui laissent découvertes
les deux dernières phalanges des doigts
une **ceinture**
des **bretelles (une paire de)** bandes élastiques passées
sur chaque épaule et retenant un pantalon
des **chaussettes**
des **socquettes**
des **bas** vêtement très ajusté qui couvre le pied
et la jambe
un **collant** sous-vêtement très ajusté couvrant
le corps des pieds à la taille
accessoiriser une tenue assortir des accessoires
à une tenue

Les chapeaux

un **couvre-chef** un chapeau
une **capeline** chapeau de femme à bords larges
et souples
un **(chapeau) cloche** chapeau de femme en forme
de cloche
une **casquette**
un **bob**
un **canotier** chapeau de paille à bords et à fond plats
un **haut-de-forme** haut chapeau d'homme, cylindrique,
qui se porte avec un costume
un **chapeau melon** chapeau d'homme bombé
un **bonnet**
une **cagoule**
un **béret** chapeau en étoffe rond et plat
un **panama** chapeau de paille de forme ronde
un **suroît** chapeau imperméable qui descend bas
sur la nuque
se coiffer d'un chapeau
se couvrir d'un chapeau
se découvrir ôter son chapeau

Pour les cheveux

un **serre-tête**
une **barrette**
un **élastique**
un **catogan** coiffure formée par un nœud qui attache
les cheveux sur la nuque
un **filet** réseau de mailles qui enveloppe et maintient
les cheveux

Les chaussures

des **souliers** des chaussures
des **escarpins** chaussures légères à semelles fines
et à talons
des **mocassins** chaussures basses, très souples,
sans lacets
des **richelieus** chaussures de ville, basses, à lacets
des **derbies** chaussures lacées sur le coup-de-pied
des **bottes**
des **cuissardes** bottes dont la tige couvre les cuisses
des **espadrilles** chaussures de grosse toile et à semelles
de corde
des **sandales**
des **tongs**
des **baskets**
des **ballerines** chaussures légères sans talon
des **pantoufles**
des **mules** pantoufles laissant l'arrière du pied
découvert

Les bijoux

un **joyau** ornement fait de matière précieuse
une **parure** ensemble de bijoux assortis
une **rivière de diamants** collier de diamants
un **diadème** parure de tête en forme de bandeau
ou de couronne
une **chaîne**
un **sautoir** long collier
un **pendentif** bijou suspendu autour du cou
à une chaîne
une **broche** bijou que l'on pique dans l'étoffe
d'un vêtement
des **boucles d'oreilles**
des **créoles** boucles d'oreilles composées d'un anneau
un **bracelet**
une **gourmette** bracelet formé d'une chaîne à mailles
aplaties
une **montre à gousset** montre d'homme sans bracelet,
attachée au gilet par une chaîne
une **bague**
un **solitaire** diamant monté seul
un **anneau**
une **chevalière** bague large et épaisse sur laquelle
sont souvent gravées des initiales

Les sacs

un **sac à main**
une **besace** sac à deux poches, avec une ouverture
au milieu
une **banane** pochette fixée à la taille
un **cabas** panier à provisions à deux anses
un **attaché-case** mallette plate qui sert de
porte-documents
un **sac à dos**

Expressions usuelles

Trouver chaussure à son pied. Trouver un homme ou une femme qui convient, qui plaît.

Être franc du collier. Être très franc, très loyal.

Donner un coup de collier. Fournir un effort intense pendant un moment limité.

Prendre quelqu'un la main dans le sac. Prendre quelqu'un en flagrant délit, sur le fait.

Mettre la bague au doigt à quelqu'un. Épouser quelqu'un.

Avoir plusieurs casquettes. Avoir plusieurs fonctions dans différents domaines.

Sur les chapeaux de roue. (fam.) Très vite.

Porter le chapeau. Être considéré comme coupable.

Avoir plus d'un tour dans son sac. Être malin.

Mettre des personnes dans le même sac. Englober plusieurs personnes dans un même mépris.

Exercices

1 ▶ Complétez les phrases avec l'expression de la fiche qui convient.
a. Si tu veux remettre ton compte-rendu demain, tu dois ... ce soir.
b. Dès qu'il a appris que sa femme était en train d'accoucher, il est parti ... .
c. Autrefois, nos grands-parents ... en se rendant au bal le samedi.
d. À ta place, je me méfierais de ton collègue : il ne m'a pas l'air ... .
e. Thierry a ... : en semaine il est cadre dans une entreprise, le week-end il chante dans un groupe de rock.

2 ▶ Corrigez les erreurs qui se sont glissées dans les expressions.
a. Cet accusé n'a pu plaider l'innocence : il avait été pris la main dans le panier.
b. Scapin se sort de toutes les difficultés car il a plus de dix tours dans sa besace.
c. Bill a fait la cour à sa femme pendant plusieurs années avant de réussir à lui mettre l'anneau au doigt.
d. Fabien a évité deux heures de retenue en faisant porter la casquette à son camarade de classe.

3 ▶ Regroupez ces mots en trois listes : les chaussures, les bijoux et les chapeaux.
a. des richelieus
b. un panama
c. une chevalière
d. un canotier
e. un sautoir
f. des créoles
g. des escarpins
h. un haut-de-forme
i. un solitaire
j. un diadème
k. une capeline
l. des cuissardes

4 ▶ Dans chaque ligne de trois mots, entourez l'intrus.
a. des moufles – des mitaines – des derbies
b. un béret – un cabas – un suroît
c. une banane – une parure – une gourmette
d. une étole – un châle – une besace
e. des cloches – des ballerines – des mules

5 ▶ Associez chaque verbe au COD qui lui convient.
a. sertir
b. faire ressemeler
c. se coiffer d'
d. enfiler
e. chausser

1. des souliers
2. un diamant
3. des gants
4. des pantoufles
5. un chapeau

6 ▶ Parmi cette liste de mots familiers, trouvez un synonyme de *bague*, deux de *chapeau* et trois de *chaussure*.
une godasse – un galurin – une pompe – une bagouze – une grolle – un bibi

CORRIGÉS p. 183

L'être humain

33 · LES ÉTATS D'ESPRIT, LES ÉMOTIONS

Les émotions

une émotion trouble, généralement brusque et momentané, accompagné de manifestations physiques
un émoi trouble de nature affective ou sensuelle
l'enthousiasme
la joie
l'allégresse joie très vive
la jubilation joie intense et extériorisée
l'euphorie sentiment profond de bien-être, de joie
le ravissement mouvement de l'esprit, du cœur d'une personne qui est ravie, transportée d'admiration
l'appréhension inquiétude, anxiété vague
la frayeur crainte vive et passagère, souvent sans fondement
la peur
l'effroi frayeur intense, épouvante
l'épouvante
la terreur
l'affolement
la panique
l'agitation
l'excitation agitation, énervement
l'énervement
l'agacement énervement, irritation
le courroux (litt.) colère
l'irritation colère sourde
l'exaspération état de violente irritation
la rage colère portée au plus haut degré
la fureur
l'étonnement
la surprise
la stupéfaction étonnement qui laisse sans réaction, stupeur
la confusion embarras, honte
l'abattement affaiblissement des forces morales, accablement
l'accablement état d'une personne qui supporte douloureusement une situation très pénible
la tristesse
la lassitude abattement moral, ennui, découragement
l'écœurement profond dégoût
hébété stupide, ahuri
abasourdi frappé de stupeur
interloqué stupéfait
interdit stupéfait, déconcerté, décontenancé
découragé
déconcerté qui est dans l'incertitude de ce qu'il faut faire ou penser
déboussolé (fam.) désorienté
décontenancé embarrassé
embarrassé gêné, perplexe
désemparé qui ne sait plus que dire, que faire
désarçonné qui a perdu son assurance, déconcerté
désorienté désemparé

ébranlé troublé dans ses convictions, déstabilisé
démoralisé abattu, qui a perdu courage
s'enflammer pour quelque chose s'animer, s'exciter pour quelque chose
exulter être transporté de joie
ressentir une émotion
être en proie à une émotion (litt.) être tourmenté par une émotion
feindre une émotion faire semblant d'éprouver une émotion
dissimuler, cacher une émotion
affecter une émotion simuler, feindre une émotion
remuer quelqu'un émouvoir quelqu'un
toucher quelqu'un
perturber quelqu'un troubler quelqu'un
bouleverser quelqu'un
émouvoir quelqu'un
se troubler être ému, perdre le contrôle de soi, de ses réactions

Les manifestations physiques des émotions

l'oppression malaise physique ou psychique d'une personne qui a un poids sur la poitrine
les palpitations battements accélérés du cœur
s'empourprer rougir
pâlir
trembler
suffoquer avoir du mal à respirer
s'évanouir
transpirer
la voix s'étrangle
la gorge, l'estomac se nouent
les poils se hérissent les poils se dressent

Les états d'esprit

un état d'esprit disposition particulière de l'esprit à un moment donné
le bien-être état agréable du corps et de l'esprit
la quiétude (litt.) le calme, la tranquillité
serein calme, tranquille
paisible calme, en paix
apaisé ramené au calme
tranquillisé rassuré
soulagé
décontracté détendu, insouciant, à l'aise
tendu
nerveux
inquiet
anxieux qui éprouve une grande inquiétude
soucieux inquiet, préoccupé
tracassé inquiet mais généralement pour une raison sans gravité
tourmenté troublé, agité
perplexe qui hésite, qui ne sait que penser, indécis
dubitatif incertain

Expressions usuelles

Voir rouge. Avoir un accès de colère qui va jusqu'aux envies de meurtre.

Sortir de ses gonds. S'emporter, se mettre en colère.

« Quelle mouche le pique ? » « Pourquoi se met-il en colère si brusquement ? »

Se faire de la bile. S'inquiéter, se tourmenter.

Échauffer les oreilles (ou la bile). Énerver, impatienter.

Être à bout de nerfs. Être dans un état d'excitation qu'on ne peut maîtriser plus longtemps.

Porter sur les nerfs. Agacer, énerver.

Être plus mort que vif. Être paralysé par la peur.

Être sens dessus dessous. Être très troublé, perturbé.

Le cœur bat la chamade. Le cœur bat très vite sous l'effet d'une émotion forte.

Exercices

1 ▶ Corrigez les erreurs qui se sont glissées dans les expressions.

a. Quand le tonnerre a retenti en pleine nuit, mon cœur s'est mis à battre la charade.

b. Jacques se fait toujours des billes quand son fils prend sa Mobylette.

c. En découvrant le bulletin de notes désastreux de sa fille, M. Masson est sorti de ses fonds.

d. Jeanne est sans dessus dessous à l'idée de prendre la parole en public.

2 ▶ Associez chaque groupe sujet au verbe qui lui correspond pour exprimer des manifestations physiques de la peur.

a. les dents	1. palpite	e. l'estomac	5. se dressent
b. le cœur	2. s'étrangle	f. le visage	6. tremblent
c. les poils	3. claquent	g. les mains	7. se noue
d. la voix	4. se hérissent	h. les cheveux	8. blêmit

3 ▶ Retrouvez les couples de synonymes.

a. déconcerté	1. paisible	f. perplexe	6. détendu
b. apaisé	2. désorienté	g. tranquille	7. calme
c. soucieux	3. tranquillisé	h. démoralisé	8. hésitant
d. tendu	4. stressé	i. ébranlé	9. déstabilisé
e. serein	5. tracassé	j. décontracté	10. découragé

4 ▶ Retrouvez les couples de synonymes parmi ces émotions.

a. la joie	1. la peur	e. l'excitation	5. l'épouvante
b. l'agacement	2. l'affolement	f. l'effroi	6. le courroux
c. la panique	3. l'allégresse	g. la colère	7. l'exaspération
d. l'appréhension	4. l'énervement	h. l'irritation	8. l'agitation

5 ▶ Parmi les propositions en gras, entourez dans chaque cas celle qui convient.

Le silence règne dans le hall de l'université. **Tendus/Soulagés/Courroucés**, les étudiants attendent les résultats des examens avec **ravissement/impatience/écœurement**. Lorsque ceux-ci paraissent, certains sautent de joie, ils **jubilent/suffoquent/se tracassent** ; d'autres, **exaspérés/accablés/abasourdis** par une réussite inespérée, relisent la liste avec **épouvante/lassitude/émoi**. Enfin, les étudiants recalés, **feignant/en proie à/exultant** un profond **découragement/effroi/agacement**, sortent les larmes aux yeux.

6 ▶ Complétez le tableau suivant en modifiant les suffixes et en ajoutant parfois un préfixe.

Les noms	Les adjectifs	Les verbes	Les adverbes en -*ment*
	peureux		
			soucieusement
		énerver	
	tranquille		
la paix			

**CORRIGÉS
p. 183**

LES SENTIMENTS ET L'HUMEUR

Les sentiments

un sentiment état affectif, assez stable et durable, lié à des émotions, des sensations
- **ineffable** qui ne peut être exprimé par la parole
- **indéfinissable** qu'on ne sait expliquer
- **confus** obscur, embrouillé
- **vague**
- **complexe** compliqué
- **éphémère** qui ne dure pas
- **fugace** qui ne dure pas
- **lancinant** qui tourmente, obsède
- **inavouable**

éprouver un sentiment
ressentir un sentiment
manifester un sentiment faire connaître, exprimer un sentiment

L'amour

l'estime opinion favorable que l'on a de quelqu'un ou de quelque chose
l'amitié
l'admiration
l'affection
la tendresse
une inclination penchant naturel
l'attraction attirance
une amourette amour passager
un flirt
une passade liaison amoureuse de courte durée
la passion
la jalousie
l'amour
- **platonique** sans relation charnelle

s'éprendre de quelqu'un tomber amoureux de quelqu'un
s'amouracher de quelqu'un s'éprendre soudainement de quelqu'un
adorer quelqu'un
s'enticher de quelqu'un se prendre d'une affection (excessive) pour quelqu'un

La haine

l'antipathie sentiment d'aversion, de répugnance
l'aversion violente répugnance
l'hostilité antipathie, haine
le mépris sentiment traduisant que l'on juge quelqu'un indigne d'estime
le dédain mépris manifesté par le ton, les manières
le ressentiment souvenir que l'on garde d'offenses, de torts que l'on n'a pas pardonnés
la rancune ressentiment profond accompagné du désir de se venger
la rancœur amertume tenace due à une injustice, à une déception

détester quelqu'un, quelque chose
exécrer quelqu'un, quelque chose haïr quelqu'un, quelque chose

Le regret

le regret mécontentement ou chagrin d'avoir ou de ne pas avoir fait quelque chose dans le passé
le remords malaise moral dû au sentiment d'avoir mal agi
la nostalgie tristesse, mélancolie causée par un regret
le dépit la déception
l'amertume mélancolie due à un sentiment de mécontentement, de déception
se repentir regretter ce qu'on a fait à cause des conséquences de son acte
déplorer quelque chose trouver mauvais, regretter

La honte

la honte sentiment pénible de son infériorité, de son indignité, de son abaissement
l'humiliation sentiment d'une personne qui est humiliée, qui a honte
la culpabilité sentiment qui suit un acte que l'on condamne
sans vergogne sans scrupule, sans honte
penaud honteux à la suite d'une maladresse

L'humeur

l'humeur état d'esprit dans lequel domine une émotion, durant de quelques heures à quelques jours
- **bonne**
- **mauvaise**
- **badine** enjouée, gaie
- **querelleuse** qui cherche la dispute
- **égale**
- **chagrine** (litt.) triste

les sautes d'humeur changements soudains d'humeur
l'équanimité (litt.) égalité d'humeur
l'aigreur mauvaise humeur
l'acrimonie mauvaise humeur
l'enjouement disposition à la bonne humeur, l'entrain
la gaieté
la béatitude bonheur parfait
le contentement état d'une personne contente
la mélancolie état d'abattement, de tristesse vague, accompagné de rêverie
la langueur (litt.) affaiblissement moral et physique, tristesse
le spleen mélancolie
la tristesse
morne triste, morose
maussade qui laisse voir sa mauvaise humeur
heureux
affliger quelqu'un causer de la tristesse

Expressions usuelles

Avec un soin jaloux. Avec une attention particulière.

Avoir des états d'âme. Avoir des scrupules.

Le vague à l'âme. La mélancolie, une tristesse sans cause définie et pleine de rêverie.

Broyer du noir. Être triste, avoir le cafard.

Avoir la mort dans l'âme. Être désespéré.

Avoir un cœur d'artichaut. (fam.) Être inconstant en amour, tomber amoureux facilement.

Être fleur bleue. Être sentimental.

Voir la vie en rose. Voir la vie avec optimisme.

Prendre quelqu'un, quelque chose en grippe. Avoir une antipathie soudaine pour quelqu'un, quelque chose.

Faire quelque chose de gaieté de cœur. Faire quelque chose volontairement, sans y être obligé.

Exercices

1 ❯ **Complétez ces phrases avec l'expression de la fiche qui convient.**
a. Une lionne surveille ses petits ... .
b. Ce n'est pas ... que les enfants se rendent chez le dentiste.
c. Depuis que Mélanie a rencontré son Prince Charmant, elle ... .
d. Cet employé a volé dans la caisse sans ... pendant des années.

2 ❯ **Corrigez les erreurs qui se sont glissées dans les expressions.**
a. Mme Coutret déprime et écrase du noir depuis l'incendie de sa maison.
b. Jessica tombe amoureuse toutes les semaines : elle a vraiment un cœur de laitue !
c. Redoublant cette année-là, Romain est retourné au collège la mort dans la tête.
d. Depuis que Simon m'a menti, je l'ai pris en rhume.

3 ❯ **Classez ces mots et expressions en deux listes selon qu'ils renvoient à un sentiment positif ou négatif.**
a. l'antipathie
b. s'enticher de quelqu'un
c. exécrer quelqu'un
d. l'aversion
e. l'attraction
f. honnir quelqu'un
g. s'éprendre de quelqu'un
h. l'hostilité
i. l'inclination

4 ❯ **Classez ces mots et expressions en deux listes selon qu'ils renvoient à une bonne ou une mauvaise humeur.**
a. la morosité
b. l'enjouement
c. la gaieté
d. l'acrimonie
e. l'entrain
f. l'aigreur
g. hargneux
h. heureux
i. maussade
j. la béatitude
k. le contentement
l. une humeur badine

5 ❯ **Parmi les propositions en gras, entourez dans chaque cas celle qui convient.**
Submergé par la **jalousie/l'enjouement/la gaieté** et le **ressentiment/l'affectivité/l'inclination**, Thomas a crevé les pneus du vélo de son voisin qu'il **exècre/déplore/afflige** car il lui a pris sa bien-aimée. Sur le moment, il n'en a éprouvé ni **estime/aversion/honte** ni **remords/acrimonie/morosité** tant ses émotions étaient vives. Puis, voyant la **béatitude/la passade/le dépit** de son voisin, un sentiment de **mélancolie/culpabilité/équanimité** l'a envahi. Il est rentré tout **querelleur/lancinant/penaud** chez lui.

6 ❯ **Remplacez les mots ou expressions en gras par des synonymes choisis dans la fiche.**
a. Il m'a répondu avec **mauvaise humeur**.
b. Le dimanche soir, **le spleen** m'envahit souvent à l'idée du lendemain.
c. Chez Marie, la tristesse est un sentiment **qui ne dure pas**.
d. Les héros romantiques du XIXe siècle sont souvent d'une humeur **triste**.
e. **La déception** de ne pas avoir eu d'autographe de son idole a longtemps accompagné Jordan.
f. Axel a cueilli **sans honte** des framboises dans le jardin de son voisin.

L'être humain

CORRIGÉS p. 183

Éprouver des sensations

une sensation phénomène psychique provoqué par l'excitation d'un organe

ressentir éprouver une sensation de façon agréable ou pénible

sentir quelque chose percevoir quelque chose par le moyen des sens

percevoir quelque chose prendre conscience de quelque chose par les sens

distinguer quelque chose percevoir quelque chose avec une certaine netteté

Voir

la vue faculté de voir la lumière, les formes, les couleurs, les reliefs
  – **perçante** qui voit loin et distinctement

la vision action de voir

aveugle

borgne qui n'a qu'un œil

regarder quelque chose

apercevoir quelque chose

entrevoir quelque chose voir imparfaitement

considérer quelque chose regarder attentivement

observer quelque chose étudier avec soin, surveiller, épier, examiner

scruter quelque chose examiner attentivement

contempler quelque chose regarder attentivement, avec admiration

couver quelque chose des yeux regarder intensément avec affection ou envie

dévisager quelqu'un regarder longuement et attentivement le visage de quelqu'un

fixer quelque chose

lorgner quelque chose regarder avec insistance ou envie

guigner quelque chose regarder du coin de l'œil ou avec envie

toiser quelqu'un regarder avec mépris

se mirer (litt.) se regarder

Entendre

l'ouïe sens qui permet d'entendre

l'audition perception des sons par l'oreille

un son sensation perçue par l'oreille

un bruit sensation perçue par l'oreille, souvent de façon désagréable
  – **ambiant** qui entoure, qui environne
  – **sonore** puissant, qui résonne
  – **mat** sourd, qui n'est pas sonore
  – **assourdissant** fort au point de rendre sourd
  – **strident** aigu et perçant
  – **continu** qui est sans interruption
  – **intermittent** qui cesse et reprend par intervalles
  – **diffus** renvoyé dans toutes les directions

  – **monte**
  – **s'échappe de quelque chose**
  – **berce quelqu'un**
  – **rythme quelque chose**
  – **croît** augmente
  – **s'amplifie** augmente de plus en plus
  – **se propage** se répand, gagne
  – **résonne** (dans un lieu)
  – **retentit** (dans un lieu)
  – **faiblit**

audible que l'on peut entendre

Les bruits

une rumeur bruit confus de voix

une clameur cri collectif confus et tumultueux

des huées cris de dérision, de désapprobation poussés par une assemblée

un tollé clameur d'indignation collective

un gémissement son plaintif exprimant la douleur

une plainte parole, cri, gémissement provoqués par la douleur

un vagissement cri du nouveau-né

un brouhaha bruit de voix confus et tumultueux d'une foule

un tapage bruit confus accompagné de cris, de disputes

un vacarme bruit assourdissant (de gens qui crient, rient)

un clapotis, un clapotement bruit de l'eau qui est agitée

un gargouillis, un gargouillement bruit produit par un liquide agité dans un tuyau

une détonation bruit fort qui évoque une explosion

une pétarade suite de détonations

un grincement bruit strident désagréable produit par certains frottements

un crissement grincement aigu (d'objets durs et lisses)

un tintement série de sons légers, clairs et aigus

un froufrou léger bruit que produit le froissement des étoffes

un cliquetis série de bruits légers, sonores, produits par des corps métalliques qui se choquent

un frémissement faible mouvement ou vibration qui produit un léger bruit

un craquement bruit sec que fait un corps qui se brise

un claquement bruit sec et sonore

un martèlement bruit qui rappelle les coups de marteau

un crépitement série de bruits secs

un grondement bruit sourd évoquant une menace

un vrombissement ronflement vibrant

un bourdonnement bruit sourd et continu

un fracas bruit violent produit par des chocs

un tintamarre bruit assourdissant fait de sons discordants

bruire, bruisser produire un bruit léger, confus

Expressions usuelles

Regarder quelqu'un de travers. Avec malveillance.
Se regarder en chiens de faïence. Se faire face dans une attitude hostile, silencieusement.
N'y voir que du feu. Ne rien y voir, ne rien y comprendre.
N'y voir goutte. Ne rien y voir.
Voir, regarder quelque chose par le petit bout de la lorgnette. Considérer quelque chose avec étroitesse d'esprit ou en s'attachant à un détail qui fait perdre l'ensemble de vue.
Un bruit de tous les diables. Un bruit très fort.
Être tout ouïe. Prêter une oreille attentive.
Voir trente-six chandelles. Être étourdi par un coup.
Naviguer à vue. (fig.) Agir au jugé, improviser selon les circonstances.
Avoir la vue courte. Manquer de perspicacité.

Exercices

1 ▶ Corrigez les erreurs qui se sont glissées dans les expressions.
a. Je me suis fait voler mon porte-monnaie dans une bousculade : je n'y ai vu que des flammes.
b. La lumière est insuffisante dans cette pièce : on n'y voit miette.
c. Les copropriétaires se plaignent de leur voisin : il fait un bruit de trente-six diables.
d. Lorsque je me suis assommé à la poutre de mon grenier, j'ai vu quarante-six bougies.
e. Lors du procès, l'accusé et la victime se regardaient en chiens de carreaux.

2 ▶ Parmi les propositions en gras, entourez dans chaque cas celle qui convient.
Notre vieille maison de campagne **retentit/croît/s'amplifie** de bruits sinistres. Les volets mal attachés **clapotent/bruissent/claquent**, les marches de l'escalier en bois **vagissent/ craquent/se propagent**, les gonds des portes **grincent/lorgnent/martèlent**. Et en cas d'orage, l'eau **vrombit/crépite/toise** sur le toit avant de **guigner/gémir/gargouiller** dans les gouttières pendant que le **grondement/brouhaha/tollé** du tonnerre fait **mirer/ dévisager/frémir les vitres**. Même la girouette émet des **froufrous/huées/grincements** lugubres. C'est un vrai **tintamarre/cliquetis/crissement** !

3 ▶ Dans cette liste, relevez les bruits qui peuvent être émis directement par l'homme.

a. un cri	e. une pétarade	i. une clameur
b. un cliquetis	f. un vagissement	j. un crissement
c. une détonation	g. un martèlement	k. un tollé
d. des huées	h. un crépitement	l. une rumeur

4 ▶ Associez chaque bruit avec ce qui peut le produire.

a. un crépitement	1. un fouet	f. un gargouillis	6. une jupe
b. un clapotis	2. des verres	g. un grincement	7. un parquet
c. une détonation	3. le feu	h. un froufrou	8. des clés
d. un tintement	4. les vagues	i. un cliquetis	9. de l'eau
e. un claquement	5. un fusil	j. un craquement	10. une porte

5 ▶ Remplacez les expressions en gras par un synonyme plus précis. Plusieurs solutions sont possibles.
a. Michel aime s'asseoir dans son jardin pour **regarder** le soleil qui se couche.
b. Dans les tribunes, les supporters des deux équipes adverses **se regardent de haut**.
c. Le marin **regarde** attentivement l'horizon.
d. J'**ai à peine vu** un chevreuil qui s'enfuyait dans la forêt.
e. Pendant le spectacle de fin d'année, Stéphanie **regarde** ses enfants **avec amour**.
f. Je n'aime guère les inconnus qui me **regardent avec insistance** dans le métro.

6 ▶ Trouvez un nom de la même famille que ces verbes en modifiant leur suffixe.

a. regarder – le ...	d. observer – une ...	g. percevoir – la ...
b. apercevoir – un ...	e. examiner – un ...	h. distinguer – une ...
c. entrevoir – une ...	f. surveiller – un ...	i. bruisser – un ...

CORRIGÉS p. 183

LES SENSATIONS :
SENTIR, TOUCHER, GOÛTER

Sentir

le nez
l'odorat sens par lequel les odeurs sont perçues
une odeur
une senteur (litt.) odeur, parfum
un arôme odeur agréable
une fragrance (litt.) odeur agréable
une émanation émission d'odeurs
un effluve émanation
une exhalaison odeur qui émane d'un corps
un bouquet parfum d'un vin
un fumet odeur agréable de certaines viandes pendant
la cuisson ou après
les miasmes gaz provenant de matières
en décomposition
un relent mauvaise odeur qui persiste
un remugle (litt.) odeur détestable de moisi,
de renfermé
un parfum
  – **suave** (litt.) d'une douceur agréable
  – **subtil** fin
  – **fruité**
  – **poudré**
  – **capiteux** qui porte à la tête, enivre
  – **envoûtant** qui charme, séduit
  – **entêtant** qui étourdit
  – **corsé** fort
  – **pénétrant** qui laisse une forte impression
  – **infect** qui répand une odeur repoussante
  – **persistant** qui dure
odorant qui dégage une odeur (généralement bonne)
malodorant qui dégage une mauvaise odeur
nauséabond qui dégage de mauvaises odeurs
fétide qui a une odeur très désagréable
pestilentiel qui dégage une très mauvaise odeur
olfactif relatif à l'odorat
un parfum flotte, plane (dans un lieu)
un parfum émane de quelque chose se dégage
de quelque chose
dégager un parfum
exhaler un parfum répandre un parfum
vaporiser un parfum
humer quelque chose aspirer profondément
pour sentir quelque chose
flairer quelque chose s'appliquer avec insistance
pour sentir quelque chose
renifler quelque chose
puer
empuantir (un lieu) infecter (un lieu) d'une mauvaise
odeur
empester (un lieu) remplir (un lieu) d'une odeur
infecte
embaumer (un lieu) parfumer (un lieu)
fleurer (litt.) dégager une odeur

Toucher

la peau
une aspérité petit relief qui rend une surface inégale,
rude
rugueux rude
râpeux rugueux comme une râpe
rêche rude
piquant
brûlant
lisse
doux
soyeux
impalpable qu'on ne peut toucher
tâter quelque chose toucher avec les doigts
palper quelque chose examiner en tâtant, en touchant
avec les doigts, les mains
effleurer quelque chose toucher légèrement
frôler quelque chose toucher légèrement en passant
caresser quelque chose

Goûter

un goût
  – **fruité**
  – **âcre** piquant et irritant
  – **aigre** qui a une acidité désagréable
un arrière-goût goût que laisse dans la bouche
l'absorption de certains aliments
une saveur
  – **acide**
  – **amère**
  – **salée**
  – **sucrée**
gustatif qui concerne le goût
sapide qui a de la saveur, du goût
goûteux qui a bon goût
savoureux qui a une saveur agréable
succulent très savoureux
épicé
relevé qui a un goût prononcé
(grâce à un assaisonnement)
fade
insipide qui n'a pas de goût, fade
écœurant
douceâtre d'une douceur écœurante
rance se dit d'un corps gras qui a pris une odeur forte
et un goût âcre
astringent qui exerce sur la langue un resserrement,
âpre
savourer (un aliment) absorber (un aliment)
lentement pour mieux (en) percevoir le goût
déguster (un plat) goûter (un plat) pour (en) apprécie
la qualité
se délecter de quelque chose trouver un vif plaisir
à quelque chose

Expressions usuelles

Ne pas être en odeur de sainteté (auprès de quelqu'un). (fam.) En être mal vu.
Ne pas pouvoir sentir quelqu'un. (fam.) Ne pas supporter quelqu'un.
Avoir du nez. Avoir du flair, de la perspicacité.
Sentir la cocotte. Sentir le parfum bon marché.
S'en lécher les babines. Se réjouir à la pensée d'une chose délicieuse.
Mettre l'eau à la bouche. Être appétissant.
(Vin) long, court en bouche. Dont la saveur persiste ou pas après absorption.
Avaler le petit jésus en culotte de velours. Boire du bon vin, très doux.
Avoir le palais fin. Être gourmet, aimer la bonne cuisine.
Mets qui flatte le palais. Plat qui est agréable à manger.

Exercices

▶ **Complétez ces phrases avec l'expression de la fiche qui convient.**
a. M. Bergman ne fréquente que les meilleurs restaurants : il a ... .
b. Ce secrétaire est si incompétent qu'il n'est pas ... auprès du ministre.
c. Si Sherlock Holmes résout toutes les énigmes, c'est parce qu'il a ... .
d. Ta choucroute dégage une odeur alléchante : elle ... .
e. Non seulement ce petit vin de Bourgogne a de l'arôme mais en plus il est ... .

▶ **Parmi les propositions en gras, entourez dans chaque cas celle qui convient.**
Cuisiner comble bien des sens. D'abord on choisit les aliments : on **tâte/râpe/exhale** les fromages, on **fleure/répand/palpe** les fruits, on **effleure/vaporise/renifle** les poissons. Pendant la cuisson, les **odorats/olfactions/arômes** les plus divers **embaument/savourent/hument** la cuisine : les **agueusies/palais/senteurs** subtiles des fines herbes ou les **parfums/aspérités/miasmes** enivrants des épices. On goûte les préparations pour vérifier l'assaisonnement et **relever/empester/humer** les plats **rêches/râpeux/insipides**. Enfin, quand tout est prêt, il n'y a plus qu'à **déguster/débuter/débusquer** !

▶ **Classez ces mots en deux listes selon qu'ils renvoient à une bonne ou à une mauvaise odeur.**
a. suave
b. un relent
c. un remugle
d. un bouquet
e. pestilentiel
f. les miasmes
g. un fumet
h. une fragrance
i. fétide
j. un arôme
k. envoûtant
l. nauséabond

▶ **Remplacez les mots ou expressions en gras par des synonymes choisis dans la fiche.**
a. Ce bouquet de lilas **dégage un parfum agréable dans** tout le salon.
b. Cette décharge **dégage une très mauvaise odeur dans** l'air.
c. Ton nouveau parfum **dégage** une odeur capiteuse.
d. Une odeur **très désagréable** émane de la viande en décomposition.
e. Quand Maïté fait mijoter un rôti, **un parfum très agréable** flotte dans la cuisine.

▶ **Classez ces mots en deux listes selon qu'ils renvoient à un bon ou à un mauvais goût.**
a. douceâtre
b. insipide
c. succulent
d. savoureux
e. âcre
f. sapide
g. aigre
h. goûteux
i. se délecter

▶ **Remplacez les mots ou expressions en gras par des synonymes choisis dans la fiche.**
a. Au début, cette crème semble bonne mais il s'en dégage ensuite un **goût** de ranci.
b. Il est conseillé de saler les courgettes : c'est un légume assez **fade**.
c. Prends ton temps et **mange** le petit plat que je t'ai mijoté.
d. Jamais Mme Blanchet ne dévoila la recette de ses **très bonnes** tomates farcies.
e. Mes enfants n'aiment pas croquer dans les pommes d'api du jardin : elles sont **âpres**.

L'être humain

Corrigés p. 183

SITUER DANS L'ESPACE ET LE TEMPS

Situer dans l'espace

une direction
l'orientation détermination du lieu où l'on se trouve
    à l'aide des points cardinaux ou d'un autre repère
les points cardinaux le nord, l'est, le sud et l'ouest
la latitude distance angulaire d'un lieu à l'équateur
la longitude distance angulaire d'un lieu au méridien
    de Greenwich
les parages les environs, les alentours
le voisinage les lieux voisins
septentrional qui est situé au nord
oriental qui est situé à l'est
occidental qui est situé à l'ouest
méridional qui est situé au sud
adjacent situé auprès de, voisin
attenant à qui touche quelque chose
contigu à qui touche quelque chose
éloigné de
distant de
ici
là
là-bas
près
loin
çà et là d'un côté et de l'autre
en deçà au-dessous de
à bâbord du côté gauche d'un navire (quand on
    regarde vers l'avant)
à tribord du côté droit d'un navire
vis-à-vis de en face de
à proximité de près de
nulle part
localiser quelque chose situer quelque chose
être sis (litt.) être situé
jouxter (litt.) se trouver près de

Situer dans le temps

l'aube moment où le soleil blanchit à l'est
l'aurore lueur rosée qui précède le lever du soleil
le crépuscule lever du soleil ou tombée du jour
le passé
la veille jour qui en précède un autre
l'avant-veille jour qui précède la veille
le présent
ce jour-là
le futur temps à venir
l'avenir futur, situation de quelqu'un dans le futur
le lendemain jour qui succède à un autre
le surlendemain jour qui suit le lendemain
intemporel qui est étranger au temps, en dehors
    de la durée
archaïque ancien, démodé
antérieur qui précède
postérieur qui suit, qui vient après

contemporain du même temps
imminent qui va avoir lieu très bientôt
avant-hier
hier
auparavant
jadis autrefois
de toute éternité depuis toujours
aujourd'hui
actuellement
maintenant
séance tenante immédiatement
incessamment sous peu
demain
après-demain
simultanément en même temps
entre-temps pendant ce temps

La durée

un laps de temps un intervalle de temps
une saison
un lustre période de cinq ans
une décennie période de dix ans
un siècle
un millénaire
une époque
une ère
l'éternité durée n'ayant pas de fin
fugace qui ne dure pas
éphémère qui dure peu
temporaire dont la durée est limitée
momentané qui ne dure qu'un moment
passager qui dure peu
séculaire qui existe depuis un siècle
indéfiniment éternellement
sempiternellement perpétuellement, sans cesse,
    toujours

La fréquence

la fréquence caractère de ce qui se répète souvent
un intervalle espace de temps qui sépare deux époq[...]
quotidien qui a lieu chaque jour
hebdomadaire qui a lieu toutes les semaines
mensuel
trimestriel
annuel
biennal, bisannuel qui a lieu tous les deux ans
récurrent répétitif
périodique qui se reproduit à des intervalles
    de temps réguliers
rarement
épisodiquement de temps à autre
par intermittence irrégulièrement
parfois, quelquefois
fréquemment souvent
continuellement sans interruption

Expressions usuelles

Ne durer qu'un temps. Être éphémère, provisoire.
Avoir fait son temps. Être hors d'usage, périmé.
Le plus clair de son temps. La plupart de son temps.
Faire une chose en deux coups de cuiller à pot. (fam.) Faire une chose très vite.
Arriver à point nommé. Arriver au bon moment, à propos.
À une heure indue. À une heure où il ne convient pas de faire une chose, très tard.
Sur ces entrefaites. À ce moment-là.
S'il y a lieu. Si nécessaire.
Tous azimuts. (fam.) Dans toutes les directions en même temps.
Au chant du coq. Au point du jour, dès l'aube, dès potron-minet.

Exercices

1 ▶ Complétez les phrases suivantes avec l'une des expressions de la fiche.
a. Les plus pessimistes pensent que la passion amoureuse ne ... .
b. Il faudrait que j'achète une nouvelle voiture, la mienne ... .
c. Dans une copropriété, il est interdit d'utiliser sa perceuse ... .
d. ... , le messager du roi pénétra dans la salle d'audience.
e. Tiens, te voilà ! On avait justement besoin de tes talents de bricoleur : tu arrives ... .

2 ▶ Classez ces mots en trois groupes selon qu'ils renvoient au passé, au présent ou au futur.
a. auparavant
b. antérieur
c. incessamment
d. le surlendemain
e. contemporain
f. jadis
g. séance tenante
h. imminent
i. la veille

3 ▶ Classez les mots suivants selon leur ordre chronologique.
la veille – le surlendemain – ce jour-là – l'avant-veille – le lendemain

4 ▶ Retrouvez les couples de synonymes.
a. parfois
b. contigu
c. continuellement
d. jadis
e. les parages
f. à proximité de
1. attenant
2. près de
3. quelquefois
4. sans interruption
5. les environs
6. autrefois
g. par intermittence
h. sous peu
i. adjacent
j. éphémère
k. le crépuscule
l. en deçà de
7. la tombée du jour
8. en dessous de
9. irrégulièrement
10. voisin
11. fugace
12. incessamment

5 ▶ Où se situent les régions suivantes : au nord, au sud, à l'est ou à l'ouest ?
a. une région méridionale – b. une région septentrionale – c. une région orientale – d. une région occidentale

6 ▶ Remplacez les mots en gras par un mot ou une expression synonyme.
a. Le commissaire Maigret est un héros **qui revient de façon répétée** dans les romans de Simenon.
b. Fêter Noël est une tradition **qui existe depuis des siècles**.
c. **Les environs** de Venise, eux aussi, méritent d'être visités.
d. Il est déconseillé de faire deux choses **en même temps**.
e. Le professeur exige que les élèves se taisent **immédiatement**.
f. Le café a des effets excitants mais **dont la durée est limitée**.

7 ▶ Trouvez le mot qui correspond à chaque définition.
a. qui a lieu tous les jours
b. qui a lieu tous les mois
c. qui a lieu tous les trimestres
d. qui a lieu tous les ans
e. qui a lieu tous les deux ans
f. période de cinq ans
g. période de dix ans
h. période de cent ans
i. période de mille ans
j. période qui n'a pas de fin

L'être humain

69

CORRIGÉS
p. 183

LE CARACTÈRE

Le caractère

le caractère manière d'être, d'agir
un trait de caractère élément du caractère de quelqu'un
le tempérament caractère
le naturel ensemble des caractères qu'une personne tient de naissance
la personnalité ce qui caractérise une personne, la différencie des autres

Les défauts

obstiné qui s'attache avec acharnement à une manière d'agir ou de penser
ombrageux qui est vite vexé, blessé
susceptible qui s'offense rapidement
impulsif qui agit sans réfléchir
agressif
irascible coléreux, emporté
vindicatif porté à la vengeance, rancunier
indifférent
froid
envieux
jaloux
malintentionné qui a de mauvaises intentions
malveillant qui veut du mal à autrui
fielleux haineux, méchant
cruel
impitoyable qui est sans pitié
mesquin qui manque de grandeur, de générosité
pointilleux qui se montre exigeant jusque dans les moindres détails
avare qui a la passion de l'argent et l'accumule sans vouloir le dépenser
orgueilleux qui a une trop bonne opinion de soi-même
vaniteux qui a une trop bonne opinion de soi-même et veut produire de l'effet sur son entourage
vantard
suffisant trop satisfait et sûr de soi
dédaigneux méprisant, hautain, arrogant
désabusé qui n'a plus d'illusions
mordant qui attaque, se moque avec une violence blessante, caustique
taciturne (litt.) qui parle peu
raciste
xénophobe qui a de la haine pour les étrangers
misanthrope qui déteste le genre humain
téméraire hardi, audacieux jusqu'à l'imprudence
mielleux d'une douceur feinte et trompeuse
faux qui trompe, qui dissimule
sournois qui dissimule ses véritables sentiments ou intentions, en général par malveillance
fourbe qui trompe avec une ruse traîtresse
hypocrite qui fait semblant d'avoir une qualité, un sentiment noble

fainéant paresseux
pusillanime (litt.) qui manque de courage
couard lâche, poltron, pleutre
crédule qui croit facilement
naïf d'une simplicité un peu niaise, d'une crédulité excessive
irréfléchi
lunatique capricieux, qui a l'humeur changeante
impressionnable facile à troubler, à influencer, à intimider

Les qualités

flegmatique qui maîtrise ses émotions, est toujours calme
placide calme, paisible
altruiste qui aime et aide les autres
bienveillant qui a une disposition favorable à l'égard de quelqu'un, bon, indulgent
débonnaire bienveillant
humain bon, généreux, compatissant à l'égard d'autrui
attentionné qui est plein d'attentions, de prévenances
prévenant qui anticipe les désirs des autres
affable qui accueille les autres avec douceur, amabilité
magnanime qui pardonne facilement les injures, qui est bienveillant à l'égard des faibles, des vaincus
clément indulgent, qui excuse facilement
généreux
dévoué qui consacre tous ses efforts à être agréable à autrui
désintéressé qui n'est pas motivé par son intérêt particulier
digne qui inspire le respect
tolérant qui accepte les opinions d'autrui même sans les partager
humble modeste
circonspect prudent
minutieux qui agit avec beaucoup de soin
patient
vaillant courageux, brave
opiniâtre qui fait preuve de volonté, de persévérance
sincère qui exprime ses véritables pensées, ses véritables sentiments
loyal droit, sincère, honnête, franc
probe (litt.) très honnête, droit, intègre
fiable à qui on peut faire confiance
sensible
romanesque qui conçoit la vie comme un roman
sentimental qui a tendance à l'émotion facile, à une sensibilité romanesque
raffiné d'une grande délicatesse, fin, subtil
astucieux d'une finesse rusée, ingénieux
ingénieux plein d'esprit d'invention, habile
malicieux

Expressions usuelles

Une fine mouche. Une personne habile, futée.
Avoir la langue bien pendue. Être bavard, avoir la parole hardie, assurée.
Avoir les deux pieds dans le même sabot. Être passif et sans initiative.
Avoir l'esprit d'escalier. Manquer de repartie, trouver une réplique trop tard.
Être soupe au lait. Se mettre facilement en colère.
Avoir une sensibilité à fleur de peau. Être très sensible.
Un tire-au-flanc. (fam.) Personne paresseuse, qui cherche à échapper à un travail, une corvée.
Avoir une langue de vipère. Être médisant, dire facilement du mal d'autrui.
Être tout feu tout flamme. (fam.) Être plein d'enthousiasme.
Ne pas avoir sa langue dans sa poche. Parler avec facilité, répliquer.

Exercices

▌ **Corrigez les erreurs qui se sont glissées dans les expressions.**
a. Ma secrétaire est très efficace : elle n'a pas les deux pieds dans la même botte !
b. À force de dire du mal de tout le monde, cette langue d'araignée a fini seule.
c. Mon père est un peu potage au chou mais il a bon fond.
d. Les professeurs de Bérénice lui reprochent d'avoir la langue bien attachée.
e. Accablée de l'esprit d'ascenseur, je ne sais jamais que lui répondre quand il me fait des reproches.

▌ **Classez les mots suivants en deux séries selon qu'ils désignent des qualités ou des défauts.**

a. intègre	e. hypocrite	i. naïf	m. mielleux
b. loyal	f. philanthrope	j. xénophobe	n. clément
c. magnanime	g. dévoué	k. fielleux	o. pointilleux
d. prévenant	h. susceptible	l. irascible	p. dédaigneux

▌ **Associez chaque adjectif à son antonyme.**

a. hypocrite	1. vaniteux	f. placide	6. franc
b. modeste	2. malveillant	g. impassible	7. arrogant
c. généreux	3. sincère	h. faux	8. irascible
d. vaillant	4. avare	i. misanthrope	9. impressionnable
e. débonnaire	5. peureux	j. humble	10. altruiste

▌ **Parmi les trois mots proposés, choisissez celui qui correspond à chaque définition.**
a. qui accepte les opinions d'autrui même
sans les partager.   patient – tolérant – altruiste
b. d'une douceur feinte et trompeuse.   mielleux – susceptible – intègre
c. qui parle peu.   attentionné – probe – taciturne
d. qui est vite vexé, blessé.   xénophobe – ombrageux – irascible
e. porté à la vengeance.   vindicatif – mordant – pointilleux
f. qui excuse facilement.   timide – attentionné – indulgent

▌ **Complétez les phrases à l'aide des mots proposés.**
susceptible – fiable – minutieux – crédule – hypocrite
a. Ma grand-mère est si naïve et si ... qu'elle croit tous les mensonges de mon frère.
b. Les paroles de cet homme ne sont pas franches, son sourire est .... . Méfie-toi de lui.
c. Ce plombier est très ... : ses finitions sont toujours impeccables.
d. Simon est trop ... : on ne peut rien lui dire sans qu'il se vexe.
e. À 10 ans, Amandine était déjà très ... : on pouvait la charger de garder son petit frère.

▌ **Transformez ces adjectifs en noms en modifiant leur suffixe.**

a. envieux	e. généreux	i. impassible	m. faux
b. mesquin	f. dévoué	j. flegmatique	n. fourbe
c. orgueilleux	g. altruiste	k. bienveillant	o. téméraire
d. naïf	h. digne	l. loyal	p. hypocrite

CORRIGÉS p. 184

39 LES FACULTÉS INTELLECTUELLES

L'intelligence

l'intelligence
l'entendement l'intelligence, la compréhension
le discernement capacité à juger clairement,
  le bon sens
la clairvoyance vue exacte, claire des choses
la lucidité qualité d'une personne qui envisage
  la réalité clairement, telle qu'elle est
la perspicacité capacité de juger de manière pénétrante
  et subtile ce qui échappe à la plupart des gens
la sagacité finesse, vivacité d'esprit
la subtilité capacité à penser avec finesse, à sentir
  les nuances
la finesse capacité à comprendre les moindres nuances
  dans la pensée
le jugement capacité à apprécier les choses
  avec discernement
l'attention
la concentration
l'intuition connaissance directe et immédiate,
  sans recours au raisonnement
l'imagination
le génie
un esprit
  – pratique qui a le sens des réalités, sait s'y adapter
    et en tirer profit
  – cartésien ordonné, rigoureux et méthodique
  – éveillé plein de vivacité
précoce dont le développement intellectuel
  est très rapide
réfléchi
surdoué
raisonner se servir de sa raison pour juger, démontrer

La mémoire

une mémoire
  – photographique visuelle
  – sélective qui ne retient que certaines choses,
    opère un choix
  – infaillible qui ne peut se tromper
  – chancelante qui devient faible, défaillante
l'amnésie diminution ou perte totale de la mémoire
la mémorisation action d'enregistrer dans sa mémoire
mémorable digne d'être conservé dans la mémoire
  des hommes
un oubli
un trou de mémoire
mnémotechnique qui aide la mémoire
  par des procédés d'association mentale
rester gravé dans la mémoire
être enfoui dans la mémoire être caché
  dans la mémoire
s'effacer de la mémoire
mémoriser quelque chose retenir quelque chose

La stupidité

un esprit
  – étroit
  – obtus sans finesse, épais, borné
la bêtise
l'idiotie
l'imbécillité
la sottise
l'ignorance
l'aveuglement manque de discernement
une aberration une idée contraire au bon sens
une absurdité caractère de ce qui est contre la logique,
  le bon sens
une ânerie
une ineptie sottise, stupidité
une bévue erreur grossière commise par ignorance
  ou manque d'attention
écervelé qui est sans jugement, sans prudence ; étourdi
niais d'une grande naïveté, proche de la sottise
nigaud qui se conduit de manière sotte ou niaise
borné peu intelligent
abruti
insensé contraire à la raison
ignare très ignorant, inculte
inculte dépourvu de culture intellectuelle
déraisonner parler contrairement au bon sens
abêtir quelqu'un rendre quelqu'un bête

La folie

la démence folie
le déséquilibre manque d'équilibre mental
l'égarement fait de s'écarter des voies de la raison
le délire état d'une personne caractérisé par une perte
  du rapport normal au réel et un excès de paroles
une hallucination perception dont la personne
  a la conviction qu'elle correspond à un objet réel
  alors qu'il n'en est rien
une obsession pensée obsédante, idée fixe
la mégalomanie désir immodéré de puissance,
  délire de grandeur
la mythomanie tendance maladive à dire
  des mensonges, à inventer
la paranoïa maladie caractérisée par la méfiance,
  l'agressivité et des idées de persécution
un psychopathe malade mental
un caractériel personne qui présente des troubles
  du caractère
un aliéné malade mental
possédé habité par une puissance diabolique
désaxé déséquilibré mentalement
irrationnel non conforme à la raison
divaguer perdre la tête, tenir des propos absurdes
être frappé de folie
sombrer dans la folie se perdre dans la folie

Expressions usuelles

Une mémoire d'éléphant. Une mémoire très développée.
Avoir la mémoire courte. Oublier vite.
De mémoire d'homme. Aussi loin qu'on s'en souvienne.
Pour mémoire. À titre de rappel, d'indication.
C'est un jour à marquer d'une pierre blanche. C'est un jour important dont il faudra se souvenir.
Avoir du nez, du flair. Être perspicace, avoir une aptitude instinctive à prévoir, à deviner.
Avoir l'esprit délié. Avoir de la finesse d'esprit, de la subtilité.
Perdre l'esprit. Devenir fou.
Être simple d'esprit. Avoir une intelligence peu développée.
Ne pas avoir inventé l'eau tiède ou le fil à couper le beurre. Ne pas être bien malin.

Exercices

1 ▶ Complétez les phrases suivantes avec l'une des expressions de la fiche.
a. Clarisse a ... ! Elle veut aller se baigner par ce froid de canard !
b. ...., je vous rappelle que la réunion aura lieu mardi à 15 h 30.
c. Jean, qui a une ... connaît par cœur les numéros de téléphone de tous ses amis.
d. ...., on n'a jamais connu une telle sécheresse dans le Jura au mois d'août.
e. Comment ? Damien a réussi à arriver à l'heure au collège ce matin ? C'est ... !

2 ▶ Parmi les trois mots proposés, choisissez celui qui correspond à chaque définition.
a. une vue exacte, claire des choses — l'imagination – la clairvoyance – l'amnésie
b. la diminution ou la perte de la mémoire — l'amnésie – la lucidité – la mythomanie
c. une idée contraire au bon sens — une hallucination – une aberration – une obsession
d. non conforme à la raison — irraisonné – irrationnel – irréalisable
e. ignare — éveillé – désaxé – très ignorant

3 ▶ Retrouvez les couples de synonymes.
a. l'entendement   1. la folie   f. précoce   6. niais
b. la clairvoyance 2. l'imbécillité   g. ignare   7. avancé
c. la subtilité   3. la compréhension h. désaxé   8. fou
d. l'idiotie   4. la lucidité   i. nigaud   9. concentré
e. la démence   5. la finesse   j. attentif   10. inculte

4 ▶ Complétez les phrases avec les mots proposés ci-dessous. Vous devez parfois conjuguer les verbes.

sombrer – écervelé – discernement – déraisonner – mémoriser

a. Il a fallu beaucoup de temps à Marie pour ... le théorème de Thalès.
b. Après avoir été le seul à survivre au naufrage de son bateau, M. Troadec a progressivement ... dans la folie.
c. Quel ... je fais ! J'ai encore oublié mes clés au bureau.
d. Éric a agi avec ... quand il a renoncé à ouvrir un magasin avant d'avoir quelques notions de comptabilité.
e. Tu ... ! Il est impossible de réussir la traversée du Sahara sans prendre des réserves d'eau.

5 ▶ Parmi les propositions en gras, entourez dans chaque cas celle qui convient.
De nombreuses qualités sont nécessaires à un policier pour arrêter un assassin. D'abord, **l'attention/la démence/l'aberration** et **l'amnésie/l'ineptie/la concentration** sont nécessaires lors de l'observation des lieux du crime. Puis, pendant les interrogatoires, il faut progresser avec **bévue/finesse/lubie**, faire preuve **de perspicacité/de paranoïa/d'aveuglement** pour poser les bonnes questions et être suffisamment **obtus/clairvoyant/niais** pour détecter les mensonges. Enfin, il faut savoir **divaguer/raisonner/abêtir** pour reconstituer le fil des événements. **L'intuition/La mémorisation/La mégalomanie** et le flair ne sont que des cerises sur le gâteau.

L'être humain

CORRIGÉS
p. 184

40 L'EXPRESSION DE L'OPINION ET DU RAISONNEMENT – L'HUMOUR

L'expression de l'opinion

une opinion
- **fondée** qui repose sur de bonnes raisons, des arguments valables
- **tranchée** claire, nette, catégorique
- **arrêtée** qu'on ne peut changer

exposer une opinion
émettre une opinion exprimer, formuler une opinion
soumettre une opinion (à quelqu'un) proposer une opinion (au jugement de quelqu'un)
se ranger à une opinion adopter, rallier une opinion
un point de vue
admettre un point de vue
soutenir un point de vue défendre un point de vue en s'appuyant sur des arguments
le bon sens capacité de bien juger
une certitude
une conviction certitude à laquelle on est fortement attaché
un doute
un parti pris opinion préconçue, préjugé
un préjugé idée toute faite, adoptée sans examen
une polémique querelle, débat agressif
objectif qui n'est pas influencé par les préjugés, neutre
subjectif influencé par les opinions de la personne
versatile qui change fréquemment d'opinion
partial qui manifeste des préjugés
discutable qui prête à la contestation
affirmer quelque chose (à quelqu'un)
déclarer quelque chose (à quelqu'un)
assurer quelque chose (à quelqu'un)
estimer quelque chose juger quelque chose
prétendre quelque chose
débattre (de) quelque chose discuter de quelque chose, confronter des opinions
contredire quelqu'un
contester quelque chose mettre quelque chose en doute
approuver quelque chose
se raviser changer d'avis
se rétracter déclarer faux ce qu'on avait affirmé auparavant

L'expression du raisonnement

la logique
un raisonnement opération de la pensée qui consiste à enchaîner les idées logiquement pour aboutir à une conclusion
le bien-fondé conformité à la raison, la légitimité
établir le bien-fondé prouver le bien-fondé
une thèse proposition qu'on s'attache à soutenir, à défendre
défendre une thèse
étayer une thèse appuyer, soutenir une thèse

justifier quelque chose montrer quelque chose comme vrai ou juste par des preuves
une théorie ensemble d'idées sur un sujet particulier
concevoir une théorie créer une théorie dans son esprit
réfuter une théorie rejeter ce qui est affirmé par autrui en en prouvant la fausseté
un argument raisonnement tendant à établir une preuve
une objection argument que l'on oppose à une affirmation
une analyse étude détaillée élément par élément
une démonstration raisonnement par lequel on prouve quelque chose
une hypothèse supposition que l'on fait sur l'explication d'un événement
une comparaison
une conséquence résultat d'une action, d'un fait
une cause
une conclusion
une synthèse opération mentale qui consiste à regrouper des faits et à les organiser en un tout
une contradiction acte, idée qui s'oppose à une autre
résoudre une contradiction donner une solution à une contradiction
un paradoxe ce qui est en contradiction avec la logique
cohérent dont les parties sont liées logiquement
incohérent qui manque de logique
en déduire quelque chose en tirer quelque chose comme conséquence
délibérer sur quelque chose discuter de quelque chose pour prendre une décision, résoudre un problème
persuader quelqu'un de quelque chose
convaincre quelqu'un de quelque chose
objecter quelque chose opposer (un argument) à une affirmation

L'humour

l'esprit humour
un humour
- **graveleux** vulgaire et contraire aux bonnes mœurs
- **grinçant** amer, irrité
- **noir** qui tire sa force comique d'idées cruelles, dramatiques
- **décapant** qui supprime les vieilles habitudes

l'ironie forme de moquerie consistant à dire le contraire de ce que l'on veut faire comprendre
une raillerie une moquerie, un sarcasme
l'autodérision moquerie dirigée contre soi-même
narquois qui exprime une malice moqueuse
caustique qui critique par la moquerie
désopilant qui fait rire, hilarant, comique
plaisant qui plaît en amusant
rire jaune rire sans gaieté et en se forçant
badiner plaisanter de manière gaie et légère

Expressions usuelles

Une vérité de La Palice. Une vérité évidente.
Enfoncer une porte ouverte. (fam.) Découvrir une vérité évidente.
Faire travailler sa matière grise. (fam.) Réfléchir.
Changer son fusil d'épaule. Changer d'opinion.
Tiré par les cheveux. Amené d'une manière forcée et peu logique.
Parler à tort et à travers. Parler sans discernement, sans réfléchir.
Couper les cheveux en quatre. (fam.) Subtiliser à l'excès, pinailler, se perdre dans les subtilités.
Chercher midi à quatorze heures. Compliquer les choses comme à plaisir.
Un pince-sans-rire. Personne qui pratique l'humour, l'ironie à froid.
Un mauvais plaisant. Une personne qui fait des plaisanteries de mauvais goût.

Exercices

1 ▶ Complétez les phrases suivantes avec l'une des expressions de la fiche.
a. « Un quart d'heure avant sa mort, il était vivant. » Voilà une belle ... .
b. Boubacar a ... : finalement il ne s'inscrira pas à un club de football mais de tennis.
c. J'ai du mal à croire l'explication de ton retard : elle est un peu ... .
d. Qui est le ... qui a jeté une boule puante dans la classe ?
e. Pour éviter de ..., il est sage de tourner sept fois la langue dans sa bouche.

2 ▶ Parmi les trois mots proposés, choisissez celui qui correspond à chaque définition.
a. montrer comme vrai par des preuves   badiner – justifier – réfuter
b. qui n'est pas influencé par un préjugé   objectif – irrationnel – fondé
c. changer d'avis   décréter – étayer – se raviser
d. qui change souvent d'opinion   désopilant – versatile – subjectif
e. dont les parties sont logiquement liées   cohérent – partial – narquois
f. une idée toute faite   un préjugé – une polémique – une synthèse

3 ▶ Retrouvez les couples de synonymes.

a. convaincre	1. argumenter	f. un sarcasme	6. catégorique
b. objectif	2. amusant	g. une hypothèse	7. une moquerie
c. cohérent	3. persuader	h. une conviction	8. une certitude
d. justifier	4. neutre	i. subjectif	9. une supposition
e. plaisant	5. logique	j. tranché	10. partial

4 ▶ Remplacez les mots en gras par un synonyme figurant dans la fiche. Plusieurs solutions sont parfois possibles.
a. Les sketchs de ce comique sont réputés être **très drôles**.
b. Les délégués de classe ont pour rôle d'essayer de **trouver une solution aux** conflits entre les élèves.
c. Il vaut mieux être capable de **se moquer de soi-même** pour ne pas se prendre au sérieux.
d. Rodrigue est souvent **partial** quand il est question de ses enfants.
e. Quand Éric taquine sa sœur, il a toujours un petit regard **malicieux et moqueur**.

5 ▶ Même exercice.
a. En ce qui concerne l'achat d'une Mobylette, Rémi a dû **adopter** le point de vue prudent de ses parents.
b. L'épicier du quartier, un joli cœur, aime bien **plaisanter** avec ses clientes.
c. Le manteau démodé de l'employée faisait l'objet de **moqueries** blessantes de la part des collègues de celle-ci.
d. Le journaliste **rejeta**, chiffres à l'appui, l'argument infondé de son interlocuteur.
e. Les jurés se retirèrent pour **discuter et prendre une décision**.

6 ▶ Trouvez les noms correspondant à ces verbes en faisant les modifications nécessaires.
a. badiner   d. concevoir   g. résoudre   j. réfléchir
b. prouver   e. déduire   h. convaincre   k. affirmer
c. défendre   f. penser   i. assurer   l. contredire

CORRIGÉS
p. 184

L'imagination

une imagination
- **fertile** riche, qui produit beaucoup
- **féconde** qui produit beaucoup
- **intarissable** qui est sans fin
- **débordante** qui dépasse les limites
- **débridée** qui a perdu toute mesure
- **tarie** épuisée
- **s'enflamme** s'anime, s'excite

frapper l'imagination faire une impression vive sur l'imagination

être doté d'imagination avoir de l'imagination

être doué d'imagination avoir de l'imagination

être dénué d'imagination n'avoir aucune imagination

être dépourvu d'imagination n'avoir aucune imagination

déployer son imagination montrer son imagination dans toute son étendue

laisser libre cours à son imagination exprimer son imagination sans se limiter

stimuler l'imagination exciter, réveiller l'imagination

réfréner son imagination réprimer, mettre un frein à son imagination

l'inspiration
- **se nourrit de quelque chose**
- **fait défaut** manque

puiser son inspiration dans quelque chose trouver son inspiration dans quelque chose

être une source d'inspiration

la **fantaisie** imagination créatrice, originalité amusante

un **fantasme** représentation imaginaire de la réalisation d'un désir, qui ne tient pas compte de la réalité

une **invention**

une **chimère** illusion

la **créativité**

brider la créativité gêner, limiter la créativité

réfréner sa créativité contenir, réprimer sa créativité

exercer sa créativité

une **utopie** idée considérée comme irréalisable

la **mythomanie** tendance maladive à dire des mensonges, à inventer des histoires

farfelu (fam.) d'une fantaisie un peu extravagante

fictif imaginaire, inventé

irréel qui n'a pas de réalité

concevoir quelque chose créer, imaginer, inventer

affabuler, fabuler présenter comme réels des faits imaginaires

Le rêve

un rêve
- **inassouvi** qui n'a pas été réalisé
- **inaccessible** qui ne peut se réaliser

caresser un rêve l'entretenir avec plaisir

concrétiser un rêve réaliser un rêve

briser un rêve

combler un rêve réaliser pleinement un rêve

renoncer à un rêve

un **songe** (litt.) produit de l'imagination pendant l'état de veille

un **cauchemar**

une **illusion**

la **rêverie**

onirique qui rappelle les rêves par son caractère étrange, irréel

rêvasser s'abandonner à de vagues rêveries

rêver à ou de quelque chose

Le souvenir

un souvenir
- **marquant**
- **intact** qui n'a pas changé
- **vivace** qui dure
- **impérissable** qui dure longtemps
- **indélébile** qui ne peut être effacé
- **poignant** qui cause une impression vive et pénible
- **ébloui**
- **doux-amer** à la fois agréable et pénible
- **exécrable** très mauvais
- **cuisant** douloureux
- **obsédant** qui s'impose sans relâche à l'esprit
- **traumatisant**
- **flou**
- **s'efface**
- **s'estompe** s'affaiblit, s'efface peu à peu
- **s'évanouit**

être assailli par des souvenirs être harcelé, tourmenté par des souvenirs

être submergé par des souvenirs être envahi par des souvenirs

être hanté par un souvenir être obsédé par un souvenir

être tourmenté par un souvenir

déterrer un souvenir faire réapparaître un souvenir

évoquer un souvenir

aviver un souvenir faire revivre un souvenir

perpétuer un souvenir faire durer longtemps un souvenir

entretenir le souvenir de quelque chose

une **réminiscence** souvenir vague

une **commémoration** cérémonie à la mémoire d'une personne ou d'un événement

l'oubli

un **mémorial** monument commémoratif

mémorable qui est digne d'être conservé dans la mémoire

immémorial qui date d'une époque lointaine

se rappeler quelque chose

se souvenir de quelque chose

se remémorer quelque chose

Expressions usuelles

Construire des châteaux en Espagne. Former des projets irréalisables, avoir des rêves fous.
Bayer aux corneilles. Regarder en l'air bêtement, rêvasser.
Être dans la lune. Rêvasser, être distrait.
Être dans les nuages. Rêvasser, être distrait.
Le fruit de l'imagination. Le résultat, le produit de l'imagination.
... de mes rêves. Idéal.
... de la création. ... de la Terre.
Il en rêve la nuit. Il ne cesse d'y penser.
On croit rêver. On n'arrive pas à le croire ; il y a de quoi être stupéfait, indigné.
Ne rêver que plaies et bosses. Être très batailleur.

Exercices

1 ▶ **Corrigez les erreurs qui se sont glissées dans les expressions.**
a. Cesse de bayer aux mouettes et concentre-toi sur ton exercice !
b. Francis est un jeune homme rêveur qui a tendance à construire des villas en Italie.
c. Flora oublie souvent ses rendez-vous car elle est souvent dans la brume.
d. Jean Valjean préparait sa vengeance, ne rêvant que plaies et baffes.
e. C'est le légume de mon imagination ou tu t'es coupé les cheveux ?

2 ▶ **Complétez les phrases avec les mots suivants.**
se remémorer – concrétiser – exécrable – impérissable – créativité – inspiration
a. Cet artiste puise son ... dans ses voyages.
b. Mon frère garde un souvenir ... de ses anciens collègues, prétentieux et jaloux.
c. Il faut faire preuve d'une grande ... pour réussir une carrière de styliste de mode.
d. Regarder de vieilles photographies amène à ... de bons souvenirs.
e. Gagner au Loto a permis à Jules de ... son rêve : s'acheter une Ferrari.
f. Cette fabuleuse journée dans ce parc d'attractions lui a laissé un souvenir ... .

3 ▶ **Remplacez les mots en gras par un synonyme. Vous pouvez vous aider de la partie « Le souvenir » de la fiche.**
a. Je garde un souvenir **indélébile** de ce spectacle de danse à l'Opéra.
b. Plus les années passent, plus les souvenirs de l'enfance **s'estompent**.
c. Marion garde un souvenir **douloureux** de l'injustice qu'elle a subie.
d. Le souvenir de cette mystérieuse inconnue **hante** Richard.
e. Odette se rend souvent sur la tombe de son mari pour **entretenir** son souvenir.

4 ▶ **Parmi les trois mots proposés, choisissez celui qui correspond à chaque définition.**
a. présenter comme réels des faits imaginaires — perpétuer – se remémorer – affabuler
b. une cérémonie à la mémoire d'un événement — une commémoration – une chimère – un fantasme
c. un souvenir vague et confus — un songe – une réminiscence – un pense-bête
d. qui rappelle les rêves par son caractère étrange, irréel — onirique – inassouvi – inaccessible
e. une idée considérée comme irréalisable, chimérique — une fiction – une utopie – une souvenance

5 ▶ **Parmi les trois mots proposés, choisissez l'antonyme du mot ou de l'expression en gras.**
a. être **dénué** d'imagination — doué – dépourvu – débridé
b. avoir une imagination **féconde** — fertile – tarie – débordante
c. **laisser libre cours** à son imagination — déployer – stimuler – réfréner
d. **fictif** — réel – imaginaire – farfelu
e. **réaliser** un rêve — concrétiser – raviver – renoncer à

CORRIGÉS
p. 184

L'être humain

Le paysage

une campagne
- **boisée** plantée d'arbres
- **vallonnée** qui présente de petites vallées
- **verdoyante** qui est verte
- **reculée** difficile d'accès
- **fleurie**

une **plaine** grande étendue de terre plate et unie
une **butte** une colline
un **coteau** versant d'une colline
un **versant** pente d'une montagne ou d'une vallée
une **prairie, un pré** terrain couvert d'herbe qui sert
  à la nourriture du bétail
un **bosquet** petit groupe d'arbres
un **chemin**
- **de terre**
- **ombragé**
- **caillouteux**
- **poudreux** qui semble recouvert de poudre
- **sinueux, tortueux** qui forme de nombreux virages
- **creusé d'ornières** creusé par les traces des roues
  de voitures
- **vicinal** route étroite reliant des villages
- **de traverse** un raccourci
- **borde un lieu**
- **longe un lieu**
- **serpente** forme des courbes, des virages

un **sentier** chemin étroit
une **terre**
- **aride** sèche, sans végétation, stérile
- **arable** cultivable
- **grasse**
- **craquelée** fendillée

une **fondrière** grande flaque boueuse sur un chemin
campagnard
rural qui concerne la campagne
rustique (litt.) de la campagne, d'une simplicité rude
champêtre (litt.) qui appartient à la campagne,
  aux champs

L'habitat

un **bourg** gros village
un **hameau** petit groupe isolé d'habitations rurales
un **lieu-dit** lieu dans la campagne qui, sans constituer
  une commune, porte un nom
un **cottage** jolie petite maison de campagne
une **chaumière** petite maison rustique couverte
  de chaume
un **manoir** petit château campagnard
un **mas** dans le Midi, ferme ou maison de campagne
  dans le style provençal
une **bastide** en Provence, maison de campagne
une **résidence secondaire** maison qu'un citadin achète
  à la campagne pour ses vacances

un **lopin** petit morceau de terrain
un **jardin**
- **d'agrément** composé de pelouse et de massifs
- **à la française** jardin d'agrément régulier et
  symétrique
- **à l'anglaise** aménagé pour donner l'illusion
  de la nature sauvage
- **de curé** petit jardin clos de murs
- **à l'abandon**
- **bien entretenu**
- **potager** jardin réservé à des cultures de légumes

un **verger** terrain planté d'arbres fruitiers
une **pelouse**
un **parterre** partie du jardin où l'on cultive des fleurs
une **plate-bande** bande de terre cultivée dans un jardin
un **massif** assemblage décoratif d'arbres ou de fleurs
une **charmille** haie, allée de charmes

Une exploitation agricole

une **terre maraîchère** où l'on cultive des légumes
un **pâturage** prairie dont l'herbe est consommée
  sur place par le bétail
un **cheptel** ensemble des troupeaux d'une propriété
le **bétail** ensemble des animaux de pâture
une **plantation** terrain planté de végétaux
  d'une même espèce
un **vignoble** une plantation de vigne
un **cep** pied de vigne
un **champ**
- **fertile** qui fournit des récoltes abondantes
- **en friche** qui n'est pas cultivé
- **en jachère** état d'une terre labourable qu'on laisse
  volontairement reposer en ne l'ensemençant pas
- **de céréales (de blé, de seigle, de maïs, d'avoine)**
- **de tournesols**
- **de luzerne** plante fourragère
- **labouré** qui a été retourné par une charrue
- **fauché** qui a été coupé avec une faucheuse
- **moissonné** dont on a récolté les céréales

le **chaume** partie des céréales qui reste dans un champ
  après la moisson
un **sillon** longue tranchée que la charrue fait
  dans la terre quand on la laboure
le **foin** herbe fauchée et séchée pour nourrir le bétail
une **meule** tas de blé, de foin, de paille, etc.
le **fourrage** herbe dont on nourrit le bétail
une **clôture** barrière qui entoure et limite un terrain
une **haie** clôture faite d'arbustes ou d'arbres
une **ferme**
une **étable** bâtiment où l'on abrite les bœufs, les vaches
une **grange** bâtiment où l'on abrite le blé, le grain, le foin
une **écurie** bâtiment où l'on loge les chevaux, les ânes
un **clapier** cage à lapins domestiques
un **poulailler**
paître brouter l'herbe

Expressions usuelles

En rase campagne. En terrain découvert, plat, uni.
Prendre la clé des champs. S'enfuir.
Tomber au champ d'honneur. Mourir à la guerre.
Sur-le-champ. Immédiatement.
À tout bout de champ. À chaque instant.
Être bête à manger du foin. Être très bête.
Prendre du champ. Prendre du recul.
Un coq de village. Le garçon qui a le plus de succès auprès des filles – ou qui le croit.
Marcher sur les plates-bandes de quelqu'un. (fam.) Déborder sur son domaine.
Mettre la charrue avant les bœufs. Commencer par où l'on devrait finir, ne pas suivre un ordre logique.

Exercices

1 ▌ Corrigez les erreurs qui se sont glissées dans les expressions.
a. L'armée a rendu hommage aux soldats tombés au camp d'honneur.
b. Tu mets la charrue avec les œufs : il faut peler les pommes avant de les couper.
c. Les filles se moquent souvent de Rodolphe qui se pavane dans la cour comme un paon de village.
d. Aurélien a pris la clé des prés pour échapper aux corvées imposées par sa mère.
e. Les policiers ont ordonné aux manifestants de se disperser sur le rang.

2 ▌ Associez chaque adjectif au nom qu'il peut qualifier.
a. un chemin	1. potager	e. une colline	5. verdoyant
b. un champ	2. isolé	f. une terre	6. boisée
c. un cottage	3. labouré	g. un lopin	7. craquelée
d. un jardin	4. caillouteux	h. un pré	8. cultivé

3 ▌ Associez chaque COD au verbe qu'il peut compléter.
a. faucher	1. un jardin	e. nourrir	5. une rivière
b. moissonner	2. les foins	f. longer	6. une colline
c. entretenir	3. un coteau	g. clôturer	7. le bétail
d. gravir	4. un champ	h. reboiser	8. un champ

4 ▌ Associez chaque nom au verbe dont il peut être le sujet.
a. un troupeau	1. sèche	f. un sentier	6. trace des sillons	
b. un chemin	2. paît	g. la terre	7. verdoie	
c. le chaume	3. s'approfondit	h. un pré	8. se craquelle	
d. une ornière	4. serpente	i. une charrue	9. délimite un champ	
e. un parterre	5. fleurit	j. une haie	10. longe une haie	

5 ▌ Associez chaque bâtiment à ce que l'on peut y trouver à l'intérieur.
a. une étable	1. des chiens	f. une basse-cour	6. des tonneaux de vin	
b. un pigeonnier	2. des lapins	g. une écurie	7. du foin	
c. un poulailler	3. des pigeons	h. une grange	8. des chevaux	
d. un chenil	4. des volailles	i. un chai	9. des volailles et des lapins	
e. un clapier	5. des vaches	j. une bergerie	10. des moutons	

6 ▌ Parmi les trois mots proposés, choisissez celui qui correspond à chaque définition.
a. un terrain couvert d'herbe qui sert
à la nourriture du bétail   un lopin – un pré – un jardin
b. le versant d'une colline   un coteau – une butte – une vallée
c. un petit groupe d'arbres   un buisson – un arbuste – un bosquet
d. une clôture faite d'arbustes   une meule – une haie – une tonnelle
e. un petit château campagnard   un mas – un massif – un manoir
f. un petit groupe isolé d'habitations rurales   un hameau – un bourg – un cottage

La nature et l'environnement

CORRIGÉS p. 184

Les états et les mouvements de la mer

une mer
- étale sans mouvement, immobile
- d'huile parfaitement calme
- écumante couverte de mousse blanchâtre
- houleuse agitée
- démontée dont les lames sont très grosses et déferlent
- turquoise
- moutonne se couvre de vagues écumeuses
- monte
- se retire, recule, descend
- emporte, engloutit quelque chose

la haute mer partie de la mer la plus éloignée du rivage
le large la haute mer, la pleine mer
une vague
- déferle se déploie et se brise en écume
- clapote s'entrechoque avec un bruit caractéristique

la crête d'une vague partie supérieure d'une vague
une lame vague forte et bien formée
un rouleau lame qui se brise sur une plage en s'enroulant sur elle-même
un raz-de-marée très haute vague d'origine sismique ou volcanique qui pénètre dans les terres
la houle mouvement ondulatoire de la mer
les flots eaux en mouvement
le courant
un remous tourbillon dû à un obstacle
un calme plat absence de vent sur la mer
les embruns gouttelettes d'eau arrachées par le vent à la crête des vagues
le ressac retour des vagues sur elles-mêmes après avoir frappé le rivage
le flux marée montante, le flot
le reflux marée descendante, le jusant
outre-mer situé au-delà des mers
saumâtre qui a le goût salé de l'eau de mer

Les côtes naturelles

le littoral la côte, le bord de mer
un rivage bande de terre qui limite une étendue d'eau marine
- escarpé qui a une pente raide
une plage
- de sable
- de galets
une grève plage de gravier, de sable
une dune colline de sable au bord de la mer
une falaise côte abrupte et très élevée dont la formation est due au travail de sape de la mer
une baie partie rentrante d'une côte
une crique petit enfoncement de la mer dans une côte
une calanque crique rocheuse en Méditerranée

une rade vaste bassin naturel ayant une issue vers la mer
un promontoire pointe de terre élevée qui s'avance dans la mer
une embouchure endroit où un cours d'eau se jette dans la mer
un estuaire embouchure d'un fleuve formant un golfe
une presqu'île promontoire relié au continent par une étroite bande de terre
un archipel groupe d'îles
une lagune étendue d'eau de mer séparée du large par une bande de sable
un récif rocher ou ensemble de rochers à fleur d'eau
un écueil rocher ou banc de sable à fleur d'eau
les brisants écueils sur lesquels la mer se brise et écume

Les installations côtières

le port
- de pêche
- de plaisance dont les bateaux sont utilisés pour le plaisir
- abrite (des bateaux)
un ponton plate-forme flottante reliée à la terre servant notamment à l'amarrage des bateaux
une criée bâtiment dans un port où l'on vend les poissons aux enchères
un quai construction qui sert à l'amarrage, à l'embarcation ou au débarquement
un dock bassin pour la construction ou la réparation des navires
une jetée construction formant une chaussée qui s'avance dans la mer pour protéger un port
une digue construction servant à contenir les eaux
un phare
une station balnéaire lieu de vacances au bord de la mer
une route de corniche route surplombant la mer
un voilier
- mouille (l'ancre) quelque part laisse tomber l'ancre quelque part de manière à ce qu'elle le retienne
- fait escale (dans un lieu) s'arrête (dans un lieu)
- fait route sur (un lieu) se dirige vers (un lieu)
un yacht navire de plaisance à voile(s) ou à moteur
un chalutier bateau de pêche équipé d'un filet à l'arrière
un hors-bord canot rapide dont le moteur est placé à l'arrière
le roulis mouvement d'un navire d'un bord à l'autre sous l'effet des vagues
le tangage mouvement d'un navire d'avant en arrière
maritime qui concerne la mer
naval qui concerne les navires
embarquer monter à bord d'un bateau pour voyager
amarrer un bateau le fixer par un cordage

Expressions usuelles

Avoir le pied marin. Être capable de se tenir sur un bateau en mouvement, ne pas avoir le mal de mer.

Arriver à bon port. Arriver à destination sans accident.

Dépasser, franchir un cap. Dépasser, franchir une limite, une étape.

Prendre la mer. S'embarquer, monter dans un bateau et partir.

Écumer les mers. Y pratiquer la piraterie.

Jeter une bouteille à la mer. Envoyer un message désespéré, un appel à l'aide, sans destinataire certain.

Ce n'est pas la mer à boire. Ce n'est pas difficile.

Un vieux loup de mer. Vieux marin qui a beaucoup navigué et qui a pris des manières rudes.

C'est une goutte d'eau dans la mer. C'est une chose sans importance, sans conséquence.

Être au creux de la vague. Traverser une période de difficultés, d'échecs.

Exercices

1 ▶ Remplacez le groupe de mots en gras par une expression de la fiche.
a. Une première sortie en mer donne l'occasion de savoir si on **supporte bien le tangage**.
b. Appelle-moi pour me dire si tu **es bien arrivé**.
c. Les chalutiers **partent en mer** alors qu'il ne fait pas encore jour.
d. Aujourd'hui encore, il existe des brigands qui **pillent des navires**.
e. S'orienter dans le métro, ce n'est pas **très difficile**.
f. Nous aurions dû comprendre qu'en tentant de se suicider il avait **lancé un appel à l'aide**.

2 ▶ Parmi les propositions en gras, entourez dans chaque cas celle qui convient.
Tous les matins, Richard longeait la **corniche/lame/houle** pour rejoindre la **criée/la crique/le ressac** où **moutonnait/déferlait/mouillait** son bateau. Ce chemin **escarpé/houleux/saumâtre** traversait une **digue/rade/pinède** parfumée et offrait une vue dégagée sur **le tangage/le roulis/les flots**. Il était fasciné par les petites taches blanches des **écueils/archipels/yachts** croisant au **large/littoral/récif** et laissant dans leur sillage de longues traînées **de lagune/de dock/d'écume**.

3 ▶ Parmi les trois mots proposés, choisissez celui qui correspond à chaque définition.
a. une très petite île   un archipel – un îlot – une crique
b. une crique rocheuse en Méditerranée   une calanque – une jetée – une grève
c. une pointe de terre élevée qui s'avance
dans la mer   un phare – un rouleau – un promontoire
d. un endroit où un cours d'eau se jette
dans la mer   une embouchure – une lagune – un récif
e. une lame qui se brise sur une plage
en s'enroulant sur elle-même   une rade – un estuaire – un rouleau
f. une construction servant à contenir les eaux   une lame – une digue – un écueil

4 ▶ Remplacez les groupes en gras par un synonyme choisi dans la fiche.
a. En approchant de la côte, la proue de notre bateau a percuté **un écueil**.
b. Le paquebot quitta le port du Havre et **se dirigea vers** New York.
c. Les Baléares forment un **groupe d'îles** au large de Valence, en Espagne.
d. Les vacanciers frigorifiés déambulent sur **la plage de gravier** pour se réchauffer.
e. Dès le lendemain de la tempête, les pêcheurs eurent la surprise de découvrir une mer **étale**.
f. Dans les landes de Gascogne, **les collines de sable** sont surveillées et entretenues.

5 ▶ Même exercice.
a. **Les balancements de gauche à droite** des canots donnent parfois le mal de mer.
b. Les enfants profitent souvent **du reflux** pour ramasser des coquillages sur la plage.
c. Lorsque les navires subissent des avaries, ils sont réparés dans un **chantier**.
d. Le mystérieux trois-mâts **jeta l'ancre** dans la baie au milieu de la nuit.
e. Les poissonniers achètent leurs poissons **aux enchères au marché du port**.

CORRIGÉS p. 184

LA MONTAGNE

La montagne

une montagne
- **pelée** dépourvue de végétation
- **escarpée** qui a une pente raide
- **enneigée**
- **culmine à** (x mètres) atteint son plus haut point à (x mètres)
- **domine un lieu**
- **s'élève à pic** s'élève verticalement

le pied d'une montagne
les hauteurs lieux élevés
un mont
un pic montagne élevée au sommet très pointu
un puy montagne volcanique dans le Centre de la France
un volcan
une chaîne de montagnes série de montagnes qui se suivent
un massif un ensemble montagneux
les contreforts chaîne de montagnes qui semblent soutenir la chaîne principale sur ses côtés
un cirque enfoncement en cuvette entouré de montagnes abruptes
une vallée partie la moins élevée d'une montagne creusée par un cours d'eau
- **encaissée** resserrée entre des bords élevés et escarpés

une combe vallée entre les plis d'une montagne
un ravin petite vallée étroite à versants raides
une gorge vallée étroite et très profonde
un éperon rocheux rocher en pointe
un escarpement pente raide, abrupte
un plateau grande surface plate située en altitude
une paroi rocheuse versant montagneux
un versant pente d'une montagne
l'adret versant exposé au soleil
l'ubac versant exposé à l'ombre
un roc masse de pierre très dure
les anfractuosités (litt.) creux profonds et irréguliers
une faille cassure
une crevasse fente profonde
un abîme gouffre très profond
un précipice anfractuosité profonde du sol aux abords escarpés
une caverne une grotte
une stalagmite amas de calcaire dressé dans une grotte
une stalactite amas de calcaire pendant
un bloc gros morceau de pierre lourd et dur
un éboulis amas de matériaux qui se sont effondrés
les alpages pâturages de haute montagne
la transhumance action de mener les troupeaux dans les alpages pour l'été et de les en faire redescendre avant l'hiver
un chemin de randonnée

un GR chemin balisé
une route en lacet en zigzag
- **surplombe quelque chose** domine quelque chose

un raidillon court sentier escaladant une pente raide
un chalet maison en bois des régions montagneuses
un refuge abri destiné aux excursionnistes, aux alpinistes en montagne
une ascension action de gravir une montagne
sinueux qui forme des courbes nombreuses
abrupt raide, à pic, escarpé
gravir quelque chose monter sur, escalader quelque chose
grimper sur quelque chose
franchir un obstacle passer (un obstacle)
dévaler (une pente) descendre rapidement (une pente)

Les sommets

une cime sommet
une crête sommet
une ligne de crête ligne reliant les points les plus élevés d'un relief
une ligne de faîte ligne de crête
- **se dessine**

un col abaissement dans une ligne de crête faisant communiquer deux versants
une aiguille sommet très pointu d'une montagne
un panorama vue circulaire qu'on a à partir d'un point élevé
un glacier
les neiges éternelles neiges qui ne fondent pas en été

La forêt

la forêt
- **giboyeuse** qui abonde en gibier
- **dense**
- **impénétrable** qui ne peut être traversée
- **profonde**
- **s'étend sur** (x km)
- **abrite quelque chose**
- **s'enfoncer dans la forêt**

une sapinière lieu planté de sapins
un bois
un sous-bois
une clairière partie dégarnie d'arbres dans un bois
la lisière bordure, limite d'un terrain
l'orée bordure, lisière
un taillis ensemble de très jeunes arbres qui poussent après une coupe
une futaie partie d'une forêt où on laisse les arbres atteindre une grande taille avant de les exploiter
un layon chemin tracé en forêt
un fourré endroit épais, touffu, d'un bois
le couvert (litt.) abri, ombrage formé par le feuillage
les frondaisons (litt.) le feuillage

Expressions usuelles

C'est la montagne qui accouche d'une souris. Se dit par moquerie des résultats décevants
d'une entreprise.

Se faire une montagne de quelque chose. S'en exagérer les difficultés.

Être toujours par monts et par vaux. Voyager beaucoup.

Promettre monts et merveilles. Promettre de grands avantages.

C'est l'arbre qui cache la forêt. C'est le détail qui empêche de voir l'ensemble.

Sortir du bois. Se manifester.

Ne pas être de bois. Ne pas être insensible aux charmes de l'autre sexe.

La langue de bois. Façon de s'exprimer qui contient beaucoup de formules figées
et non compromettantes.

Faire feu de tout bois. Utiliser toutes les opportunités, toutes les occasions.

Clair comme de l'eau de roche. Très facile à comprendre.

Exercices

1 ▶ **Corrigez les erreurs qui se sont glissées dans les expressions.**
   a. Ainsi présentée, cette leçon de mathématiques est claire comme le soleil.
   b. On trouve rarement M. Ledoux chez lui : il est toujours par bonds et par maux.
   c. Quand Fanny a dû se faire arracher les dents de sagesse, elle s'en est fait toute une avalanche.
   d. Pour séduire les femmes, Don Juan leur promet bagues et cadeaux.
   e. Mme Rousseau est tellement ambitieuse qu'elle fera feu de toute bûche pour réussir.

2 ▶ **Parmi les trois mots proposés, choisissez celui qui correspond à chaque définition.**
   a. un endroit épais, touffu d'un bois   un fourré – un taillis – un précipice
   b. qui forme des courbes nombreuses   giboyeux – sinueux – abrupt
   c. une vallée étroite et très profonde   une crevasse – une clairière – une gorge
   d. un ensemble montagneux   un ravin – un raidillon – un massif
   e. un chemin tracé en forêt   un layon – un éboulis – un abîme
   f. la bordure, la limite d'un terrain   une crête – une lisière – une combe

3 ▶ **Parmi les propositions en gras, entourez dans chaque cas celle qui convient.**
Les randonneurs avaient quitté la **paroi/faille/vallée** à l'aurore pour atteindre leur **refuge/
adret/éboulis** avant les heures les plus chaudes. Celui-ci était situé sur un **abîme/taillis/
plateau** à mi-chemin de leur destination : la **stalagmite/crête/frondaison** de la montagne.
L'ascension devint rapidement difficile : ils franchirent des **crevasses/granits/chalets**,
gravirent des **transhumances/sapinières/raidillons** cailouteux, et durent se plaquer
contre des **ravins/parois/cols** rocheuses pour longer des **précipices/ubacs/alpages** verti-
gineux. Ils ne se permirent qu'une seule pause au fond d'une **aiguille/orée/gorge** où coulait
une rivière cristalline.

4 ▶ **Remplacez les groupes en gras par un synonyme choisi dans la fiche.**
   a. Il faut traverser une **plantation de sapins** avant d'atteindre mon coin à framboises.
   b. **Les frondaisons** de cet arbre sont tellement denses qu'on distingue mal le coq de bruyère
   qui s'y cache.
   c. Depuis **les sommets** des monts Jura on a un **point de vue** superbe sur le lac Léman.
   d. **Les lacets** de la route qui mène au col de la Faucille ont rendu malades plus d'un automobiliste.
   e. Pour **gravir** les pentes du mont Blanc, il vaut mieux être en bonne condition physique.
   f. Les alpinistes expérimentés n'hésitent pas à entreprendre l'ascension de parois **abruptes**.

5 ▶ **Formez cinq phrases en associant un élément de chaque liste.**
   a. Une aiguille   abritent   le col.
   b. Les neiges éternelles   domine   la ligne de crête.
   c. Un raidillon   franchit   des faisans.
   d. Le layon   couvrent   les fourrés.
   e. Les frondaisons   s'enfonce dans   la vallée.

CORRIGÉS
p. 184

45 PAYSAGES D'AILLEURS (HORS DE L'EUROPE)

En Afrique

un bled pays, région (Afrique du Nord)
une médina partie ancienne d'une ville (Afrique du Nord)
une casbah quartier ancien qui s'étend autour d'une citadelle dans les pays arabes
une mosquée
un souk marché dans les pays arabes
un moucharabieh balcon protégé par un grillage en bois pour voir sans être vu dans les pays arabes
un oued cours d'eau saisonnier (Afrique du Nord)
la savane plaine herbeuse aux arbres rares des régions tropicales
la brousse végétation clairsemée (Afrique tropicale)
une oasis lieu qui, au milieu du désert, est couvert d'une végétation liée à la présence d'eau en surface
une palmeraie plantation de palmiers
un dattier palmier cultivé pour la production des dattes
un baobab arbre au tronc énorme des régions tropicales
un cocotier
un chameau
un méhari dromadaire rapide et endurant
une piste route de terre dans les régions arides ou peu développées
une caravane groupe de personnes voyageant ensemble pour mieux affronter les difficultés de la traversée des déserts
une case habitation en matériaux légers
un bidonville groupement d'habitations pauvres à la périphérie de certaines villes
une pirogue embarcation faite d'un tronc d'arbre creusé
une felouque petit navire à une ou deux voiles, long et étroit (Méditerranée, Nil)

En Asie

une toundra vaste plaine autour des Pôles dont la végétation est constituée de mousses (Sibérie)
une steppe vaste plaine inculte, sans arbres, au climat sec, à la végétation pauvre (Russie, Asie centrale)
une taïga forêt de conifères qui borde la toundra
une isba petite maison en bois des paysans russes
une rizière terre inondable où l'on plante du riz
une culture en terrasses dans les terrains en pente, culture en étages, soutenus par de petits murs
une maison sur pilotis maison surélevée construite au-dessus de l'eau
un bazar marché public en Orient
un temple
un lotus nénuphar, plante qui pousse dans l'eau
une orchidée plante à fleurs décoratives
une jungle formation végétale dense des pays de mousson

une liane
un bambou arbuste de grande taille des forêts tropicales
une mangrove forêt de palétuviers typique des côtes marécageuses dans les pays tropicaux
un palétuvier arbre dont les racines en partie aériennes sont adaptées à la vase
un buffle mammifère ruminant
une jonque navire de pêche ou de transport à voiles lattées, très haut de l'arrière (Extrême-Orient)
oriental
tropical

En Amérique

un érable grand arbre dont la sève donne du sirop
un caribou grand mammifère ruminant (Amérique du Nord)
un gratte-ciel
une mégalopole très grande ville
la pampa vaste plaine (Amérique du Sud)
un brûlis partie de forêt incendiée
une hacienda grande exploitation agricole (Amérique du Sud)
une favela bidonville au Brésil
un lama mammifère ruminant (Amérique du Sud)

En Australie et dans le Pacifique

un archipel groupe d'îles
un lagon étendue d'eau plus ou moins complètement isolée de la pleine mer par un récif corallien vivant
un récif corallien accumulation d'algues calcaires, de coraux
un atoll île corallienne en forme d'anneau
le bush végétation des régions sèches constituée de buissons
un eucalyptus grand arbre aux feuilles odorantes
un kangourou
un koala mammifère marsupial grimpeur
austral qui se trouve près du pôle Sud

Au pôle Nord

la banquise très vaste amas de glaces permanentes formées au large des côtes polaires
un iceberg bloc de glace non salée qui flotte dans la mer
un igloo
un traîneau
un renne
un ours polaire
un brise-glace navire construit pour briser la glace et ouvrir un passage à la navigation
un kayak embarcation des Esquimaux faite de peaux de phoque cousues sur une armature légère
arctique qui est situé dans les régions polaires du Nord
boréal du Nord, septentrional

Expressions usuelles

Secouer le cocotier. (fam.) Éliminer les gens âgés ou les personnes les moins productives.
Un coup de bambou. (fam.) Une grande fatigue soudaine.
Prêcher dans le désert. Parler sans être écouté.
La loi de la jungle. La loi du plus fort.
Un froid polaire. Un froid glacial.
La partie immergée de l'iceberg. La partie cachée et la plus importante d'une affaire.
Un corps de liane. Un corps très souple.
(Perdu) en pleine brousse. En rase campagne.
Brouiller les pistes. Rendre les recherches difficiles, faire perdre sa trace.
« Qu'est-ce que c'est que ce souk ? » (fam.) « Qu'est-ce que c'est que ce désordre et ce bruit ? »

Exercices

▶ Corrigez les erreurs qui se sont glissées dans les expressions.
a. Fréquemment, vers 14 heures, j'ai un coup de cocotier et une furieuse envie de faire la sieste.
b. Les SDF qui vivent dans la rue sont souvent soumis à la loi de la brousse.
c. Demander à une foule en furie de se montrer raisonnable, c'est prêcher sur la banquise.
d. Regarde comme cette danseuse est souple et élancée : elle a un vrai corps de lotus.
e. La voiture s'était arrêtée en pleine rizière : aucune trace de vie à des kilomètres à la ronde.

▶ Classez ces mots en trois listes : les animaux, les végétaux et les constructions humaines.

une isba	un lotus	un palanquin
un caribou	un gratte-ciel	un lama
un eucalyptus	un koala	un bambou
une casbah	un souk	une favela
une pirogue	une orchidée	un palétuvier

▶ Classez ces mots en trois listes selon qu'ils se rapportent à l'Afrique, au pôle Nord ou à l'Australie.

le bush	un iceberg	un kangourou
un igloo	un koala	un renne
une case	un baobab	une mosquée
une banquise	un souk	une oasis
la brousse	le pergélisol	un kayak

▶ Classez ces mots en trois listes, selon qu'ils se rapportent à la Russie, à l'Amérique du Sud ou à l'Asie du Sud.

une pampa	un palétuvier	une taïga
une steppe	une hacienda	une jonque
une rizière	une toundra	une favela
une mangrove	une orchidée	une isba

▶ Cherchez le mot qui ne convient pas dans ces phrases et remplacez-le par un mot de la fiche qui pourrait convenir.
a. Une jonque chargée de pousses de baobab remontait le fleuve bordé de rizières.
b. Les chameaux de la caravane se mirent à blatérer lorsque l'igloo fut en vue.
c. Un ours blanc surgit soudain face à la pirogue : effrayés, les rennes prirent la fuite.
d. Ils s'engouffrèrent dans les ruelles de la médina à la recherche d'une isba et d'un hammam.

▶ Même exercice.
a. Le caribou broutait dans une clairière entourée de palétuviers que faisait rougeoyer l'été indien.
b. Les koalas se nourrissent presque uniquement de feuilles de palmier.
c. Le brise-glace se frayait difficilement un chemin entre la mangrove et la banquise.
d. Dans la casbah, les maisons qui se serrent autour des gratte-ciel sont ornées de moucharabiehs.

CORRIGÉS p. 185

LES COURS D'EAU ET LES ÉTENDUES D'EAU

Les cours d'eau

une eau courante
un ru petit ruisseau
un ruisseau
   – **murmure**
dériver un ruisseau le détourner de son cours
une source eau qui jaillit du sol
   – **cristalline** (litt.) pure, claire comme le cristal
   – **limpide** parfaitement transparente
   – **tarie** à sec
une rivière
   – **boueuse**
   – **sinueuse** qui forme des courbes nombreuses
   – **poissonneuse** qui abonde en poissons
   – **en crue** dont le niveau s'élève
   – **serpente** forme des ondulations, des virages
   – **charrie quelque chose** entraîne quelque chose
     dans son courant
   – **inonde (un lieu)**
   – **déborde**
   – **grossit**
   – **sort de son lit**
un fleuve grand cours d'eau aux multiples affluents
   qui se jette dans la mer
   – **navigable**
   – **ensablé** rempli de sable
   – **arrose (un lieu)** coule à travers (un lieu)
   – **baigne (une région)** touche (une région)
un torrent cours d'eau de montagne à débit rapide,
   aux crues subites
   – **impétueux** (litt.) dont le mouvement est violent
     et rapide
un bras affluent du cours d'une rivière
un affluent cours d'eau qui se jette dans un autre
un rapide partie d'un cours d'eau où le courant devient
   rapide et tourbillonnant
une cascade
une cataracte chute à grand débit sur le cours
   d'un fleuve
une chute (d'eau) masse d'eau qui se précipite
   d'une certaine hauteur
un confluent endroit où deux cours d'eau se rejoignent
une embouchure endroit où un cours d'eau se jette
   dans la mer, dans un lac
un estuaire embouchure d'un fleuve formant un golfe
   profond
un méandre courbe d'un fleuve due à la pente
   très faible de son cours
une berge bord d'un cours d'eau
un lit creux naturel du sol dans lequel coule un cours
   d'eau
un gué endroit d'une rivière où l'eau est assez basse
   pour qu'on puisse passer à pied
fluvial relatif aux cours d'eau
torrentiel qui a les caractéristiques d'un torrent

Le courant

le fil de l'eau le courant
un dénivelé différence d'altitude entre deux points
un débit quantité de liquide qui s'écoule en un temps
   donné
la décrue baisse du niveau des eaux
les alluvions dépôts de sédiments charriés par les eaux
l'amont partie d'un cours comprise entre sa source
   et un point donné
l'aval côté vers lequel coule un cours d'eau
à l'étiage au niveau le plus bas (pour un cours d'eau)

Les étendues d'eau

une eau stagnante eau qui ne s'écoule pas
un plan d'eau étendue d'eau calme et unie
une mare petite étendue d'eau stagnante
un étang étendue d'eau stagnante peu profonde
un marais étendue d'eau stagnante de faible
   profondeur envahie par la végétation aquatique
une nappe d'eau grande étendue d'eau tranquille
une nappe phréatique nappe d'eau souterraine
un lac
   – **artificiel** qui est le produit de l'activité humaine
une mer vaste étendue d'eau salée qui entoure
   les continents
un océan
une rive bande de terre qui borde une étendue d'eau
une onde déformation qui se propage à la surface
   d'une nappe liquide
une ride légère ondulation, cercles à la surface de l'eau
aquatique qui se développe, vit dans l'eau
lacustre d'un lac
s'envaser se remplir de vase

Les constructions sur les cours d'eau

une digue construction servant à retenir les eaux
   fluviales ou marines
un quai ouvrage de maçonnerie élevé le long
   d'un cours d'eau pour l'empêcher de déborder
une passerelle petit pont réservé aux piétons
un canal voie navigable artificielle
un bief espace entre deux écluses sur un canal
   de navigation
une écluse ouvrage étanche formé de deux portes
   permettant à un bateau le passage d'un bief
   à un autre
les vannes dispositif permettant de réguler
   l'écoulement d'un liquide
un barrage
un moulin à eau moulin équipé d'une roue à aubes
une roue à aubes roue à palettes entraînée
   par le courant
une échelle à poissons sorte d'escalier permettant
   aux poissons de franchir un barrage

Expressions usuelles

Tirer quelqu'un du ruisseau. Sortir quelqu'un de la misère.
Aller à vau-l'eau. Aller à sa ruine, se désorganiser.
Cela coule de source. C'est évident par rapport à ce qui précède.
Un marin d'eau douce. Un marin inexpérimenté.
Se ressembler comme deux gouttes d'eau. Se ressembler beaucoup.
C'est une goutte d'eau dans la mer. Une très petite quantité par rapport au reste.
Un coup d'épée dans l'eau. Une démarche inutile, sans résultat.
Apporter de l'eau au moulin de quelqu'un. Apporter des arguments qui appuient ce que dit
   quelqu'un.
Apprendre de source sûre. Apprendre par des personnes bien informées.
Ce n'est pas la mer à boire. Ce n'est pas un travail, une tâche bien difficile.

Exercices

1 ▶ Complétez les phrases suivantes avec l'une des expressions de la fiche.
   a. Notre tentative pour convaincre Simone a été un échec : ce fut un ... .
   b. Ma cuisine est inondée, les murs s'effritent, les meubles moisissent : chez moi, tout va ... .
   c. Difficile de distinguer ces jumeaux : ils ... .
   d. Simon s'est fait traiter de ... quand il a confondu bâbord et tribord.
   e. Faire soi-même son pain à la maison, ce ... .

2 ▶ Parmi les trois mots proposés, choisissez celui qui correspond à chaque définition.
   a. le bord d'un cours d'eau   la bergeronnette – le berger – la berge
   b. la baisse du niveau des eaux   la décrue – la décroissance – l'excroissance
   c. l'endroit d'une rivière qui peut
   se traverser à pied   le quai – le gué – le gui
   d. rempli de vase   évasé – envasé – éventé

3 ▶ Entourez les verbes qui peuvent avoir « un ruisseau » pour sujet.
   grossit   détale   charrie
   envoûte   s'envase   dévale
   grandit   murmure   discute
   serpente   s'écroule   s'effondre

4 ▶ Complétez les phrases avec les mots ci-dessous.
   cristalline – tarie – en crue – méandres – lit – quais
   a. À la fin de la journée, les biches venaient boire l'eau pure et ... de la source.
   b. Les oiseaux assoiffés erraient autour du ... caillouteux de la rivière ... .
   c. Le pêcheur installa sa ligne sur le bord d'un des ... les plus profonds de la rivière.
   d. Les habitants des ... surveillaient avec anxiété le niveau du fleuve ... .

5 ▶ Complétez les phrases avec les mots ci-dessous.
   amont – digues – l'écluse – aquatiques – rides – vannes – passerelle – lacustre
   a. Par peur d'une nouvelle inondation, le conseil municipal a fait renforcer les ... en ... du village.
   b. Du haut de la ..., les touristes regardaient les ... de ... s'ouvrir et libérer la péniche.
   c. Genève, ville ... construite au bord du lac Léman, est célèbre pour son jet d'eau.
   d. Les ricochets des enfants formaient de multiples ... à la surface de l'étang.
   e. Les grenouilles sont des animaux ... qui peuvent aussi vivre sur terre.

6 ▶ Parmi les propositions en gras, entourez dans chaque cas celle qui convient.
   Le lac de Vouglans est un lac **artistique/artificieux/artificiel** : on a **imité/irrigué/inondé**
   une vallée après avoir construit un **barrage/gué/moulin** dans le but de fournir de l'électricité à toute la région. Depuis, une faune et une flore **marines/maritimes/lacustres**
   se sont développées et il est fréquent de voir des canards et des poules d'eau se reposer
   sur ses **berges/riverains/rives**.

CORRIGÉS p. 185

47) LE TEMPS QU'IL FAIT

Le temps

un temps
- clément doux
- ensoleillé
- lumineux
- incertain dont on ne sait s'il va devenir bon ou mauvais
- lourd qui menace d'orage, orageux
- maussade triste, morose
- pluvieux caractérisé par l'abondance des pluies
- se gâte se détériore, s'abîme

les intempéries mauvais temps

Le ciel

un ciel
- pur
- couvert
- nébuleux nuageux
- étoilé
- dégagé sans nuages
- serein pur et calme
- menaçant qui laisse craindre le mauvais temps
- chargé (de nuages) couvert (de nuages)
- pommelé couvert de petits nuages blancs et ronds
- zébré d'éclairs

l'azur le ciel
un arc-en-ciel
une embellie une éclaircie

Le vent

le vent
- déchaîné violent
- glacial très froid
- cinglant qui fouette
- doux
- se lève
- tombe
- faiblit
- hurle
- fait ployer quelque chose courbe quelque chose
- balaie quelque chose

un souffle d'air
le grain bref coup de vent accompagné d'averses
une rafale coup de vent soudain et violent mais qui dure peu
une bourrasque brusque coup de vent tourbillonnant
l'aquilon vent du nord, froid et violent
le mistral vent violent soufflant sur les régions méditerranéennes et la vallée du Rhône
la tramontane vent froid dans les régions méditerranéennes
la bise vent sec et froid
une brise vent modéré et régulier

Les nuages

les nuages
- bas
- noirs
- s'amoncèlent s'amassent, s'entassent
- couvrent (le ciel)
- obscurcissent quelque chose rendent quelque chose sombre

Les précipitations

les précipitations le brouillard, la pluie, la neige, la grêle
le brouillard
- engloutit quelque chose recouvre quelque chose
- se dissipe disparaît
- s'étale

les frimas (litt.) brouillard épais et givrant
la brume brouillard peu épais
une pluie
- fine
- torrentielle qui tombe avec violence
- diluvienne très abondante
- battante très violente
- détrempe (le sol) mouille abondamment (le sol)
- tambourine sur quelque chose

pleuvoir à verse pleuvoir abondamment
pleuvoir à grosses gouttes
une ondée pluie subite et de courte durée
une giboulée pluie soudaine et brève souvent accompagnée de neige ou de grêle
une bruine petite pluie fine
une averse pluie soudaine et abondante de courte durée
un crachin pluie fine et dense
une trombe d'eau pluie torrentielle
un orage violente agitation de l'atmosphère accompagnée d'éclairs et du tonnerre, de pluie ou de grêle
la foudre décharge électrique accompagnée d'un éclair et d'une violente détonation (tonnerre)
la grêle pluie de petits glaçons de forme arrondie
un grêlon glaçon qui forme la grêle
la neige
- poudreuse qui a l'aspect d'une poudre
- immaculée sans tache
- étincelle brille
- ensevelit quelque chose recouvre quelque chose

un flocon
- virevolte fait des tours et retours rapides sur lui-même
- tourbillonne

un glaçon
une congère amas de neige que le vent a entassée et qui a durci

Expressions usuelles

Un vent à décorner les bœufs. Un vent très violent.
Passer en coup de vent. Passer (chez quelqu'un) très rapidement.
Avoir vent de quelque chose. Entendre parler de quelque chose.
Sentir le vent du boulet. Sentir le danger passer près de soi.
Parler de la pluie et du beau temps. Dire des banalités.
Faire la pluie et le beau temps. Avoir beaucoup d'influence.
Fondre comme neige au soleil. Disparaître très rapidement.
Vivre sur son nuage. Vivre dans son monde, loin de la réalité.
Remuer ciel et terre. Faire tout ce qu'on peut (pour obtenir quelque chose).
Être au septième ciel. Être parfaitement heureux.

Exercices

1 ▶ Corrigez les erreurs qui se sont glissées dans les expressions.
   a. Depuis la naissance tant attendue de leur fille, Juliette et Pierre sont au huitième étage.
   b. Comme Grégoire était pressé, il est passé nous dire bonjour en bourrasque.
   c. Gâtée et surprotégée par toute sa famille, Gisèle a vécu son enfance sous un beau soleil.
   d. Pour faire reconnaître l'innocence de son mari, Mme Perrin a agité ciel et mer.
   e. Depuis que Charles vit à New York, ses économies fondent comme un glaçon en été.

2 ▶ Formez cinq phrases en sélectionnant un mot dans chaque colonne (sujet – verbe – complément).
   a. La neige   courbe   le village.
   b. La pluie   ensevelit   le ciel.
   c. Les nuages   détrempe   les arbres.
   d. Le vent   zèbrent   le ciel.
   e. Les éclairs   obscurcissent   le sol.

3 ▶ Même exercice.
   a. Les flocons   s'abat   sur la ville.
   b. Les glaçons   tambourine   dans le ciel.
   c. La pluie   virevoltent   dans les sapins.
   d. Un orage   hurle   aux branches.
   e. Le vent   pendent   sur les vitres.

4 ▶ Retrouvez les couples de synonymes.
   a. calme   1. chargé   f. pommelé   6. doux
   b. maussade   2. serein   g. déchaîné   7. très froid
   c. nébuleux   3. immaculé   h. glacial   8. nuageux
   d. couvert   4. morose   i. clément   9. qui fouette
   e. sans tache   5. nuageux   j. cinglant   10. très violent

5 ▶ Parmi les trois mots proposés, choisissez celui qui correspond à chaque définition.
   a. un amas de neige entassée par le vent   une ondée – un grêlon – une congère
   b. une pluie torrentielle   une trombe d'eau – un crachin – une bruine
   c. un vent froid et sec qui souffle dans le Midi   l'aquilon – le mistral – une averse
   d. une amélioration du temps   une rafale – la tramontane – une embellie

6 ▶ Complétez les phrases avec les mots de la liste ci-dessous en faisant les accords nécessaires.
   dégagé – menaçant – diluvien – gémissement – enseveli
   a. Les pluies ... ont creusé de profondes rigoles dans les chemins de terre.
   b. Le vent ayant balayé les nuages, un ciel ... resplendissait au-dessus des toits.
   c. Les maisons, ... sous une épaisse couche de neige, semblaient minuscules.
   d. D'épais nuages noirs et ... s'amassaient à l'horizon.
   e. Les ... du vent s'abattant par rafales résonnaient dans toute la forêt.

CORRIGÉS
p. 185

L'eau

l'eau
- – potable que l'on peut boire sans danger
- – gèle
- – bout

la glace
la vapeur
aquatique qui vit dans l'eau ou au bord de l'eau
déshydraté qui a été privé d'eau
hydrater quelque chose apporter de l'eau à quelque chose
se liquéfier passer à l'état liquide
s'évaporer se transformer en vapeur
vaporiser (un liquide) projeter (un liquide) en fines gouttelettes

L'air

l'air
- – circule (dans un lieu)
- – embaume (un lieu) parfume (un lieu)

être en suspension dans l'air flotter dans l'air
fendre l'air traverser l'air (rapidement)
un courant d'air
un vent coulis vent qui se glisse par les fentes
l'atmosphère enveloppe gazeuse qui entoure la Terre ; air que l'on respire
aérien

La terre

se craquelle se fendille
une motte petite masse de terre compacte
la poussière
tellurique qui provient de la terre
enfouir quelque chose enterrer quelque chose

Le feu

le feu
- – se propage s'étend, progresse
- – gagne (un lieu) atteint (un lieu)
- – flambe brûle d'un feu vif
- – consume quelque chose détruit
- – calcine quelque chose brûle
- – pétille fait entendre de petits bruits secs et répétés
- – crépite produit une suite de bruits secs
- – raviver un feu rendre un feu plus vif
- – attiser un feu ranimer, raviver un feu

une étincelle
une flamme
un tison morceau de bois brûlé en partie et qui brûle encore
une braise ce qui reste du bois brûlé
un charbon ardent une braise
une cendre

la foudre
un brasier feu très vif, violent incendie
une fournaise lieu très chaud
un foyer lieu où l'on fait le feu, un âtre, une cheminée
enflammé
incandescent devenu lumineux sous l'effet d'une chaleur intense
ardent qui brûle et chauffe
embraser quelque chose (litt.) mettre en feu

Les phénomènes naturels

la rosée gouttelettes d'eau qui recouvrent la nature le matin
le gel
- – fait éclater quelque chose
- – grille (les végétaux)

le givre couche constituée de minces lamelles de glace
le verglas mince couche de glace qui se forme sur le sol
la fonte des neiges
le dégel fonte de la glace, de la neige
la débâcle rupture de la glace recouvrant un cours d'eau
la sècheresse
la canicule période de fortes chaleurs
- – dessèche quelque chose
- – flétrit (les végétaux) fane (les végétaux)
- – assoiffe quelque chose, quelqu'un

Les catastrophes naturelles et leurs conséquences

un cataclysme bouleversement de la surface terrestre
un déluge cataclysme consistant en des pluies continues provoquant des inondations
un ouragan tempête violente
un cyclone tempête caractérisée par un vent aux mouvements circulaires
un typhon cyclone d'Extrême-Orient
une tornade tourbillon violent mais assez petit
- – balaie (un lieu)
- – ravage (un lieu) détruit entièrement, dévaste
- – saccage (un lieu) dévaste, anéantit
- – désole (un lieu) (litt.) dévaste, dépeuple, ruine

un raz-de-marée très haute vague d'origine sismique ou volcanique qui pénètre dans les terres
- – engloutit quelque chose recouvre entièrement en noyant

un tsunami raz-de-marée
un séisme tremblement de terre
- – ébranle quelque chose fait trembler, secoue
- – fissure quelque chose fend, fendille
- – endommage quelque chose abîme, détériore

une éruption volcanique
une coulée de lave
une pluie de cendres
une avalanche
- – ensevelit quelque chose recouvre entièrement

Expressions usuelles

Faire feu de tout bois. Utiliser toutes les possibilités.

Jouer avec le feu. Jouer avec le danger, prendre des risques avec légèreté.

Mettre le feu aux poudres. Déclencher les hostilités, des réactions violentes.

Mourir à petit feu. Mourir lentement.

Être terre à terre. Ne voir que le côté matériel des choses.

Rompre, briser la glace. Faire cesser la gêne provoquée par une première rencontre.

Jeter un froid. Produire un malaise, une gêne.

Des paroles, promesses en l'air. Peu sérieuses, qui n'engagent pas.

Il y a de l'orage dans l'air. (fam.) Une tension qui annonce un éclat, une dispute.

Être sur des charbons ardents. Être très impatient et anxieux.

Exercices

❯ Corrigez les erreurs qui se sont glissées dans les expressions.

a. Il faut se méfier des beaux parleurs : ils font souvent des promesses au vent.

b. M. Michaud fronce les sourcils et crispe les lèvres. Il y a du tonnerre dans l'air.

c. Les chauffards jouent avec les flammes quand ils doublent une voiture sans avoir de visibilité.

d. L'annonce de leur prochain divorce pendant le dîner de famille jeta un frisson.

e. Pour faire carrière dans le mannequinat, Flora est prête à faire feu de tout fusil.

❯ Retrouvez les couples de synonymes.

a. ravager	1. abîmer	f. dévaster	6. brûler
b. ébranler	2. saccager	g. ranimer	7. détruire
c. endommager	3. faner	h. calciner	8. raviver
d. fissurer	4. fendiller	i. se propager	9. recouvrir
e. flétrir	5. secouer	j. ensevelir	10. s'étendre

❯ Formez cinq phrases en sélectionnant un mot dans chaque colonne (sujet – verbe – complément).

a. Un ouragan	ensevelit	des skieurs.
b. Une avalanche	flétrit	un village de pêcheurs.
c. Un raz-de-marée	ébranle	les murs des maisons.
d. Un séisme	balaie	les pieds de tomates.
e. La canicule	engloutit	toute une région.

❯ Complétez les phrases avec les mots de la liste ci-dessous.

> déshydratent – fendit – embrasé – potable – ardent

a. Des fontaines d'eau ... ont été installées dans toute la ville.

b. Soudain, un avion de chasse ... l'air bruyamment.

c. Les vacanciers se prélassaient sous un soleil ... .

d. Si l'on ne donne pas régulièrement à boire aux nourrissons en été, ils se ... rapidement.

e. Cette année encore, de nombreux incendies ont ... les régions méditerranéennes.

❯ Complétez les phrases avec les mots de la liste ci-dessous.

> pétillait – flottait – attisa – la fournaise – tisons – embaumait – braises – l'âtre

a. À la veillée, la famille se réunissait autour du feu qui ... dans ... .

b. Les pompiers pénétrèrent prudemment dans ... de l'incendie en prenant garde aux ... .

c. Un parfum de thym et de lavande ... dans l'air et ... la terrasse.

d. Sarah saisit le tisonnier et ... les ... du feu mourant.

❯ Parmi les propositions en gras, entourez dans chaque cas celle qui convient.

Le temps du **canicule/dégel/séisme** était encore loin. Chaque matin, le **givre/brasier/typhon** dessinait sur les vitres des arabesques qui ne s'effaçaient que lorsque le feu avait été **ébranlé/ranimé/flétri** dans le **tison/raz-de-marée/foyer**. À l'horizon, seules quelques cheminées fumantes trahissaient la présence du village, **dévasté/saccagé/enseveli** sous un lourd matelas neigeux.

CORRIGÉS p. 185

49

LES ARBRES – LES FLEURS

Les arbres

une essence espèce (d'arbre)
une racine
  – **noueuse** qui comporte des nœuds
une souche partie d'un arbre (bas du tronc et racines)
  qui reste en terre après l'abattage
le tronc
  – **tortueux** qui fait des tours et des détours
  – **moussu** couvert de mousse
  – **effilé** mince et allongé
l'écorce
  – **rugueuse** qui est rude au toucher
  – **striée** creusée de sillons parallèles
le faîte la cime
une branche
  – **ploie** se courbe, fléchit, s'affaisse
le branchage ensemble des branches
la ramure ensemble des branches
le feuillage
  – **palpite** a des battements désordonnés
  – **tremble**
  – **scintille** brille d'un éclat irrégulier et tremblotant
  – **se balance**
  – **chatoyant** qui a des reflets changeants
  – **panaché** qui présente des couleurs différentes
  – **argenté**
  – **pourpre** (litt.) rouge
  – **doré**
les frondaisons (litt.) le feuillage
une pousse partie jeune d'un végétal formée
  par un bourgeon
un rameau petite branche d'arbre, brindille
la ramille ensemble des petites branches d'un arbre
le port allure générale d'une plante
  – **compact** dont les parties sont fortement
  resserrées
le couvert abri, ombre que donne le feuillage
un arbrisseau petit arbre, arbuste
un boqueteau groupe d'arbres isolés
un bosquet groupe d'arbres ou d'arbustes
une futaie forêt d'arbres très élevés
une haie clôture faite d'arbustes
un tuteur piquet destiné à soutenir, redresser
  une plante
un échalas tuteur
déraciné
fourchu qui se divise en deux ou plusieurs branches
émonder un arbre couper les branches inutiles
  d'un arbre, élaguer
tronçonner un arbre couper un arbre, le débiter
  en tronçons, en morceaux
abattre un arbre couper et faire tomber un arbre
se défeuiller perdre ses feuilles
bourgeonner produire les premières pousses
  des feuilles ou des fleurs

reverdir redevenir vert
verdoyer être de couleur verte
se dresser
abriter quelque chose
ombrager quelque chose couvrir d'ombre
  quelque chose
se bercer
craquer
déboiser (une terre) dégarnir (une terre) de ses arbres

Les fleurs

une corolle ensemble des pétales d'une fleur
  – **s'effeuille** perd ses pétales
un pétale
  – **tombe**
une étamine organe mâle de la fleur
un pistil organe reproducteur femelle
une tige
une hampe longue tige sans feuille et terminée
  par une ou plusieurs fleurs
une grappe groupe de fleurs étagées autour d'une tige
une feuille
  – **dentelée** qui est découpée en forme de dents
  – **duveteuse** couverte de duvet
une fragrance un parfum, un arôme
  – **légère**
  – **puissante**
  – **entêtante** qui étourdit et monte à la tête
un bouton
un massif assemblage de fleurs plantées
  pour produire un effet décoratif
une plate-bande plantation de fleurs qui entoure
  un jardin
un parterre partie du jardin où les fleurs forment
  une composition
un bouquet
une gerbe bouquet de fleurs à longues tiges
une jardinière bac, grand pot dans lequel
  on cultive des fleurs
aromatique odorant
multicolore
bigarré qui a des couleurs variées
diapré (litt.) qui présente des couleurs variées
luxuriant qui pousse avec abondance
rabougri qui s'est mal développé
étiolé faible et fragile, maladif, malingre
grimpant
éclore commencer à s'ouvrir
s'épanouir s'ouvrir, déployer ses pétales
se faner
se flétrir perdre sa couleur, sa fraîcheur
embaumer (un lieu) parfumer (un lieu)
exhaler un parfum dégager un parfum
colorer
égayer rendre plus agréable, plus gai

Expressions usuelles

C'est l'arbre qui cache la forêt. C'est le détail qui empêche de voir la partie la plus importante.

La fleur au fusil. Avec joie et enthousiasme.

Être fleur bleue. Être sentimental et romanesque.

La fine fleur de quelque chose. Ce qu'il y a de mieux, l'élite.

Prendre ombrage de quelque chose. Se vexer de quelque chose.

Trembler comme une feuille. Trembler fortement.

Se rattraper aux branches. Rétablir une situation critique en saisissant une occasion.

Scier la branche sur laquelle on est assis. Compromettre sa situation.

Prendre racine. S'installer quelque part, ne plus en partir.

Attaquer le mal par la racine. Attaquer le mal à la source, au point de départ.

Exercices

1 ▶ Complétez les phrases suivantes avec l'une des expressions de la fiche.

a. Mme Millet est tellement susceptible qu'elle ... des remarques les plus anodines.
b. Perdu de nuit dans la forêt, le boy-scout s'est mis à ... de froid et de peur.
c. Je n'aime guère inviter mes voisins : ils s'installent et ... jusqu'à des heures indues.
d. Cette soirée à l'Élysée a rassemblé ... des mondes politique et artistique de Paris.
e. Depuis qu'il a trouvé un métier qui lui plaît, Florian part au travail ... .

2 ▶ Retrouvez les couples de synonymes.

a. étiolé   1. allongé   e. une fragrance   5. se courber
b. effilé   2. odorant   f. une gerbe   6. un parfum
c. aromatique   3. rabougri   g. ployer   7. sentir bon
d. émondé   4. élagué   h. embaumer   8. un bouquet

3 ▶ Formez cinq expressions en associant un verbe et un groupe nominal.

a. exhaler   1. une chouette
b. élaguer   2. un sapin
c. ombrager   3. une vieille branche
d. abriter   4. un parfum fruité
e. tronçonner   5. une terrasse

4 ▶ Associez chaque nom à l'adjectif qui le qualifie.

a. un tronc   1. compact   f. une fleur   6. fleurie
b. un massif   2. bigarré   g. une feuille   7. puissante
c. un port   3. déraciné   h. une fragrance   8. étiolée
d. un feuillage   4. moussu   i. une écorce   9. dentelée
e. un arbre   5. parfumé   j. une hampe   10. rugueuse

5 ▶ Complétez les phrases avec les mots de la liste ci-dessous.

le couvert – souche – frondaisons – ployer – palpiter – écloses

a. Le moindre souffle de vent faisait ... le feuillage doré des trembles.
b. Chaque matin, le jardinier faisait le tour du parterre pour admirer les fleurs nouvellement ... .
c. En s'envolant, la pie fit ... la branche du hêtre.
d. Dès les premières gouttes de pluie, les promeneurs se réfugièrent sous ... des ... .
e. Le bûcheron, après avoir abattu le chêne, s'assit sur sa ... pour reprendre son souffle.

6 ▶ Complétez les phrases avec les mots de la liste ci-dessous.

reverdir – rameaux – panachées – chatoyer – bosquet –
s'épanouissent – hampe – bourgeons

a. Dès le mois de mars, les premiers ... font ... les arbres de l'allée.
b. Les fleurs de l'amaryllis ... au sommet de sa ... rigide.
c. En automne, le soleil bas et lumineux fait ... les feuilles ... des arbres.
d. Les mésanges voletaient de ... en ... à la recherche des ... qui formeraient leur nid.

CORRIGÉS
p. 185

La nature et l'environnement

Les caractéristiques des oiseaux

le plumage
 – hérissé dressé
le duvet plume très légère
une rémige longue plume des ailes
une huppe touffe de plumes ornant la tête
 de certains oiseaux, crête (le cacatoès)
une aigrette faisceau de plumes qui couronne
 la tête de certains oiseaux (le paon)
le bec
le gosier gorge dans sa partie intérieure
la poitrine
le croupion extrémité postérieure du tronc
les serres griffes puissantes des rapaces
l'envergure distance entre les deux extrémités
 des ailes déployées
un oiselet un oisillon
des passereaux ordre de petits oiseaux
 (moineau, mésange, merle, hirondelle, etc.)
un rapace oiseau carnivore au bec puissant
un oiseau de proie oiseau qui se nourrit d'animaux
 vivants
vorace qui mange avec avidité, avec appétit
bigarré qui a des couleurs, des dessins variés
ébouriffé dont les plumes sont retroussées
 et en désordre
moucheté tacheté
sédentaire attaché à un lieu
migrateur qui se déplace selon les saisons
éjointé rendu incapable de voler par la coupe
 de certaines plumes
farouche qui s'enfuit quand on l'approche

Les activités des oiseaux

une parade nuptiale ensemble des comportements
 qui précèdent l'accouplement
la ponte action de pondre, ensemble des œufs
 pondus en une fois
une nichée ensemble des petits oiseaux d'une même
 couvée encore dans le nid
une couvée ensemble des œufs couvés en même temps
 par un oiseau
une becquée quantité de nourriture qu'un oiseau peut
 prendre dans son bec pour nourrir ses petits
une compagnie d'oiseaux bande d'oiseaux
 de même espèce vivant en colonie
une nuée multitude d'insectes, d'oiseaux évoquant
 un nuage
une volée bande d'oiseaux volant ensemble, un vol
une trajectoire ligne décrite par un oiseau en vol
 – onduleuse
prendre son essor s'envoler
virevolter faire des tours et retours rapides sur soi
voleter voler à petits coups d'aile en ne parcourant que
 de courtes distances

voltiger voleter (en faisant des acrobaties)
survoler quelque chose voler au-dessus de quelque
 chose
planer se soutenir en l'air sur ses ailes étendues
 sans paraître les remuer
fondre sur (une proie) se précipiter sur (une proie)
s'égailler se disperser
se percher sur (quelque chose) se poser sur
 (un endroit élevé)
fréquenter (un lieu) aller souvent (dans un lieu)
séjourner (dans un lieu) demeurer quelque temps
 (dans un lieu)
élire domicile (dans un lieu) choisir comme lieu
 d'habitation
nidifier (dans un lieu) faire son nid (dans un lieu)
nicher être dans son nid et y couver
ravitailler (ses petits) fournir des aliments
sautiller
picorer quelque chose becqueter quelque chose
s'ébrouer se secouer pour se nettoyer, se sécher

Le chant de quelques oiseaux

le ramage (litt.) chant des oiseaux
un pigeon roucoule
un poussin piaille
une chouette hulule
un corbeau croasse
un merle siffle
une pie glapit, jacasse
un moineau pépie
une poule caquette, glousse
une hirondelle gazouille
un coq chante
un canard cancane

Les insectes

les antennes
les mandibules les mâchoires
le thorax partie du milieu du corps des insectes
les élytres ailes très rigides, inaptes au vol mais
 qui protègent le corps (chez certains insectes)
l'abdomen partie inférieure du corps (opposée
 à la tête)
le dard organe pointu servant à piquer un adversaire
 et à lui inoculer un venin
une larve asticot
une chrysalide, un cocon enveloppe dont s'entoure
 une chenille pour se transformer en papillon
un essaim groupe d'insectes qui volent ensemble
une guêpe, une mouche bourdonnent, vrombissent
une cigale, une sauterelle stridulent
se terrer se mettre à l'abri dans un trou
se tapir se cacher en se faisant petit
tourbillonner tournoyer rapidement
butiner recueillir sur les fleurs le nectar et le pollen

Expressions usuelles

Clouer le bec à quelqu'un. Laisser quelqu'un incapable de répliquer.
Donner à quelqu'un des noms d'oiseaux. Injurier quelqu'un.
(distance) À vol d'oiseau. (distance) En ligne droite.
Il ne ferait pas de mal à une mouche. Il est très gentil, inoffensif.
Tomber comme des mouches. Tomber en grande quantité.
Prendre la mouche. Se vexer.
Faire la mouche du coche. S'agiter inutilement et gêner en croyant aider.
Voler de ses propres ailes. Vivre par ses propres moyens.
Vivre de sa plume. Gagner sa vie en tant qu'écrivain.
Tomber dans un guêpier. Dans une situation difficile ou parmi des personnes malveillantes.

Exercices

1 ▶ Remplacez les expressions en gras par des expressions de la fiche.
a. Les visiteurs n'ont rien à craindre de mon chien-loup : il **est doux comme un agneau**.
b. À 18 ans, Clément a quitté sa famille et s'est trouvé un travail pour **être complètement indépendant**.
c. Peu d'écrivains parviennent à être suffisamment célèbres pour vivre **de leur métier**.
d. Furieux qu'un automobiliste lui ait fait une queue-de-poisson, M. Audrain **l'a traité de tous les noms**.
e. Au lieu de **nous embêter avec des conseils inutiles**, prends un carton et monte-le dans le camion.

2 ▶ Formez des phrases en sélectionnant un mot dans chaque colonne (sujet – verbe – complément). Plusieurs solutions sont possibles.
a. Le rouge-gorge   fondit   sur sa proie.
b. Une hirondelle   se tapit   des graines de tournesol.
c. L'aigle   lissait   dans les airs.
d. Le canard   voltigeait   dans son terrier.
e. Le grillon   picore   ses rémiges.

3 ▶ Associez chaque animal au verbe exprimant le son qu'il produit.
a. le coq   1. siffle   f. la guêpe   6. zinzinule
b. le merle   2. stridule   g. la mésange   7. pépie
c. la chouette   3. chante   h. la poule   8. roucoule
d. le corbeau   4. hulule   i. le moineau   9. glousse
e. la cigale   5. croasse   j. le pigeon   10. bourdonne

4 ▶ Parmi les propositions en gras, entourez dans chaque cas celle qui convient.
L'ornithologue s'était **tapi/faufilé/ravitaillé** dans les taillis et attendait, ses jumelles à la main. La région devait être **gobée/voltigée/survolée** par des oies sauvages qui **tournoyaient/migraient/papillonnaient** vers des pays plus chauds. Mais à part un épervier qui était **terré/perché/capturé** sur une haute branche à l'affût d'une **proie/becquée/aigrette**, nul oiseau n'était visible. De temps à autre, le **croupion/sifflement/jabot** moqueur d'un merle semblait le provoquer. Tout à coup, le coup de feu d'un chasseur retentit dans la forêt et une **parade/nichée/volée** de **passereaux/mandibules/gosiers chaparda/nidifia/s'égailla** sous ses yeux.

5 ▶ Trouvez les noms de la même famille que ces verbes en modifiant leur suffixe.
a. capturer   d. chaparder   g. fréquenter
b. piailler   e. ravitailler   h. survoler
c. gazouiller   f. séjourner   i. tourbillonner

6 ▶ Complétez les phrases avec les mots de la liste ci-dessous.
mangeoire – picorer – gober – couvée – virevoltant – oisillon – gosier – becquée
a. La poule enfonça une pleine ... de vers de terre dans le ... d'un ... de sa dernière ... .
b. Petit à petit, le jeune bouvreuil s'enhardit à venir ... des graines dans la ... .
c. Fameuses voltigeuses, les hirondelles parviennent à ... des insectes tout en ... .

CORRIGÉS p. 185

La nature et l'environnement

LES ANIMAUX SAUVAGES

Les parties du corps

un pelage ensemble des poils d'un mammifère
une fourrure peau d'un animal à poils touffus
une toison poils épais et laineux de certains animaux (mouton)
les soies poils longs et rudes de certains mammifères (sanglier, porc)
la laine poil doux, épais et frisé qui se développe sur la peau de certains animaux (mouton, chèvre)
le crin poil long et rêche du cou et de la queue de certains mammifères (lion, cheval)
une crinière ensemble des crins du cou
une carapace enveloppe protectrice très dure du corps
une coquille
une écaille chacune des plaques minces recouvrant tout ou partie du corps de certains animaux
une corne
les bois os du front des cervidés mâles qui tombent et repoussent chaque année
la gueule bouche des animaux carnivores, des poissons
le museau partie de la tête comprenant la gueule et le nez
le groin museau du porc, du sanglier
les défenses
l'échine colonne vertébrale
les flancs les côtés du corps
la croupe partie qui s'étend des reins à la naissance de la queue
les mamelles
un jarret endroit où se plie la jambe de derrière chez les mammifères ongulés
un sabot
les branchies organe d'animaux aquatiques qui l'utilisent pour respirer l'oxygène dissous dans l'eau
les nageoires
une palmure membrane réunissant les doigts de différents animaux aquatiques
squamé couvert de petites écailles
muer changer de pelage, de plumage, de carapace, etc.

L'habitat des animaux

un repaire lieu où se refugient les animaux sauvages
une tanière caverne, lieu abrité servant d'abri à une bête carnivore (ours)
un antre caverne, grotte servant de repaire à un fauve
un gîte lieu où s'abrite le gibier (lièvre)
un terrier trou creusé dans la terre par un animal pour s'y abriter (lapin, renard)
une bauge lieu boueux où gîtent le sanglier et le cochon

La vie des animaux

un prédateur animal qui vit de proies
une proie être vivant dont un animal s'empare pour en faire sa nourriture

un carnassier animal qui se nourrit de viande crue
un charognard animal qui se nourrit d'animaux morts, en décomposition (vautour)
un herbivore animal qui se nourrit d'herbes
un territoire zone où vit un animal et qu'il interdit à ceux de son espèce
une parade nuptiale ensemble des comportements qui précèdent l'accouplement
l'accouplement acte sexuel entre la femelle et le mâle d'une espèce animale
une portée ensemble des petits qu'une femelle mammifère met bas à chaque gestation
mettre bas accoucher (en parlant des animaux supérieurs)
vêler mettre bas en parlant de la vache
frayer pondre les œufs ou les féconder (pour les poissons)
allaiter (ses petits)
gober quelque chose avaler quelque chose vivement en aspirant et sans mâcher
laper (un liquide) boire (quelque chose) en tirant le liquide à coups de langue
dévorer (quelque chose) manger en déchirant avec les dents
dépecer (quelque chose) mettre en pièces, en morceaux
ronger (quelque chose) user peu à peu à coups de den
paître brouter l'herbe
débusquer un animal chasser un animal de son abri, d'une position protégée
marquer son territoire
hiberner passer la saison froide en dormant

Les groupes d'animaux

un troupeau groupe d'animaux vivant ensemble
une compagnie bande d'animaux de même espèce vivant en colonie
une colonie rassemblement d'animaux, généralement de même espèce
un banc de poissons masse de poissons qui se déplacent ensemble
une harde de cerfs, de sangliers troupeau
un harpail troupeau de biches, de jeunes cerfs
un essaim groupe (d'insectes qui vivent, volent ensemble)

Le cri de quelques animaux

un lion rugit
un éléphant, un rhinocéros barrissent
un cerf, un daim, un chevreuil brament
un loup hurle
un renard glapit
un mouton, une girafe, un phoque bêlent
un âne brait
un chameau, un dromadaire, un bélier blatèrent
un crapaud, une grenouille coassent

Expressions usuelles

Prendre le taureau par les cornes. Affronter une difficulté en l'abordant par son côté le plus dangereux.

« Je le vois venir avec ses gros sabots. » « Je devine facilement ses intentions, qu'il cache très mal. »

Avoir les deux pieds dans le même sabot. Être passif et sans initiative.

Se jeter dans la gueule du loup. Se mettre dans une situation dangereuse par imprudence.

Être connu comme le loup blanc. Être très connu.

Hurler avec les loups. Se conformer à l'avis des gens avec lesquels on se trouve.

Une langue de vipère. Une personne très médisante.

(Se tailler) la part du lion. La part la plus grosse, celle que prend la personne la plus puissante dans un partage.

Un ours mal léché. Personne mal élevée, aux manières grossières.

Lever un lièvre. Soulever une question imprévue et généralement embarrassante pour son interlocuteur.

Exercices

1 ▶ Remplacez les groupes de mots en gras par une expression de la fiche.
a. Impossible pour ce médecin de passer incognito dans son quartier : il est connu **de tout le monde**.
b. Lors du partage du gâteau, mes frères aînés se sont **avantageusement servis**.
c. On ne peut se fier à Geoffrey : c'est une **personne qui ne cesse de dire du mal d'autrui**.
d. Dans mon immeuble vit **un homme** qui ne dit bonjour à personne et laisse hurler sa musique.
e. Affolé par les chiens qui le poursuivaient, le lièvre s'est **dirigé droit sur le chasseur**.

2 ▶ Formez cinq phrases en associant un mot de chaque colonne (sujet – verbe – complément).
a. L'ours   gobe   dans la savane.
b. Le faucon   a mis bas une mouche.
c. La lionne   hiberne   sa proie.
d. La gazelle   dépèce   dans sa tanière.
e. La grenouille paît   sa première portée.

3 ▶ Même exercice (plusieurs solutions sont possibles).
a. Le zèbre   allaite   l'eau du lac.
b. La biche   mue   à différentes périodes de l'année.
c. Le sanglier se repose dans son terrier.
d. Le lièvre   lape   dans sa bauge.
e. Le serpent   se réfugie ses faons.

4 ▶ Parmi les trois mots proposés, choisissez celui qui correspond à chaque définition.
a. animal qui se nourrit de viande crue   une proie – un carnassier – un herbivore
b. ensemble des poils épais et laineux   les soies – la crinière – la toison
c. museau du sanglier   le foin – le soin – le groin
d. grotte ou caverne servant de repaire à un fauve   un terrier – un antre – une tanière
e. groupe d'insectes   un essaim – un banc – une échine

5 ▶ Complétez les phrases avec les mots de la liste ci-dessous et faites les accords nécessaires.

vêler – harde – banc – jarret – flanc – bramer

a. Atteint par la balle du chasseur, le buffle tomba sur son ... .
b. Les plongeurs étaient émerveillés de découvrir des ... de poissons multicolores.
c. Le tigre prit le ... de l'antilope dans sa gueule et ne le lâcha plus.
d. Après avoir ..., la vache lécha méticuleusement son veau tout tremblant.
e. Le cerf, majestueux, se mit à ... au milieu de la ... .

6 ▶ Associez chaque animal au cri qu'il pousse.
a. le lion – b. le loup – c. la grenouille – d. le renard – e. l'éléphant – f. le chevreuil – g. l'âne – h. le phoque
1. le glapissement – 2. le coassement – 3. le brame – 4. le barrissement – 5. le bêlement – 6. le braiment – 7. le hurlement – 8. le rugissement

CORRIGÉS p. 186

LES ANIMAUX DOMESTIQUES

Les soins

un (médecin) vétérinaire
une litière matière absorbante destinée à recevoir
   les excréments des chats en appartement
toiletter un animal donner des soins de propreté
   à un animal
brosser un animal
vacciner
tatouer
apprivoiser rendre plus familier, domestiquer
épouiller un animal ôter les poux à un animal

Le chat

un haret chat domestiqué qui est retourné
   à l'état sauvage
la fourrure
les vibrisses les moustaches
les coussinets couches de corne souple sous les pattes
félin qui se rapporte au chat
miauler
feuler gronder
ronronner
faire ses griffes les frotter pour les aiguiser
faire le gros dos
se pelotonner s'enrouler sur soi, se mettre en boule
lustrer son pelage rendre brillant son pelage
cligner des yeux
s'étirer
rétracter ses griffes faire rentrer ses griffes
faire patte de velours rentrer ses griffes
se hérisser dresser ses poils

Le chien

les crocs dents pointues (canines)
la truffe nez du chien
le flair
un fanon peau pendant sous le cou de certains chiens
une muselière
une meute bande de chiens
un chenil lieu où l'on garde, où l'on élève les chiens
pelé
galeux qui a une maladie de la peau
canin qui se rapporte au chien
japper aboyer
gronder
glapir émettre des jappement aigus et répétés
   (en parlant des jeunes chiens)
retrousser ses babines retrousser ses lèvres
dresser les oreilles
renifler aspirer par le nez
flairer une piste discerner une trace par l'odorat
tomber en arrêt s'arrêter

Le cheval

la robe pelage
la crinière
le naseau chacune des narines
l'encolure cou du cheval et de certains animaux
le garrot partie du corps située au-dessus de l'épaule
le poitrail partie entre les épaules et la base du cou
la croupe partie qui s'étend des reins à la naissance
   de la queue
un harnais équipement d'un cheval
des étriers anneaux suspendus de chaque côté
   de la selle et qui servent d'appui aux pieds du cavalier
un mors pièce métallique que l'on place dans la bouche
   d'un cheval et qui permet de le diriger
une bride les rênes
l'arçon de devant pommeau du devant de la selle
une cravache baguette flexible servant de fouet
un éperon pièce de métal fixée au talon du cavalier
   et qui sert à piquer les flancs du cheval pour l'exciter
un haras lieu où on élève des juments et des étalons
   sélectionnés pour la reproduction
un attelage ensemble de chevaux attachés à une
   voiture
un étalon cheval destiné à la reproduction
un pur-sang cheval de course
un cheval de trait destiné à tirer, tracter une charge
un cheval de selle dressé pour être monté
une haridelle cheval maigre et sans force
cagneux qui a les genoux tournés vers l'intérieur
alezan de couleur fauve
pie dont la robe est de deux couleurs
bai rouge-brun (à queue et à crinière noires)
isabelle d'une couleur jaune très clair
pommelé dont la robe, à fond blanc, est couverte
   de taches grises
hippique qui a rapport aux chevaux, aux courses
   de chevaux
hennir
encenser bouger sa tête de haut en bas
se cabrer se dresser sur les pattes postérieures
ruer lancer en l'air avec force les pattes de derrière
piaffer frapper la terre avec les pieds de devant,
   sans avancer
renâcler renifler de colère, avec bruit
s'ébrouer expirer très fortement
s'emballer prendre le mors aux dents, échapper
   à son cavalier
désarçonner (un cavalier) jeter (un cavalier)
   à bas de la selle
bouchonner un cheval frotter un cheval
   avec de la paille pour l'essuyer et le nettoyer
étriller un cheval nettoyer un cheval avec une brosse
ferrer un cheval garnir les sabots de fers
harnacher un cheval mettre un harnais à un cheval
enfourcher un cheval monter dessus à califourchon

Expressions usuelles

S'entendre comme chien et chat. S'entendre très mal, ne pas pouvoir se supporter.
Avoir d'autres chats à fouetter. Avoir des choses plus importantes à faire que celle dont il est question.
Appeler un chat « un chat ». Ne pas avoir peur des mots, parler franchement.
Garder à quelqu'un un chien de sa chienne. Lui garder rancune et projeter une vengeance.
Se regarder en chiens de faïence. Se regarder sans rien dire et avec une certaine hostilité.
Entre chien et loup. Le moment du crépuscule où l'on commence à ne plus reconnaître les objets.
Monter sur ses grands chevaux. S'emporter, le prendre de haut avec quelqu'un.
Être à cheval sur les principes. Ne pas accepter qu'on s'en écarte.
À bride abattue. Très vite.
C'est son cheval de bataille. Idée favorite sur laquelle on revient sans cesse.

Exercices

1 ▶ **Remplacez les groupes de mots en gras par un synonyme figurant dans la fiche.**
a. Dès que la sonnerie de fin des cours retentit, les élèves coururent **très vite** vers la sortie.
b. Mon frère et ma sœur ne cessent de se chamailler car ils s'entendent **très mal**.
c. Depuis qu'ils ont divorcé, ils se regardent **d'un air mauvais**.
d. Raymond **s'est emporté** immédiatement quand j'ai voulu lui parler de ses retards.
e. Repasse toi-même ta chemise : je **n'ai pas que ça à faire** !

2 ▶ **Quel pourrait être le sujet de ces groupes verbaux : un chat, un chien ou un cheval ?**
a. fait patte de velours   e. piaffe   i. s'emballe
b. rejoint une meute   f. feule   j. glapit
c. remue sa truffe   g. fait le gros dos k. rétracte ses griffes
d. jappe   h. rue   l. se cabre

3 ▶ **Parmi les trois mots proposés, choisissez celui qui correspond à chaque définition.**
a. les moustaches du chat   les coussinets – les vibrisses – les frisettes
b. s'enrouler sur soi, se mettre en boule   tournebouler – se pelotonner – boulotter
c. ôter les poux   épouiller – dépoussiérer – épousseter
d. jeter (un cavalier) à bas de la selle   dessaler – dessiller – désarçonner
e. les narines du cheval   les groins – les museaux – les naseaux
f. l'équipement d'un cheval   le harnais – les étriers – l'arçon

4 ▶ **Complétez les phrases avec les mots de la liste ci-dessous en les accordant.**
croc – litière – babine – haret – japper – feuler
a. En appartement, il faut prévoir une ... pour les besoins de son chat.
b. À l'arrivée de l'inconnu, le roquet se dressa sur ses pattes et se mit à ... .
c. Retroussant ses ..., le doberman fit apparaître des ... acérés.
d. Dès qu'on approche une main de ce ..., il souffle et ... d'un air féroce.

5 ▶ **Même exercice avec les mots suivants.**
encolure – attelage – garrot – pur-sang – fouet – naseau – crinière
a. Le ..., très nerveux, secoua sa ... et souffla bruyamment par les ... .
b. Cet étalon magnifique mesure plus de 1,70 m au ... .
c. Le comte saisit le ... et monta sur son ... d'un air décidé.
d. À la fin de sa course, le jockey flatta sa jument à l'... .

6 ▶ **Parmi les propositions en gras, entourez dans chaque cas celle qui convient.**
Toute l'élite du monde **hippie/ironique/hippique** était rassemblée à l'hippodrome de Vincennes pour le Prix d'Amérique. Des chevaux sortis des **aras/haras/parades** les plus prestigieux allaient participer à la course. Mais c'est Ourasi, célèbre trotteur à la **jupe/jaquette/robe alezan/gazelle/basanée**, qui retenait tous les regards. **Bâché/Harnaché/Haché** de neuf, le **pelage/mors/garrot épouillé/lustré/désarçonné**, il se présenta fièrement mais tranquillement sur le champ de courses, contrairement à ses adversaires qui **étrillaient/bouchonnaient/piaffaient** d'impatience. Il semblait sûr de remporter la victoire pour la quatrième fois.

CORRIGÉS p. 186

53 LA VILLE

Les types de villes

une ville
- **champignon** qui se développe très rapidement
- **labyrinthique** dont la composition est compliquée
- **tentaculaire** qui s'étend beaucoup
- **grouillante** très animée
- **cosmopolite** composée de personnes originaires de pays divers

une **capitale**
une **agglomération** ensemble d'habitations constituant une ville
une **mégalopole** grande agglomération urbaine tendant à se former entre plusieurs villes proches
une **métropole** capitale d'un pays, ville principale d'une région
une **localité** petite agglomération
une **commune** la plus petite division administrative de France dirigée par un maire
compter x habitants
prospérer se développer
croître augmenter en nombre
se dépeupler
assiéger une ville entourer une ville avec une armée pour la prendre

Les parties de la ville

un **centre-ville**
un **quartier**
- **résidentiel** où dominent des immeubles et des maisons d'habitation, souvent cossus
- **populaire** habité par le peuple, modeste

un **espace vert** surface réservée aux parcs dans une ville
un **square** jardin public de petites dimensions souvent entouré d'une grille
une **place**
une **esplanade** espace uni et découvert devant un édifice important
un **rempart** muraille entourant et protégeant une ville fortifiée
une **citadelle** forteresse commandant une ville
un **arrondissement** subdivision administrative de certaines grandes villes
un **faubourg** quartier situé loin du centre-ville
une **banlieue** ensemble des agglomérations autour d'une grande ville
une **cité-dortoir** ensemble de logements situés autour d'une ville pour des personnes qui travaillent ailleurs
un **bidonville** agglomération d'habitations construites en matériaux de récupération autour d'une ville
intra-muros à l'intérieur des limites de la ville
extra-muros à l'extérieur des limites de la ville

Les rues

une rue
- **piétonne** réservée aux personnes qui vont à pied
- **pavée** revêtue de blocs de pierre
- **passante** très fréquentée
- **mal famée** qui a mauvaise réputation
- **commerçante**

la **voie publique** ensemble des routes, rues, places publiques
une **ruelle** petite rue
un **passage** petite rue souvent couverte, réservée aux piétons, permettant le passage d'une rue à une autre
un **cul-de-sac** impasse, voie sans issue
une **avenue** rue large
un **cours** avenue, promenade plantée d'arbres
un **boulevard** rue large plantée d'arbres dans une ville ou sur son pourtour
un **(boulevard) périphérique** rue qui fait le tour d'une ville
une **allée** avenue plantée d'arbres
un **quai** rue le long d'un cours d'eau
une **artère** grande voie de circulation
la **chaussée** partie d'une route aménagée pour la circulation
le **pavé** la chaussée, la rue
un **rond-point**
un **carrefour** endroit où se croisent plusieurs routes
un **passage clouté** passage protégé pour les piétons

La vie de la ville

une **communauté urbaine** ensemble des habitants d'une ville
un **citadin** habitant d'une ville
un **piéton** personne qui va à pied
un **badaud** personne flâneuse dont la curiosité est éveillée par le moindre spectacle de la rue
l'**affluence** rassemblement d'un grand nombre de personnes arrivant dans un même lieu en même temps
la **cohue** foule nombreuse et tumultueuse
un **embouteillage** encombrement qui arrête la circulation
un **défilé** file de personnes, de véhicules en marche
une **manifestation**
un **hôtel de ville** mairie d'une grande ville
des **feux tricolores** signaux lumineux réglant la circulation
un **caniveau** rigole au bord de la chaussée servant à l'écoulement des eaux
un **réverbère** appareil d'éclairage des rues
urbain de la ville
municipal qui concerne une commune
verbaliser dresser un procès-verbal, donner une amende

Expressions usuelles

La Ville lumière. Paris.
La Ville éternelle. Rome.
Des vêtements de ville. La tenue que l'on porte pour sortir dans la journée (par opposition à une tenue de sport, de travail, de soirée).
Avoir pignon sur rue. Être dans une situation aisée.
L'homme de la rue. Le citoyen ordinaire.
Être à la rue. Être sans domicile, dans la misère.
Battre le pavé. Flâner.
Tenir le haut du pavé. Occuper le premier rang par le pouvoir, la célébrité.
Le pavé dans la mare. (fam.) Un événement inattendu qui trouble une situation tranquille et sans surprise.
Avoir quartier libre. Avoir un moment de liberté.

Exercices

1 ▷ **Corrigez les erreurs qui se sont glissées dans les expressions.**
a. Entre la visite du Colisée et celle du Forum, les élèves ont eu droit à un arrondissement libre.
b. Ce marchand de cannelés a pigeon dans la rue dans le centre-ville de Bordeaux.
c. La première chose que les touristes désirent voir dans la Ville étincelle, c'est la tour Eiffel.
d. À la suite d'une succession de malheurs, Fantine s'est retrouvée à la route.
e. En révélant cette affaire de fausses factures, ce journaliste a jeté un galet dans le lac.

2 ▷ **Retrouvez les couples d'expressions synonymes.**

a. fréquenté	1. modeste	e. un hôtel de ville	5. une capitale
b. mal famé	2. citadin	f. un passage clouté	6. une mairie
c. populaire	3. passant	g. un cul-de-sac	7. une impasse
d. urbain	4. qui a mauvaise réputation	h. une métropole	8. un passage protégé

3 ▷ **Parmi les trois mots proposés, choisissez celui qui correspond à chaque définition.**
a. donner une contravention — verbaliser – amender – parler
b. composé de personnes originaires de pays divers — cosmique – cosmonaute – cosmopolite
c. une grande voie de circulation — une ruelle – une veine – une artère
d. un appareil d'éclairage des rues — un calorifère – un réverbère – une guirlande
e. qui concerne une commune — municipal – citadin – local

4 ▷ **Complétez les phrases avec les mots de la liste ci-dessous en faisant les accords nécessaires.**
      grouiller – assiéger – résidentiel – cosmopolite – intra-muros
a. Lors du festival, la plupart des spectacles ont lieu dans Avignon ... .
b. Mes cousins ont acheté une petite maison dans un quartier ... de banlieue.
c. Les Grecs ... Troie pendant dix ans avant de pouvoir s'en emparer.
d. Les rues de Saint-Tropez ... de monde en été.
e. Les métropoles attirant beaucoup de monde sont souvent très ... .

5 ▷ **Parmi les propositions en gras, entourez dans chaque cas celle qui convient.**
Tout de suite après avoir traversé **l'esplanade/le rempart/l'agglomération** de la gare Saint-Charles, on se retrouve sur la Canebière, **ruelle/chaussée/artère** principale de Marseille qui mène droit aux **réverbères/cours/quais** du Vieux-Port. C'est une large **citadelle/avenue/voie publique** très **frontalière/famée/passante** de jour comme de nuit qui coupe un quartier **populaire/urbain/dépeuplé** et **citadin/municipal/cosmopolite**. **L'arrondissement/Le bidonville/Le cul-de-sac** que je préfère est le deuxième : celui du Panier. On y trouve un **square/boulevard/labyrinthe** de **ruelles/cités/localités** parfois mal **résidentielles/verbalisées/pavées** mais au charme d'antan.

6 ▷ **Trouvez les verbes de la même famille que ces noms en modifiant leur suffixe.**

a. un piéton	d. une localité	g. une manifestation
b. un peuple	e. une agglomération	h. la croissance
c. un urbaniste	f. la prospérité	i. le siège

CORRIGÉS p. 186

La nature et l'environnement

L'HABITAT

Les types d'habitations

une maison
- **de plain-pied** qui n'a qu'un seul niveau
- **solaire** chauffée par l'énergie du soleil
- **bourgeoise** maison de ville cossue
- **de maître** grande et cossue
- **de pierre de taille** en pierres qui ont été taillées
- **préfabriquée** fabriquée et montée en partie en usine
- **à colombages** dont les vides de la charpente verticale sont comblés de plâtre
- **des maisons mitoyennes** qui se touchent par un mur
- **cossue** riche
- **fonctionnelle** conçue pour être avant tout pratique
- **bien exposée** bien orientée par rapport au soleil et au vent

une demeure maison d'une certaine importance
un hôtel particulier demeure somptueuse dans une ville
un manoir petit château campagnard, gentilhommière
un pavillon maisonnette construite dans un jardin
un chalet maison de bois des régions montagneuses
une villa maison individuelle avec jardin
un loft local professionnel transformé en logement
un duplex appartement réparti sur deux étages reliés par un escalier intérieur
une garçonnière petit appartement
un studio logement constitué d'une pièce unique à laquelle s'ajoutent une cuisine et un cabinet de toilette
une chambre de bonne petite chambre au dernier étage d'un immeuble bourgeois
une mansarde pièce aménagée sous les toits dont un mur est en pente
un mobile home résidence mobile stationnant sur des terrains autorisés
une masure maison misérable, tombant en ruine
un taudis maison misérable insalubre
un bouge petit logement obscur et sale
une baraque construction légère et temporaire
une copropriété immeuble divisé en appartements
une résidence bâtiment d'habitation confortable plus ou moins luxueux
une HLM grand immeuble d'habitations aux loyers peu coûteux
une tour bâtiment construit en hauteur
un gratte-ciel building
le domicile lieu habituel où demeure une personne, la résidence
un logis (litt.) lieu où l'on est logé
un palier plate-forme entre deux volées d'un escalier
une volée de marches partie d'un escalier entre deux paliers

une cage d'escalier ou d'ascenseur
l'entresol étage à plafond bas situé entre le rez-de-chaussée et le premier étage
sédentaire qui sort rarement de chez soi, fixé à un lieu
nomade qui n'a pas d'habitation fixe
abriter quelqu'un servir d'habitation à quelqu'un
emménager s'installer dans un nouveau logement
s'élever sur x étages
squatter un lieu (fam.) habiter illégalement un logement vide
être sis (litt.) être situé
loger habiter à demeure ou provisoirement
demeurer quelque part avoir son habitation quelque part
séjourner dans un lieu demeurer quelque temps dans un lieu
résider dans un lieu habiter dans un lieu
héberger quelqu'un recevoir quelqu'un chez soi

L'extérieur d'une maison

un faîte partie la plus élevée d'un bâtiment
un toit
un pignon partie supérieure triangulaire d'un mur sur lequel porte un toit à deux pentes
une lucarne ouverture pratiquée à la surface d'une toiture pour donner du jour
un chéneau une gouttière
un balcon
une terrasse
un garde-corps balustrade empêchant de tomber dans le vide
une balustrade mur plein ou ajouré qui se termine à hauteur d'appui
une façade côté d'un bâtiment où est située l'entrée principale
un battant partie mobile d'une porte ou d'une fenêtre
une croisée fenêtre
une baie large ouverture pratiquée dans un mur servant de porte ou de fenêtre
une porte-fenêtre grande porte vitrée qui donne accès à une terrasse, à un balcon
une verrière grand vitrage
un contrevent volet extérieur
une persienne contrevent formé de lames arrêtant les rayons du soleil mais laissant l'air circuler
un porche construction qui avance au-dessus d'une porte d'entrée pour l'abriter
une marquise vitrage qui protège un perron des intempéries
un auvent petit toit incliné au-dessus d'une porte
un perron escalier extérieur se terminant avec un palier de plain-pied avec l'entrée d'une maison
un soupirail ouverture pratiquée au bas d'un édifice pour donner de l'air ou du jour à un sous-sol

Expressions usuelles

Travailler à domicile. Travailler chez soi.
Une personne sans domicile fixe (SDF). Personne qui n'a pas de logement régulier.
En résidence surveillée. État d'une personne obligée, par décision de justice, de rester dans un lieu.
Il y a péril en la demeure. Il peut être dangereux d'attendre, il faut agir vite.
Rentrer au bercail. Rentrer chez soi.
Regagner ses pénates. (fam.) Rentrer chez soi.
La dernière demeure. (litt.) La tombe.
Crier quelque chose sur les toits. Le faire savoir à tous.
La Maison-Blanche. Résidence du président des États-Unis à Washington.
Le toit du monde. Le Tibet.

Exercices

1 ▶ Remplacez le groupe de mots en gras par une expression de la fiche.
   a. Un long cortège a accompagné le défunt à **son tombeau**.
   b. Pendant les grèves des transports, ce journaliste préfère **travailler chez lui**.
   c. Après son long voyage, Ulysse a été content de **rentrer chez lui**.
   d. En cas de crise cardiaque, il faut appeler immédiatement les secours : **attendre serait dangereux**.
   e. Le président des États-Unis a reçu officiellement les ambassadeurs **chez lui**.

2 ▶ Complétez les phrases avec les mots de la liste ci-dessous.
   perron – porche – mansarde – volée – auvent – lucarne
   a. L'étudiant rentra travailler dans sa ... faiblement éclairée par une étroite ... .
   b. Les mariés descendirent lentement la ... de marches du ... de la mairie.
   c. Les badauds, surpris par la pluie, tentaient de trouver un ... ou le moindre ... pour s'abriter.

3 ▶ Complétez les phrases avec les mots de la liste ci-dessous. Il faut parfois conjuguer les verbes.
   résider – héberger – séjourner – sous-sol – demeure – chambre de bonne – soupirail
   a. On a du mal à croire que cette... puisse ... une famille de quatre personnes.
   b. Lors de mes vacances à Saint-Malo, je ... toujours à l'Hôtel de la Plage.
   c. Mes grands-parents ont ... toute leur vie dans la même ... .
   d. Le ... grillagé ne laissait entrer aucun rayon de soleil dans le ... sordide.

4 ▶ Dans chaque ligne de trois mots, trouvez l'intrus.
   a. un loft   un faîte   un mobile home
   b. une masure   un taudis   un manoir
   c. un palier   un contrevent   une persienne
   d. une croisée   un bouge   une porte-fenêtre
   e. un rez-de-chaussée   un entresol   un pignon

5 ▶ Parmi les propositions en gras, entourez dans chaque cas celle qui convient.
La curiosité du promeneur fut éveillée par une étrange **verrière/lucarne/demeure**. Il se dégageait, de sa large **façade/baraque/garçonnière** de **faîte/pierre de taille/chéneau** blonde et de la **marquise/masure/mansarde** finement ouvragée qui surplombait le **soupirail/garde-corps/perron**, une noblesse qui contrastait avec la mesquinerie des étroites **villas/croisées/cage** d'escalier dont certaines **balustrades/copropriétés/persiennes**, en partie décrochées, pendaient pitoyablement. En regardant plus attentivement, il remarqua même que la pierre de certaines **tours/résidences/balustrades** des **balcons/auvents/pignons** était fissurée. À droite, des traînées brunâtres révélaient l'état calamiteux de la **croisée/volée/gouttière**. Il se demandait qui pouvait **loger/abriter/héberger** là quand l'un des **appentis/auvents/battants** de la porte d'entrée s'ouvrit et laissa passer une femme somptueusement habillée.

La nature et l'environnement

103

CORRIGÉS p. 186

Les différentes pièces

un intérieur logement
- spacieux grand, vaste
- lumineux
- confortable
- insalubre qui n'est pas favorable à la santé
- sordide dont la saleté révèle une grande pauvreté

la distribution des pièces division et disposition des pièces selon leur fonction

l'agencement d'un appartement la disposition, l'organisation d'un appartement

les combles espace se trouvant sous les toits, grenier

une mansarde pièce aménagée sous les toits dont un mur est en pente

un vestibule pièce d'entrée

un corridor un couloir

une salle de séjour pièce principale

un boudoir salon intime

une kitchenette petite cuisine

un cellier pièce dans laquelle on conserve le vin et les provisions

une buanderie lieu où l'on fait la lessive

un dressing-room petite pièce voisine d'une chambre à coucher où sont rangés les vêtements

une mezzanine construction sur laquelle on peut se tenir entre le sol et le plafond

les sanitaires les toilettes et la salle de bains

un débarras lieu où l'on range des objets encombrants, un cagibi

une cloison mur peu épais séparant deux pièces

une véranda balcon couvert par un vitrage

une loggia un balcon couvert en retrait par rapport à la façade

un patio cour intérieure d'une maison, le plus souvent découverte

le sous-sol étage inférieur au niveau du sol

comprendre x pièces avoir x pièces

Les meubles

escamotables repliables

de style au style propre à une époque ancienne (Louis XVI, Empire, etc.)

l'ameublement ensemble des meubles d'une maison, le mobilier

un tabouret petit siège sans bras ni dossier

un fauteuil à bascule siège dans lequel on peut se balancer

un fauteuil club fauteuil en cuir, large et profond

un crapaud petit fauteuil bas

une bergère fauteuil large et profond garni d'un épais coussin

une méridienne canapé à deux dossiers de hauteur inégale

une causeuse petit canapé à deux places

un divan canapé sans dossier ni bras garni de coussins

un sofa lit de repos à trois appuis servant aussi de siège

une table de chevet table que l'on place près du lit, table de nuit

un lit à baldaquin lit au-dessus duquel est suspendu du tissu

un secrétaire meuble à tiroirs pour le rangement des papiers comportant un panneau qui sert de table à écrire

une bibliothèque

une étagère meuble à tablettes superposées

une armoire

une penderie placard, partie d'une armoire où l'on suspend les vêtements

une commode meuble de rangement, à hauteur d'appui, muni de larges tiroirs

un bahut meuble massif servant au rangement

un buffet meuble où l'on range la vaisselle, l'argenterie

un vaisselier meuble servant à ranger la vaisselle

une desserte petit meuble destiné à recevoir la vaisselle nécessaire au service et celle qui a été desservie, une crédence

une console table à deux ou quatre pieds appuyée à un mur

un guéridon petite table ronde à un seul pied

un paravent ensemble de panneaux décorés servant à dissimuler à la vue

La décoration

la tapisserie ce qui recouvre un mur (papier peint, tissu)

le lambris revêtement de bois sur les parois d'un mur, la frisette

un linoléum revêtement de sol constitué d'une toile enduite

le parquet revêtement de sol constitué de lames de bois assemblées

la moquette

un tapis

une descente de lit tapis mis à côté du lit

une psyché grand miroir mobile que l'on incline à volonté

une patère portemanteau fixé à un mur

un lampadaire

une applique appareil d'éclairage que l'on fixe au mur

un lustre luminaire à plusieurs lampes suspendu au plafond

un chandelier grand bougeoir

un candélabre grand chandelier à plusieurs branches

un voilage pièce d'étoffe transparente servant de rideau

un store rideau qui s'enroule horizontalement
- vénitien composé de lamelles orientables

Expressions usuelles

De fond en comble. Entièrement, de haut en bas.
L'envers du décor. Le côté caché des choses.
Être au chevet de quelqu'un. Être près de son lit pour le soigner ou le veiller.
Être assis entre deux chaises. Être dans une situation incertaine, inconfortable.
Rouler sous la table. S'enivrer au cours d'un repas.
Taper du poing sur la table. Faire preuve d'autorité.
Jouer cartes sur table. Annoncer clairement ses conditions, être franc.
Faire tapisserie. Rester le long du mur sans bouger (se dit surtout d'une femme que l'on n'invite pas à danser dans un bal).
Faire partie des meubles. Être un habitué d'un lieu, appartenir depuis longtemps à un groupe.
Au saut du lit. Au sortir du lit.

Exercices

1 ▶ Remplacez les groupes de mots en gras par une expression de la fiche.
a. Timide et maladroite, Rosemonde **danse rarement** lors des fêtes.
b. **Dès qu'Albertine se lève**, elle est capable de travailler sur les dossiers les plus épineux.
c. Marcel a nettoyé la maison **dans tous ses recoins** avant le retour de ses parents.
d. Mme Proust passe ses journées **auprès du lit** de son fils malade.
e. Ses patrons lui donnant des ordres contradictoires, M. Verdurin est souvent **dans l'embarras**.

2 ▶ Associez chaque verbe au groupe nominal complément qui convient.
a. accrocher	1. le parquet	f. s'allonger sur	6. le lampadaire
b. dérouler	2. un paravent	g. suspendre	7. le secrétaire
c. se cacher derrière	3. le sofa	h. éteindre	8. un lustre
d. cirer	4. une applique	i. se regarder dans	9. une méridienne
e. s'asseoir sur	5. un store	j. écrire sur	10. la psyché

3 ▶ Retrouvez les couples de synonymes.
a. un vestibule	1. vaste	f. un patio	6. un fauteuil
b. la frisette	2. un petit salon	g. restaurer	7. une table ronde
c. spacieux	3. un couloir	h. une bergère	8. un chandelier
d. un boudoir	4. le lambris	i. un guéridon	9. une cour intérieure
e. un corridor	5. une pièce d'entrée	j. un bougeoir	10. réparer

4 ▶ Dans chaque ligne de trois mots, trouvez l'intrus.
a. un crapaud	un tabouret	une buanderie
b. une causeuse	les sanitaires	un divan
c. les combles	un buffet	un bahut
d. un cellier	un guéridon	une console
e. une loggia	une véranda	une patère

5 ▶ Complétez les phrases avec les mots de la liste ci-dessous.
débarras – cellier – véranda – mansarde – buanderie
a. Mes voisins ont installé un salon confortable dans leur .... .
b. Mme Villeparisis rangea son aspirateur dans le .... .
c. Fabien descendit s'occuper de son linge dans la .... .
d. Chez nous, le fromage est conservé dans le .... .
e. En hiver, il vaut mieux rentrer les plantes fragiles dans la .... .

6 ▶ Complétez les phrases avec les mots de la liste ci-dessous en faisant les accords nécessaires.
corridor – desserte – penderie – causeuse – candélabre – boudoir – dressing
a. Réfugiées dans le ..., assises dans leur ... préférée, les deux amies échangeaient maint secret.
b. Plusieurs bougies manquant au ..., le long ... était à peine éclairé.
c. Dans le ... depuis une heure, Fanny ouvrait et refermait les ... sans savoir quelle robe choisir.
d. Les couverts et les assiettes sales s'empilaient de façon acrobatique sur la ... .

La nature et l'environnement

CORRIGÉS
p. 186

LES COULEURS ET LA LUMIÈRE

Les couleurs

les couleurs
- – criardes vives et agressives
- – soutenues intenses
- – franches proches des couleurs primaires
- – passées qui ont perdu leur éclat, fanées

une teinte couleur complexe obtenue par mélange
un coloris couleur
une nuance chacun des degrés par lesquels peut passer
    une couleur
incolore qui n'a pas de couleur
uni d'une seule couleur
multicolore qui a plusieurs couleurs
monochrome qui est d'une seule couleur
polychrome qui est de plusieurs couleurs, multicolore
chamarré coloré
panaché qui présente des couleurs variées, bigarré
diapré de couleur variée et changeante
irisé qui a les couleurs de l'arc-en-ciel
nacré irisé comme de la nacre
bariolé coloré de tons vifs et souvent mal assortis
blanc cassé (inv.) blanc très légèrement teinté
écru blanc légèrement teinté de jaune
ivoire (inv.) blanc laiteux ▢
argenté ▨
ambré qui a des teintes dorées ▨
caca d'oie (inv.) jaune sale
pers (litt.) une couleur où le bleu domine
outremer (inv.) bleu profond et sombre
glauque vert tirant sur le bleu ▨
jade (inv.) vert doux et laiteux ▨
kaki (inv.) vert olive tirant sur le brun ▨
azur (inv.) bleu clair ▨
turquoise (inv.) bleu ciel à bleu-vert clair ▨
céruléen (litt.) bleu ciel intense ▪
bleu roi (inv.) bleu soutenu ▪
bleu canard (inv.) bleu soutenu teinté de vert ▪
indigo (inv.) bleu foncé violacé ▪
parme (inv.) violet pâle, mauve ▨
fuchsia (inv.) entre rose bonbon et pourpre ▪
incarnat rouge-rose clair ▨
corail (inv.) rouge vif tirant sur l'orange ▪
cramoisi rouge profond tirant sur le violet ▪
carmin (inv.) rouge profond légèrement violacé ▪
pourpre rouge violacé profond ▪
violine violet pourpre
écarlate rouge vif ▪
rubicond très rouge de peau
vermeil rouge vif ▪
amarante rouge bordeaux velouté
acajou (inv.) brun-roux soutenu ▪
mordoré brun chaud à reflets dorés ▪
ocre (inv.) brun-jaune à brun-rouge ▪
cuivre (inv.) orange-brun ▨
bronze (inv.) brun doré ▨

beige brun-jaune très clair, grisâtre ▨
sépia (inv.) brun clair
bistre brun gris jaunâtre
gris souris (inv.) gris moyen doux ▨
ébène (inv.) noir pur ▪
colorer

La lumière

la lumière
- – tamisée douce, voilée
- – diffuse qui est répandue dans toutes les directions
- – froide qui n'a pas d'éclat
- – blafarde très pâle
- – vacillante qui scintille faiblement, qui tremble
- – éblouissante
- – crue que rien n'adoucit, vive

un rayon trace de lumière en ligne ou en bande
une lueur lumière faible
un filet de lumière très faible lumière
une clarté lumière
l'éclat intensité d'une lumière vive et brillante
un embrasement (litt.) illumination générale
un reflet
un flot de lumière
lumineux brillant, éclatant
incandescent rendu lumineux par une chaleur intense
chatoyant qui a des reflets changeants
flamboyant qui produit un éclat vif, rutilant
terne sans éclat, fade
mat qui n'est pas brillant
opaque qui ne laisse pas passer la lumière, très sombre
diaphane qui laisse passer la lumière sans laisser
    distinguer la forme des objets, translucide
phosphorescent qui émet une lueur dans l'obscurité
illuminer éclairer d'une vive lumière
luire briller
scintiller jeter de l'éclat par intervalles, étinceler
miroiter réfléchir la lumière en jetant des reflets
    scintillants
rayonner émettre des rayons lumineux
rutiler briller d'un vif éclat
clignoter s'allumer et s'éteindre alternativement

L'ombre

un clair-obscur lumière douce
un demi-jour clarté faible
la pénombre lumière faible
l'ombrage ombre que donnent les feuillages
l'obscurité absence de lumière, nuit
les ténèbres obscurité profonde
sombre obscur
s'assombrir s'obscurcir

Expressions usuelles

Faire la lumière sur quelque chose. Faire toutes les explications et révélations nécessaires.
Annoncer la couleur. Dévoiler ses intentions.
En camaïeu. Ton sur ton.
En voir de toutes les couleurs. Subir toutes sortes de choses désagréables.
Noir de monde. Rempli de monde, bondé.
Avoir les doigts verts, la main verte. Être habile à cultiver les plantes.
Saigner à blanc. Saigner en vidant de son sang.
Faire grise mine (à quelqu'un). Accueillir (quelqu'un) avec froideur, avec déplaisir.
Une série noire. Une suite de catastrophes.
Se mettre au vert. Prendre du repos à la campagne.

Exercices

1 ▶ Remplacez le groupe de mots en gras par une expression de la fiche.
a. La **succession des catastrophes** continue à la SNCF : aujourd'hui un train déraille à Perpignan.
b. Lors des soldes, les rues commerçantes sont **bondées**.
c. Dès le premier conseil d'administration, le président a clairement annoncé **ses projets**.
d. Il a fallu plusieurs années d'enquête pour que l'on **sache tout** sur ce meurtre.

2 ▶ Complétez les phrases avec les mots de la liste ci-dessous en faisant les accords nécessaires.
chatoyant – flot – embrasement – miroiter – tamisé
a. Une lumière ... s'échappait d'épais abat-jour en tissu.
b. Quand les spéléologues parvinrent à la surface, ils furent éblouis par un ... de lumière.
c. Son regard fut attiré par les reflets ... que lançait le diamant de sa voisine.
d. Au loin, on voyait le lac ... sous la lune argentée.
e. Marie-Antoinette assista à un ... du parc de Versailles par les feux d'artifice.

3 ▶ Complétez les phrases avec les mots de la liste ci-dessous en faisant les accords nécessaires.
filet – clarté – opaque – scintiller – obscurité – pénombre
a. Le photographe assure une ... complète dans son laboratoire en tirant les rideaux ... afin qu'aucun ... de lumière ne gâche son tirage.
b. La ... de la lune disparaissant derrière de lourds nuages, la ... envahit le salon.
c. La neige faisait ... les montagnes.

4 ▶ Quels mots de cette liste désignent une nuance de rouge ?
corail – jade – parme – glauque – pourpre – ambré – écru – incarnat – mordoré – beige – vermeil – indigo – écarlate – cramoisi – kaki

5 ▶ Parmi les propositions en gras, entourez dans chaque cas celle qui convient.
Dans **l'ombrage/le demi-jour/le flamboiement** de son laboratoire, l'entomologiste suivit avec curiosité l'éclosion de la chrysalide : le papillon serait-il un argus d'un bleu **vermeil/mordoré/céruléen**, un gazé aux ailes blanches **diaphanes/jade/bariolées** veinées de noir, ou une goutte de sang aux délicates écailles **crues/incandescentes/incarnat** ? Ce qu'il aurait aimé voir apparaître, c'était un paon du jour **bigarré/tamisé/criard** mais il avait plus de chances d'accueillir un petit apollon **diffus/multicolore/ténébreux**.

6 ▶ Associez chacun des noms de la liste ci-dessous à une de ces couleurs pour leur donner une nuance.
bleu – rose – jaune – vert – gris

lavande	pervenche	pistache	anthracite	pomme
bonbon	amande	citron	marine	bouton-d'or
paille	bouteille	perle	poussin	indien

La nature et l'environnement

107

CORRIGÉS
p. 186

LES FORMES ET LES MATIÈRES

Les formes

la **silhouette** forme générale d'un objet, d'une personne
le **contour** limite extérieure d'un objet, d'un corps
rectangulaire
carré
rond
ovale
triangulaire
sphérique en forme de sphère, rond
circulaire qui a la forme d'un cercle
conique qui a la forme d'un cône
pyramidal en forme de pyramide
polygonal qui a plusieurs angles
cubique qui a la forme d'un cube
cruciforme en forme de croix
filiforme mince, fin et allongé comme un fil
effilé qui va en s'amincissant
fuselé en forme de fuseau
galbé qui présente un contour harmonieux
évasé qui va en s'élargissant
incurvé rendu courbe
dentelé qui présente de petites dents
bombé convexe, renflé
tassé affaissé
polymorphe qui peut se présenter sous des formes différentes
protéiforme (litt.) qui peut prendre toutes les formes

Les changements de forme

se métamorphoser se transformer complètement
transfigurer transformer en embellissant
allonger
étendre
agrandir
rapetisser devenir plus petit, raccourcir, rétrécir
se ratatiner se réduire en se déformant, se tasser
racornir rapetisser, raccourcir par dessèchement
se rétracter se contracter
aplatir
tordre
incurver courber
creuser
boursoufler enfler, gonfler

Le bois

l'**ébène** bois noir très dur
l'**acajou** bois rougeâtre très dur
le **merisier** bois rougeâtre à grain très fin
le **frêne** bois clair, dur et élastique
le **sapin** bois blanc
le **noyer**
le **chêne**
le **palissandre** bois exotique, dur, odorant, violacé, veiné de noir et de jaune

le **tek** bois brunâtre, dur, très dense, qui ne pourrit pas
le **santal** bois dur au grain fin
le **bois de rose** bois précieux d'un jaune veiné de rose

Les métaux et les alliages

l'**aluminium** métal blanc léger
le **plomb** métal d'un gris bleuâtre, mou
l'**étain** métal blanc-gris très malléable
le **cuivre** métal brun orangé très malléable
le **fer** métal blanc grisâtre malléable
le **zinc** métal dur d'un blanc bleuâtre
le **bronze** alliage de cuivre et d'étain, l'airain (litt.)
l'**acier** alliage de fer et de carbone

Les matières textiles

le **tissu**
  – **synthétique** (l'acrylique, le Lycra, le Nylon, le polyester)
une **étoffe** tissu dont on fait des habits, des garnitures d'ameublement
la **soie** substance sécrétée par un ver
le **satin** étoffe de soie lustrée sur l'endroit
la **mousseline** toile de coton ou de soie fine et légère
le **taffetas** tissu de soie
le **coton** matière végétale
la **laine** matière provenant du poil de certains mammifères (mohair, angora, alpaga)
le **cachemire** tissu en poil de chèvre mêlé de laine
le **lin** fibre textile végétale
la **toile**
le **Stretch** tissu élastique
le **Skaï** tissu imitant le cuir

Les matières précieuses

l'**or** métal précieux doré
l'**argent** métal précieux blanc
le **platine** métal précieux blanc grisâtre
le **diamant** pierre précieuse souvent incolore
le **rubis** pierre précieuse rouge
l'**émeraude** pierre précieuse verte
le **saphir** pierre précieuse bleue
l'**ambre** résine d'origine végétale dure et transparente
une **perle** matière dure et brillante sécrétée dans certains coquillages
le **corail**
la **nacre** substance à reflets qui tapisse intérieurement certains coquillages
l'**ivoire** matière fine qui constitue les défenses de l'éléphant
le **marbre** roche souvent veinée de couleurs variées
la **porcelaine** matière translucide imperméable
le **cristal** variété de verre limpide et incolore
le **brocart** riche tissu de soie rehaussé de dessins brochés en fils d'or et d'argent

Expressions usuelles

Rester de marbre. Rester impassible.

Un éléphant dans un magasin de porcelaine. (fam.) Se dit d'un maladroit qui intervient dans un domaine délicat.

Être né avec une cuillère d'argent dans la bouche. Être né dans une famille riche.

Filer un mauvais coton. Être dans une situation dangereuse.

Avoir les jambes en coton. (fam.) Se sentir très faible.

Se laisser manger, tondre la laine sur le dos. Se laisser exploiter, voler sans réagir.

Avoir l'étoffe de. Avoir les capacités, les qualités de.

Avoir une peau de satin. Avoir une peau douce.

Croire dur comme fer à quelque chose. Croire à quelque chose avec une grande conviction.

Une main de fer dans un gant de velours. Une autorité très ferme sous une apparence de douceur.

Exercices

1 ▶ Corrigez les erreurs qui se sont glissées dans les expressions.

a. Sophie enduit régulièrement son corps de crème pour avoir une peau de soie.

b. À 7 ans, je croyais encore dur comme bronze au Père Noël.

c. Même lors de la remise de son César, l'acteur resta de coton.

d. Tout jeune encore, Rodrigue avait déjà le tissu d'un héros de guerre.

e. Jérôme n'a pas besoin de travailler : il est né avec une médaille en or autour du cou.

2 ▶ Parmi les trois mots proposés, choisissez celui qui correspond à chaque définition.

a. devenir plus petit — retirer – retracer – rétrécir

b. transformer en embellissant — transporter – transfigurer – transférer

c. qui va en s'amincissant — défilé – effilé – affilié

d. qui va en s'élargissant — évasé – vaseux – visqueux

e. se réduire en se déformant — se rater – se ratatiner – se rattacher

3 ▶ Dans chaque ligne de trois mots, trouvez l'intrus.

a. le rubis	l'émeraude	le frêne
b. la mousseline	le bronze	le cachemire
c. le cristal	le taffetas	le satin
d. l'acajou	la nacre	le merisier
e. le palissandre	l'or	le platine

4 ▶ Complétez les phrases avec les mots de la liste ci-dessous.

ivoire – cachemire – porcelaine – acier – chêne

a. La tour Eiffel est un monstre d'... de plus de 300 m.

b. Mes voisins ont remplacé leur moquette par un magnifique parquet en ... massif.

c. Mme de Meursauf, frileuse, enroula son châle en ... autour de ses épaules.

d. En l'honneur de son invité, Mme de Parisis sortit son service de table en ... de Sèvres.

e. Sa collection de bibelots s'enrichit régulièrement de figurines d'... .

5 ▶ Complétez les phrases avec les mots de la liste ci-dessous en faisant les accords nécessaires.

évasé – conique – incurvé – cruciforme – effilé

a. J'ai toujours admiré ses longues mains aux doigts ... .

b. Les pattes d'ef sont des pantalons dont le bas des jambes est ... .

c. Les vis dont la tête a une empreinte en forme de croix ne se manipulent qu'avec un tournevis ... .

d. Je préfère les abat-jour aux formes ... que pyramidales.

e. Pour plus de confort, ce dossier de chaise a une forme légèrement ... .

6 ▶ Associez chaque objet à la matière qui sert à le fabriquer.

a. la soie – b. le bronze – c. le marbre – d. le plomb – e. le cristal – f. le cuivre – g. le corail – h. l'angora

1. un verre – 2. un collier – 3. une statue – 4. un pull-over – 5. une robe – 6. une casserole – 7. une balle de fusil – 8. une cheminée

La nature et l'environnement

109

CORRIGÉS
p. 186

58 LA FAMILLE

La famille proche

les parents
le couple
la cellule familiale les membres de la famille
le foyer
le père/la mère
le mari/la femme
l'époux/l'épouse
le compagnon/la compagne
le grand-père/la grand-mère
les enfants
– la fille/le fils
– le frère/la sœur
– le demi-frère/la demi-sœur frère ou sœur
  seulement par l'un des deux parents
  (le père ou la mère)
– l'aîné(e) l'enfant le plus âgé
– le (la) cadet(te) le second enfant de la famille
– le (la) benjamin(e) le plus jeune enfant
les petits-enfants
– le petit-fils/la petite-fille
les jumeaux/les jumelles
un enfant
– adoptif
– légitime enfant né de parents mariés
– naturel enfant né de parents non mariés
un orphelin enfant dont les parents sont décédés
– de père quand seul le père est décédé
un pupille de l'État orphelin placé sous la
  responsabilité de la collectivité publique
un veuf/une veuve personne dont le conjoint est
  décédé
un célibataire personne qui vit seule, non mariée
l'amour
– filial d'un enfant à l'égard de ses parents
– paternel d'un père à l'égard de ses enfants
– maternel d'une mère à l'égard de ses enfants
– fraternel entre frères et sœurs
– conjugal entre époux

La famille élargie

l'oncle/la tante
le cousin/la cousine
un(e) cousin(e) germain(e) enfant du frère
  ou de la sœur d'un de ses parents
un neveu/une nièce enfant du frère ou de la sœur
le beau-frère/la belle-sœur époux de ma sœur/
  épouse de mon frère
le beau-fils/la belle-fille époux de la fille
  (le gendre)/épouse du fils (la bru)
le beau-père/la belle-mère père/mère du conjoint
le parrain/la marraine
le filleul
les ascendants membres de la famille nés avant nous

les descendants membres de la famille nés après nous
les ancêtres ascendants lointains
les aïeuls ascendants proches (grands-parents)
les aïeux ascendants plus lointains
la progéniture les enfants d'une personne
la parenté ensemble des parents d'une même personne
la dynastie succession des rois (ou de nobles)
  d'une même famille
la lignée personnes qui descendent d'un même ancêtre
la famille
– biologique
– d'accueil qui élève un enfant qui n'est pas le sien
– d'adoption
– monoparentale qui n'a qu'un seul parent
– recomposée dont les parents ont eu des enfants
  d'une autre union
– dispersée dont les membres ne vivent pas
  ensemble
– éclatée
– soudée unie pour faire face aux difficultés
– protectrice
– traditionnelle formée d'un couple, le plus souvent
  marié, et d'enfants légitimes
– nombreuse qui compte au moins trois enfants
– défavorisée/nécessiteuse dont les ressources
  sont faibles

Les événements familiaux

la naissance
l'anniversaire
la majorité
les fiançailles
les noces
le mariage
le PACS le Pacte civil de solidarité, contrat passé entre
  deux personnes qui vivent ensemble
le divorce acte qui met fin au mariage
le décès la mort d'une personne
les funérailles, les obsèques cérémonie accompli lors
  du décès d'une personne

Les relations d'autorité

le nom de famille
le patrimoine l'ensemble des biens d'une famille
la succession transmission des biens lors d'un décès
l'héritage patrimoine laissé par une personne décédée
le livret de famille document où sont notés
  les événements familiaux (mariage, naissances, décès)
le chef de famille
l'autorité parentale pouvoir de commander exercé
  par les parents
le tuteur celui qui gère les biens d'un enfant mineur
un soutien de famille qui en assure la subsistance
le droit d'aînesse avantage accordé à l'enfant aîné
  lors d'une succession

Expressions usuelles

Une réunion de famille. Réunion où toute la famille se retrouve.
Dresser l'arbre généalogique d'une famille. Rechercher les ancêtres de la famille.
Avoir un air de famille. Se ressembler comme les membres d'une même famille.
Fonder une famille. S'unir et avoir des enfants.
Être chargé de famille. Assurer la sécurité matérielle et morale d'une famille.
Avoir l'esprit de famille. Faire preuve de solidarité comme les membres d'une famille.
Partager en frères. Partager équitablement à l'instar des relations dans une famille idéale.
Traiter en parent pauvre. Négliger, accorder une place inférieure à une personne, à un problème ou à une situation.
Le mariage de la carpe et du lapin. Union mal assortie, alliance impossible entre deux choses qui paraissent s'exclure mutuellement.
Le cercle de famille. Ensemble des membres de la famille proche.

Exercices

1 ▶ « Qui sont-ils pour moi ? »
Exemple : la sœur de mon oncle → ma tante
a. le frère de mon père
b. le fils de mon oncle
c. la sœur de mon cousin
d. la fille de ma tante
e. la sœur de ma mère
f. le père de mon père
g. la femme de mon frère
h. le mari de ma grand-mère

2 ▶ Complétez les phrases avec des mots ou expressions de la fiche.
a. Pour obtenir une fiche d'état civil, il faut présenter le … de famille.
b. Ces deux vêtements ont un … de famille : ils sortent du même couturier.
c. Lors de la … de famille, il ne manquait personne, même pas la tante Léonie !
d. Les employés de ce magasin ont … de famille : ils s'entendent à merveille.
e. Cet enfant abandonné a été placé dans une famille … .
f. Quand mes parents partirent travailler à l'étranger, mon frère fut notre … de famille.
g. La famille de M. Aouad est … dans de nombreux pays.

3 ▶ Remplacez les mots en gras par un synonyme.
a. Alexandre consulte les archives pour y trouver **ses ancêtres**.
b. **La dynastie** des Capétiens a régné plusieurs siècles sur la France.
c. Le notaire réunit la famille pour régler **la succession** de l'oncle Albert.
d. Quel est le prénom du **dernier enfant** de la famille Duroc ?
e. **Le mari** de Mme Carraz a trouvé un nouvel emploi près de chez lui.
f. **L'enterrement** de la centenaire du quartier aura lieu lundi.

4 ▶ Complétez les phrases avec les mots suivants.
majorité – noces – naturel – fraternel – nécessiteuse – parrain – couple
a. M. et Mme Palin forment un … très uni.
b. Le … de Gabriel lui a offert un magnifique stylo.
c. En France, l'âge de la … est fixé à 18 ans.
d. Lucie porte un amour … à son frère Valentin.
e. Les grands-parents de Sylvain fêtent leurs … d'or le mois prochain.
f. L'assistante sociale rend visite à une famille … .
g. À côté de leurs enfants légitimes, les rois de France avaient parfois des enfants … .

5 ▶ Reconstituez l'arbre généalogique de cette famille et complétez les phrases.
a. Si Claude est le fils de Marie et d'André, Paule, la femme de Claude est … de Marie.
b. Si Claude est le père de Florent et de Laure, Florent est … de Laure.
c. Si Sonia est la fille de Marie et d'André, Paule, la femme de Claude est … de Sonia.
d. Germaine est une autre fille de Marie et André, sa fille Aurélie est … de Sonia.
e. Sonia est … de Florent et de Laure.

**CORRIGÉS
P. 186**

59 LA SCOLARITÉ

Les lieux

le jardin d'enfants
l'école maternelle
l'école primaire / élémentaire
le collège
le lycée
l'Université établissement fréquenté après le lycée
la salle de classe
le préau
le foyer lieu de réunion des élèves en dehors des cours
le gymnase
la salle de sport
le restaurant lieu où les élèves prennent leur repas :
    le self, la cantine, le réfectoire
le CDI Centre de documentation et d'information
la bibliothèque
le laboratoire

Les personnes

le corps enseignant ensemble des professionnels
    de l'éducation
le professeur
l'instituteur
le directeur responsable d'une école
le principal responsable d'un collège
le proviseur responsable d'un lycée
le conseiller d'éducation responsable de la vie scolaire
    et du suivi des élèves
l'inspecteur
l'éducateur
le moniteur
le surveillant
un pédagogue personne chargée de l'éducation
    d'un enfant
un élève
un écolier
un collégien
un lycéen
un interne élève logé dans l'établissement
un externe élève qui ne déjeune pas à la cantine
un demi-pensionnaire élève qui déjeune à la cantine
    mais quitte l'établissement le soir

La vie scolaire

la scolarité fait de fréquenter l'école, études suivies
    dans une école
le cours
les travaux pratiques cours pendant lesquels on réalise
    des expériences
les matières
l'emploi du temps
la permanence/l'étude temps dans l'établissement
    au cours duquel l'élève peut faire ses devoirs
la récréation

les vacances
le cahier de textes
le carnet de correspondance
une punition
une retenue fait de rester dans l'établissement après
    l'heure de sortie habituelle
le conseil de discipline

Le travail scolaire

le bulletin
un examen
un concours
un diplôme
une composition
un contrôle
la conférence exposé devant une assistance nombreuse
un devoir
les révisions
un exercice
la pédagogie science de l'éducation, ensemble
    des qualités du pédagogue
le programme les matières étudiées et leur contenu
le soutien scolaire aide aux élèves pour compenser
    des faiblesses
enseigner dispenser un enseignement
éduquer dispenser une éducation
interroger
corriger
noter
expliquer
étudier
s'instruire acquérir des connaissances
réviser
retenir
réciter
un élève
    – travailleur
    – assidu
    – appliqué
    – studieux

Le matériel

un bureau
un tableau
les manuels
un formulaire recueil de formules mathématiques
un classeur
un cartable, un sac objet dans lequel on transporte
    son matériel
un dictionnaire
un ordinateur
une calculatrice
un vidéoprojecteur projecteur relié à un ordinateur

Expressions usuelles

Être à bonne école. Être avec des personnes capables de bien vous former.
Faire école. Avoir beaucoup d'influence sur des personnes.
Faire l'école buissonnière. Ne pas aller en classe.
Être à rude école. Affronter d'importantes difficultés.
Un cas d'école. Un exemple caractéristique.
Prendre le chemin des écoliers. Choisir le trajet le plus long, celui qui permet de flâner.
Avoir de la classe. Avoir une élégance naturelle.
Faire ses classes. Recevoir une instruction, essentiellement militaire.
Miser sur les deux tableaux. Se ménager un intérêt de deux côtés, pour mieux réussir.
Faire la leçon à quelqu'un. Dicter sa conduite à quelqu'un.
N'avoir de leçons à recevoir de personne. Être sûr de soi.
Faire son devoir. Respecter une obligation morale.
Se mettre en devoir de. Se préparer à.
Donner libre cours à. Ne pas contenir.

Exercices

1 ▶ Complétez les phrases avec l'une des expressions de la fiche.
a. Sur les chantiers, cet apprenti est ... ; mais ses efforts seront récompensés.
b. Cette situation est un ... ; les employés l'examinent attentivement à titre d'exemple.
c. Avec ce moniteur de gymnastique, les jeunes sont ... ; ils progresseront.
d. Ce peintre futuriste a ... ; beaucoup suivent sa manière de peindre.
e. Certains élèves font ... ; ils refusent de se lever tôt.

2 ▶ Parmi les propositions en gras, entourez, dans chaque cas, celle qui convient.
a. Le **principal/proviseur** a rencontré les élèves de la classe de 3e.
b. Les élèves **internes/externes** ont une heure d'étude avant d'aller au dortoir.
c. Les élèves en retard se rendent au bureau des **inspecteurs/surveillants**.
d. Le **directeur/moniteur** de judo nous apprend à tomber sans nous blesser.
e. Les **collégiens/lycéens** passeront leur brevet au mois de juin.
f. Les **écoliers/étudiants** s'inscrivent à l'Université dès le mois de juillet.

3 ▶ Complétez les phrases avec les verbes qui conviennent.
a. Le professeur ... les copies ; il ajoute des commentaires avant de les ... .
b. Il y a de nombreuses manières de ... ; tout est une question de volonté.
c. Avant le contrôle de mathématiques, il est utile de ... les formules.
d. Comme Frédéric a été longtemps absent, il devra ... sa classe de 6e.
e. L'examinateur ... le candidat ; celui-ci répond à toutes les questions.
f. Il est impossible de ... tous les noms des sommets de l'Himalaya !
g. Seul sur l'estrade, Thibaud ... un poème de Guillaume Apollinaire.

4 ▶ Parmi les trois mots proposés, choisissez celui qui correspond à chaque définition.
a. cours pendant lequel on expérimente   les travaux pratiques – la permanence – la retenue
b. personne qui explique bien   un inspecteur – un principal – un pédagogue
c. acquérir des connaissances   réviser – s'instruire – enseigner
d. lieu où déjeunent les élèves   le réfectoire – le CDI – l'internat
e. les matières étudiées et leur contenu   le formulaire – le programme – le cours

5 ▶ Corrigez les erreurs qui se sont glissées dans ces phrases.
a. Lorsqu'il se déplace, cet acteur possède un cours extraordinaire ; tout le monde l'admire.
b. Le dortoir des externes se trouve au dernier étage du bâtiment B.
c. Pour suivre le cours de physique, les élèves se rendent au gymnase.
d. En ne choisissant pas tout de suite ton orientation, tu penses miser sur les deux peintures.
e. En pilotant sa moto sans casque, Lucas a commis une imprudence ; vous lui faites le devoir.
f. En rédigeant la fin de cette histoire, Bertrand donne une bonne leçon à son imagination.

Les liens sociaux

CORRIGÉS P. 187

60 LES RELATIONS HUMAINES

Les manières d'être en relation

la **confiance** espérance ferme en une personne
la **solidarité** sentiment de responsabilité mutuelle
  entre plusieurs personnes
l'**amitié**
l'**affinité** sympathie due à une proximité de caractères
  et de goûts
l'**attachement** sentiment qui unit deux êtres
la **complicité** (fig.) entente entre deux personnes
l'**union** harmonie de pensée, de sentiments
la **coopération** l'union pour obtenir un résultat
la **connivence** accord implicite souvent secret
la **camaraderie**
la **sociabilité** faculté à vivre parmi les autres
le **dévouement** fait d'aider les autres
l'**accueil**
les **salutations** terme employé dans les formules
  de politesse
une **poignée de main**
l'**hospitalité** fait d'héberger quelqu'un chez soi

Les proches

un **ami**
  – aimable
  – sympathique
  – chaleureux qui manifeste de la cordialité
  – prévenant qui devance vos moindres désirs
  – fidèle
  – loyal
  – digne de confiance
  – fiable
  – apprécié de tous
  – généreux
  – familier
  – attachant qui attire l'affection
  – inséparables (des amis) qui ne se quittent jamais
un **camarade**
un **intime** personne très proche
une **relation** personne que l'on connaît un peu
une **connaissance** personne que l'on a déjà aperçue
un **copain**/une **copine**
un(e) **confident(e)** personne à qui l'on se confie
un **compagnon**/une **compagne**
un **conseiller** personne qui donne de bons conseils
un **collègue** personne avec laquelle on travaille
un **alter ego** personne en qui on a toute confiance
une **amitié**
  – étroite
  – durable
  – constante qui ne connaît pas d'interruption
  – franche exempte d'arrière-pensée
  – sincère réelle, véritable
  – solide
  – indéfectible qui dure toujours

Vivre ensemble

le **groupe**
la **collectivité** ensemble de personnes qui visent
  des objectifs communs
la **communauté** groupe dont les membres ont
  un intérêt commun
l'**association**
une **corporation** ensemble des professionnels
  qui exercent le même métier
l'**alliance** union réalisée par engagement mutuel
le **groupement**
la **collaboration**
le **parti** organisation politique
l'**équipe**
la **tribu** groupe présentant une unité politique,
  linguistique et culturelle dont les membres vivent
  sur un même territoire
le **clan** groupe dont l'intérêt s'oppose aux autres
la **rencontre**
la **discussion**
la **réunion**
la **confrontation** affrontement d'opinions opposées
la **controverse** discussion argumentée
l'**entrevue** rencontre programmée
l'**échange**
la **fréquentation** relation habituelle
le **débat** examen contradictoire d'une question
la **dispute** échange d'opinions contraires
la **divergence** échange de positions éloignées
la **défiance** crainte d'être trompé
un **malentendu** mauvaise interprétation des propos
  échangés entre plusieurs personnes
la **querelle** opposition assez vive
la **polémique** discussion très vive
coopérer travailler ensemble
se confier
s'apprécier
s'entendre
s'allier
se saluer
rendre visite
fraterniser avoir des relations comme entre frères
passer à l'improviste se rendre chez quelqu'un
  sans prévenir
dialoguer discuter, échanger entre deux personnes
s'attacher à s'unir à, accompagner
être en désaccord
se détester
se quitter
haïr ne pas aimer au point de vouloir du mal
exécrer haïr au plus au point
s'isoler
se marginaliser se mettre à l'écart de
s'éclipser se retirer discrètement
avoir en aversion éprouver de la répugnance

Expressions usuelles

Souhaiter la bienvenue. Accueillir amicalement.
Rester à distance. Être sur la réserve, ne pas trop s'engager.
Être facile à vivre. Être d'humeur égale, être accommodant.
Se lier d'amitié, nouer une amitié avec quelqu'un. Établir des rapports amicaux avec quelqu'un.
Être plein d'égards. Avoir de l'estime et de la considération.
Vivre en bonne intelligence. Entretenir une complicité amicale.
Compter sur quelqu'un. Savoir que quelqu'un vous apportera aide et soutien.
Rester en bons termes avec quelqu'un. Se quitter, mais conserver de l'estime.
Se mettre en rapport. Établir une relation avec quelqu'un.
S'entendre comme larrons en foire. S'accorder pour réaliser une action un peu illicite.
Posséder des atomes crochus avec quelqu'un. Avoir des points communs d'entente avec quelqu'un.

Exercices

1 ▶ **Complétez les phrases avec l'une des expressions de la fiche.**
   a. Damien a bon caractère ; tous ses amis disent qu'il est ... .
   b. Camille et Dorothée ne se fréquentent plus, mais elles sont ... .
   c. Pour mieux défendre ses intérêts, M. Mourret se ... avec un avocat.
   d. Ces brocanteurs s'entendent ... pour gruger de naïfs amateurs d'antiquités.
   e. Tony sait qu'il ... sur son ami Bruno pour l'aider à réparer son VTT.
   f. L'ensemble des professeurs ... au remplaçant de leur collègue absent.
   g. Même si elles semblent animées de bonnes intentions, Samuel ... de ces personnes inconnues.
   h. Dans un orchestre, il est préférable que les musiciens possèdent ... qui favorisent la cohésion.

2 ▶ **Dans chaque ligne, barrez l'intrus (celui qui n'est pas un synonyme des autres).**
   a. un proche – un copain – un ami – un camarade – un ennemi
   b. un quiproquo – une confidence – un malentendu – une méprise
   c. dépanner – rendre service – ennuyer – donner un coup de main
   d. une conversation – une dispute – une brouille – une querelle
   e. aimable – chaleureux – prévenant – antipathique
   f. se réunir – se concerter – s'assembler – se séparer – se grouper

3 ▶ **Complétez les phrases avec les verbes ci-dessous en faisant les accords nécessaires.**
   coopérer – se confier – se rencontrer – s'apprécier – se saluer – fraterniser – dialoguer
   a. Des scientifiques du monde entier ... pour mettre au point un vaccin contre le sida.
   b. Il est normal que des voisins ... lorsqu'ils ... .
   c. Depuis qu'ils ont participé à des actions humanitaires, ces deux personnes ... .
   d. Mathilde ... volontiers à son amie Fanny qui l'écoute avec bienveillance.
   e. Bien qu'ils aient des opinions opposées, ces deux hommes ... sans s'énerver.
   f. À la fin du match de rugby, les adversaires ..., oubliant les affrontements.

4 ▶ **Parmi les propositions en gras, entourez dans chaque cas celle qui convient.**
   a. La **famille/complicité/collectivité** entre ces sœurs jumelles saute aux yeux.
   b. Les **tribus/équipes/partis** nomades parcourent le désert à la recherche de points d'eau.
   c. La **communauté/solidarité/confrontation** est à la base des systèmes d'assurance mutuelle.
   d. Le gardien du refuge offre l'**affinité/amitié/hospitalité** à ceux qui sont surpris par l'orage.
   e. La **fréquentation/sociabilité/divergence** des peintres a suscité une vocation chez Louis.
   f. Le **clan/dévouement/débat** des sauveteurs minimise les conséquences de l'avalanche.

5 ▶ **Complétez les phrases avec des mots de la famille de « chaleureux ».**
   réchauffer – chaleureusement – échaudé – chaudière – échauffer – chaudrons
   a. Le technicien est venu réparer le brûleur de la ... de l'immeuble.
   b. Dans les contes de fées, les sorcières préparent leurs poisons dans d'imposants ... .
   c. L'entraîneur a ... félicité ses joueurs après leur large victoire.
   d. La rencontre des deux présidents a permis de ... les relations entre ces deux États.
   e. Le proverbe prétend qu'un chat ... craint l'eau froide !
   f. Emporté par son éloquence, cet orateur s'... plus que de mesure.

CORRIGÉS
P. 187

Les liens sociaux

Le travail

la tâche ouvrage à exécuter dans un temps donné
l'œuvre résultat d'un travail
la besogne
le labeur travail intense et pénible
l'ouvrage travail, objet produit par le travail
  d'un ouvrier ou d'un artisan
l'activité ce que l'on fait dans sa vie professionnelle
l'apprentissage
les travaux publics effectués pour l'ensemble
  et le bien de la population
les travaux agricoles relatifs à l'agriculture
les travaux ménagers
les travaux manuels
s'appliquer accomplir quelque chose avec soin
fabriquer réaliser un produit ou un objet
œuvrer
créer concevoir et réaliser une œuvre originale
parfaire rendre un travail parfait
peaufiner achever avec beaucoup de soin
peiner éprouver de la difficulté
se surmener s'imposer un travail excessif
s'occuper utiliser le temps pour faire quelque chose
se donner du mal se dépenser sans compter
un travail
  – agréable
  – prenant qui prend beaucoup de temps
  – intéressant
  – passionnant
  – absorbant qui occupe entièrement
  – gratifiant qui procure du plaisir
  – rémunérateur qui rapporte de l'argent
  – rude difficile à supporter
  – pénible
  – ardu difficile à réaliser
  – ingrat qui ne procure aucune satisfaction
  – fatigant
  – éreintant qui brise de fatigue
  – contraignant qui oblige à quelque chose
  de pénible
  – assujettissant qui exige beaucoup d'efforts
  – répétitif qui revient sans aucun changement
  – fastidieux ennuyeux et monotone
  – machinal que l'on exécute sans réfléchir
  – épuisant
  – exténuant extrêmement fatigant
  – à la chaîne au cours duquel on exécute la même
  tâche sur des pièces défilant devant soi
  – qualifié qui exige une compétence particulière
  – à l'heure qui est payé suivant le nombre
  d'heures effectuées
  – au noir que l'on effectue sans contrat
  et sans être déclaré
un accident du travail qui se produit en situation
  de travail rémunéré

Le temps de travail et la rémunération

un travail
  – à temps plein la totalité du temps légal
  – à mi-temps la moitié du temps légal
  – à temps partiel en dessous du temps légal
  – précaire dont on ne sait combien de temps il durera
une rémunération argent perçu en échange d'un travail
un salaire rémunération d'un travail payé
  régulièrement
une gratification somme donnée en sus du salaire
la rétribution ce que l'on gagne par son travail
les appointements rétribution attachée à un emploi
  régulier
le traitement salaire régulier, généralement mensuel
les honoraires somme perçue dans le cadre
  d'une profession libérale
une indemnité remboursement de certains frais
heures supplémentaires heures effectuées au-delà
  de la durée légale
le gagne-pain ce qui permet à quelqu'un de gagner sa vie
le SMIG salaire minimum garanti à une personne par
  la loi

L'emploi

un stage
un contrat d'apprentissage accord passé entre
  un employeur et un apprenti
une place poste de travail occupé par une personne
la main-d'œuvre ensemble des ouvriers
  et des employés d'une entreprise
l'intérim période pendant laquelle on assure
  un remplacement dans une entreprise
l'embauche fait d'engager quelqu'un pour un travail
le contrat de travail document qui fixe les obligations
  de l'employé et de l'employeur
un certificat de travail document qui indique la nature
  et la durée du travail effectué
la législation du travail ensemble des lois et règles
  du monde du travail
le licenciement privation d'un emploi
les congés payés période de repos rémunérée
un arrêt de travail cessation provisoire d'un travail,
  souvent pour cause de maladie
le chômage situation d'une personne qui n'a pas
  de travail
mettre quelqu'un à pied suspendre quelqu'un de
  ses fonctions
le chômage technique arrêt de travail momentané
  décidé par l'employeur
la grève arrêt de travail pour obtenir des avantages
  ou une amélioration de ses conditions de travail
la grève tournante qui affecte l'ensemble des secteurs
  de l'activité économique
la médecine du travail suivi médical des personnes
  au sein de leur activité professionnelle

Expressions usuelles

Travailler avec acharnement, d'arrache-pied. Travailler avec détermination.
Être débordé, surchargé, submergé. Avoir trop de travail.
Travailler en dilettante. Travailler sans vraiment se fatiguer.
Se tuer au travail. Travailler au-delà de ses limites.
Avoir du pain sur la planche. Avoir beaucoup de travail.
Ne pas savoir où donner de la tête. Être débordé par l'accumulation des tâches.
Soigner un travail. L'exécuter avec beaucoup de soin.
Se mettre à l'ouvrage. Entreprendre un travail.
Prendre sa retraite. Arrêter l'exercice de sa profession.
Abattre de la besogne. Travailler vite.
Un bourreau de travail. Une personne qui travaille sans cesse.
Un travail de longue haleine. Un travail qui exige beaucoup de persévérance.

Exercices

1 ▶ Complétez les phrases en vous aidant des expressions ci-dessus.
a. À l'âge de 60 ans, cet infirmier a pris … ; il va pouvoir voyager.
b. J'ai de nombreux exercices à effectuer ; je ne sais plus où … .
c. Reconstituer un puzzle de 2 000 pièces, c'est un travail de … .
d. Pascal a été absent ; il travaille d'… pour rattraper son retard.
e. Charles n'apprécie guère la tâche qui lui est confiée ; il travaille en … .
f. Pierre-Yves est devant son ordinateur douze heures par jour : c'est un vrai … !

2 ▶ Complétez les phrases avec les verbes suivants en faisant les accords nécessaires.
s'occuper – parfaire – s'appliquer – peiner – exécuter – créer – fabriquer
a. Dans cette usine, les ouvriers … des moteurs d'avions.
b. Ce sculpteur … des statues aux formes étonnantes.
c. Dans ce magasin, Magali … de la vente des vêtements pour enfants.
d. En quelques instants, un caricaturiste … le portrait des hommes politiques.
e. Jérôme recopie sa rédaction ; il … pour remettre une copie parfaite.
f. Sans dictionnaire, tu … à traduire ce texte écrit en anglais.
g. Michaël … ses connaissances en physique en lisant de nombreux ouvrages.

3 ▶ Classez ces adjectifs en deux catégories selon qu'ils qualifient un travail pénible ou facile.
exténuant – aisé – enfantin – titanesque – simple – ardu – rude – plaisant – laborieux – commode – difficile – élémentaire – fatigant – éreintant – harassant – insignifiant

4 ▶ Complétez les phrases avec des synonymes du nom « rémunération ».
a. Ce chirurgien perçoit des … élevés, mais c'est un grand spécialiste.
b. Au-delà de 35 heures, les ouvriers sont payés en heures … .
c. Dans cette entreprise, quel est le … des employés ?
d. Lorsqu'ils doivent déjeuner sur le chantier, les maçons perçoivent une … de repas.
e. Le … de tous les fonctionnaires vient d'être augmenté.
f. Les petits travaux de ménage ne donnent lieu qu'à une modeste … .
g. Ces caissières trouvent que leurs … ne sont pas à la hauteur de leur tâche.

5 ▶ Complétez les phrases avec les noms de la liste ci-dessous.
grève – congés payés – législation du travail – arrêt de travail – certificat de travail – contrat d'apprentissage – chômage technique
a. Cet ouvrier a un … élogieux : il a donné toute satisfaction.
b. Ce jeune homme va signer un … : il souhaite passer un CAP de cuisinier.
c. S'estimant mal payés, les employés se mettent en … .
d. Beaucoup d'employés souhaitent prendre leurs … au mois d'août.
e. Les commandes sont en chute libre ; les ouvriers sont au … .
f. M. Karlin est malade ; son médecin lui remet un … .
g. La … est formelle : les enfants ne doivent pas travailler !

CORRIGÉS P. 187

62 LES LOISIRS

Les loisirs

un passe-temps manière agréable de se distraire
un violon d'Ingres activité exercée avec assiduité en dehors de sa profession
un hobby (mot anglais) loisir préféré
une distraction
un dérivatif activité qui procure une diversion pour l'esprit
une passion activité que l'on aime énormément
une manie activité souvent bizarre
le bien-être état agréable du corps et de l'esprit
l'oisiveté désœuvrement, inaction
s'amuser
se distraire passer agréablement le temps
se divertir se distraire en s'amusant
se détendre se délasser, se laisser aller, se reposer
s'adonner à une activité pratiquer une activité avec détermination
se passionner pour quelque chose prendre un intérêt très vif pour quelque chose
raffoler de quelque chose aimer quelque chose à la folie
apprécier quelque chose porter un jugement favorable sur quelque chose
goûter quelque chose savourer, estimer, apprécier quelque chose
faire preuve d'engouement manifester beaucoup d'intérêt
collectionner réunir des objets de même nature

Des activités de détente

le bricolage (faire des) petits travaux d'installation ou de réparation
une collection ensemble d'objets de même nature que l'on garde pour son plaisir
la lecture
la musique
les jeux vidéo
la fabrication de maquettes
le dessin
la peinture
le théâtre art de jouer une œuvre littéraire devant un public
la poterie fabrication d'objets en terre cuite
la vannerie fabrication d'objets en osier ou en rotin
la sculpture réaliser des œuvres d'art dans une matière dure
les mots croisés grille de mots à remplir d'après leur définition
les jeux de cartes
les jeux de société jeux où l'on joue à plusieurs
le tricot ouvrage réalisé en entrelaçant des mailles de laine ou de coton
la broderie

le tissage
le jardinage
une activité de plein air activité que l'on pratique à l'extérieur
la pétanque jeu de boules pratiqué entre amis
l'aquariophilie élevage de poissons en aquarium
la philatélie collectionner les timbres-poste

Le camping

l'emplacement endroit réservé aux campeurs
la tente abri provisoire en toile soutenu par des piquets
les piquets petits pieux à fixer en terre pour tenir la toile de tente
l'auvent toile en avancée d'une tente ou d'une caravane
le mât montant pour soutenir une toile de tente
le tapis de sol revêtement souple disposé sur le sol d'une tente pour s'étendre
le matelas pneumatique enveloppe de caoutchouc que l'on gonfle pour dormir
le sac de couchage sac fait de duvet dans lequel on se glisse pour dormir
la caravane remorque automobile aménagée pour servir de logement provisoire
le camping-car camionnette aménagée pour le camping

La pêche

une canne à pêche longue tige au bout de laquelle on fixe un fil
une ligne long fil de Nylon au bout duquel on fixe le bouchon, les plombs et l'hameçon
un bouchon flotteur fixé au milieu de la ligne qui s'enfonce lors d'une prise
des plombs petits morceaux de plomb grâce auxquels l'hameçon s'enfonce
un hameçon petite pièce de métal en forme de crochet pour attraper les poissons
un moulinet petit dispositif à manivelle qui permet d'enrouler la ligne
une épuisette petit filet monté au bout d'une perche pour recueillir le poisson
une amorce produit jeté dans l'eau pour que les poissons s'approchent
un appât pâture que l'on fixe sur l'hameçon pour attirer le poisson
un leurre petit objet, fixé sur l'hameçon, destiné à tromper le poisson
une mouche leurre fait de plumes qui imitent l'insecte
une cuillère leurre fait d'une plaque de métal brillante
une touche action du poisson qui mord à l'hameçon
pêcher au lancer lancer un leurre qu'on ramène à soi à l'aide d'un moulinet
ferrer le poisson tirer d'un coup sec pour accrocher le poisson à l'hameçon

Expressions usuelles

Être friand de quelque chose. Aimer particulièrement quelque chose.
Disposer de loisirs. Avoir du temps pour se distraire.
Se livrer à quelque chose. Effectuer quelque chose.
Faire quelque chose tout à loisir. En prenant tout son temps.
Avoir du temps à soi. Avoir du temps pour se distraire.
Bénéficier d'un moment de répit. Avoir un moment de repos.
Consacrer ses loisirs à quelque chose. Réserver ses loisirs pour quelque chose.
Être amateur de quelque chose. Apprécier particulièrement.
Se mettre au vert. Aller se reposer à la campagne.
Camper sur ses positions. S'obstiner, ne pas vouloir en démordre.

Exercices

1 ▶ Complétez les phrases à l'aide des expressions ci-dessus.
a. Bien que ses amies lui aient prouvé que les Martiens n'existent pas, Marie campe sur ... .
b. Mme Delorme ... ses loisirs aux travaux de broderie : des abécédaires principalement.
c. Depuis qu'il est à la retraite, M. Friard a beaucoup de ... à lui.
d. Lilian se ... volontiers au plaisir de reconstituer des puzzles.
e. Lorenzo est ... de jeux de société ; il ne manque jamais un tournoi de belote.
f. Avant de disputer la finale de la Coupe, ces footballeurs se ... .

2 ▶ Associez chaque activité de loisir au lieu où elle se pratique.
a. la spéléologie
b. la culture des orchidées
c. la danse
d. la randonnée
e. préparer des petits plats
f. le rafting
g. la magie

1. une salle munie de miroirs et d'une barre
2. une serre
3. la montagne
4. une grotte
5. un torrent
6. un cabinet secret
7. une cuisine

3 ▶ Indiquez le loisir pratiqué par ces personnes.
a. M. Marmier installe des poissons rouges dans son aquarium.
b. Lorsqu'il retourne un as, Florian a le sourire.
c. Chaque semaine, Jordi emprunte plusieurs livres à la bibliothèque.
d. Patricia choisit toujours ses pinceaux et ses brosses avec soin.
e. Installé devant son tour, Brice réalise de magnifiques vases.
f. Laurent écoute les conseils du metteur en scène.
g. Vanessa a rempli une grille qui n'avait que cinq cases noires.
h. Pour compter les fils, Mme Favier prend ses lunettes.
i. M. Quentin ne savait pas que le cochonnet était en buis.

4 ▶ Complétez ce texte qui raconte l'installation de Sandra et Florence dans un camping.
Le gérant du camping leur a réservé un ... à l'ombre. Tout d'abord, elles déplient la ... et la disposent sur le sol. Elles enfoncent les ... à l'aide d'un maillet et elles montent le ... qui soutiendra la toile. Elles disposent leur ... sur le ... en prenant soin d'ôter les cailloux qui pourraient le percer. Sous l'..., elles placent leur matériel de cuisine, la table et les sièges pliants.

5 ▶ Complétez ce texte qui décrit les préparatifs d'un pêcheur.
M. Robin choisit une ... suffisamment flexible pour se rendre au bord de l'étang de Replonges. Il sort sa boîte d'... et ne prend que les petits, car il pêchera le goujon. Il n'aura donc pas besoin d'une ..., celle-ci étant réservée aux gros poissons. Il enroule sa ... autour du ... en prenant soin de ne pas l'emmêler. Il choisit un ... très sensible qui s'enfoncera à la moindre ... . Dimanche prochain, M. Robin pêchera la truite au ... ; il fixera une ... ou une ... au bout de sa ligne qu'il dirigera vers l'aval du barrage. Il sortira peut-être une grosse prise.

CORRIGÉS
P. 187

Les liens sociaux

Les vacances

une station
- balnéaire lieu de séjour au bord de la mer
- thermale lieu où l'on suit une cure thermale
- de ski
- verte lieu où l'on est proche de la nature

la haute saison période où beaucoup de gens
sont en vacances
la basse saison période où peu de gens sont
en vacances
le dépaysement changement agréable d'habitudes
les préparatifs
la destination
l'embarquement la montée à bord d'un bateau
ou d'un avion
la correspondance changement de moyen de transport
l'affluence rassemblement d'un nombre important
de personnes en un même lieu
la fréquentation fait de fréquenter un lieu

Les lieux de séjour

un hôtel
un gîte endroit où l'on peut se loger temporairement
un bungalow petite maison en matériaux légers
une pension lieu très simple où l'on est logé et nourri
une chambre d'hôte chambre à louer chez un
particulier
une auberge de jeunesse
un centre de vacances
une colonie de vacances
un club de vacances
un camping
une location de vacances
louer s'installer en un lieu contre paiement
réserver retenir à une place l'avance

Le tourisme

une agence de voyages
un voyage organisé un voyage où tout est prévu
une croisière voyage en bateau
un séjour
une visite
un circuit itinéraire touristique
une excursion petit voyage ou longue promenade
un raid parcours exigeant une bonne condition
physique
un périple long voyage avec de nombreuses étapes
un pèlerinage voyage effectué vers un lieu saint
une randonnée
la navigation de plaisance voyage d'agrément en mer
ou en rivière
une attraction touristique
un guide touristique
une carte touristique carte qui indique les lieux à visiter

un tour-opérateur organisme qui vend des voyages
l'office du tourisme lieu où l'on renseigne un touriste
une boutique de souvenirs
l'exode des vacanciers départ en vacances d'un grand
nombre de personnes à la même période
une carte
de l'auto-stop
le tourisme
- estival effectué en été
- hivernal effectué en hiver
- balnéaire au bord de la mer
- fluvial au fil de l'eau (rivières ou canaux)
- montagnard
- itinérant effectué en plusieurs étapes
- écologique qui respecte l'environnement
- rural à la campagne
- culturel qui privilégie les visites culturelles
- familial
- de masse pratiqué par beaucoup de personnes
- solidaire qui respecte les populations locales
- à visage humain sans grands moyens

organiser son voyage en prévoir les modalités,
le programmer
se balader se promener sans hâte
flâner
voir du pays visiter de nombreux lieux
séjourner

Des lieux à visiter

un château
un donjon plus haute tour d'un château fort
les remparts murailles entourant une ville, un château
une église lieu de culte de la religion chrétienne
temple lieu de culte de diverses religions
une cathédrale église où réside l'évêque
un musée édifice où sont présentées des œuvres d'art
une exposition présentation d'œuvres d'art
un monastère (un couvent) bâtiment où vivent
des moines ou des religieuses
une abbaye monastère dirigé par un abbé
un cloître galeries qui entourent la cour centrale
d'un monastère
une mosquée lieu de culte de la religion musulmane
une synagogue lieu de culte de la religion juive
un beffroi haute tour située près de l'hôtel de ville
un zoo
un jardin botanique jardin aménagé pour l'étude
des plantes
un aquarium bâtiment où l'on découvre des poissons
dans d'immenses bassins
un parc d'attractions
une cité médiévale cité datant du Moyen Âge
un mémorial musée historique
des grottes
un site archéologique lieu où se trouvent des vestiges

Expressions usuelles

Prendre un coup de soleil. Avoir la peau rougie suite à une longue exposition au soleil.
Changer d'air. Quitter sa résidence habituelle, voyager.
Rouler sa bosse. Mener une existence vagabonde, aventureuse.
Partir avec armes et bagages. Partir avec tout le nécessaire.
Cela vaut le coup d'œil. Cela mérite d'être vu.
Faire route vers. Se diriger vers.
Être en quête de. Rechercher.
Prendre pension. Être nourri et logé dans un lieu donné.
L'étalement des vacances. Répartition des vacances en des périodes différentes.
Regagner ses pénates. Retrouver son domicile.
Le point de chute. Endroit où une personne s'installe.
Prendre du bon temps. S'amuser, se reposer, ne rien faire.
Partir à l'aventure. Partir vers l'inconnu.

Exercices

1 ▶ Complétez les phrases en vous aidant des expressions ci-dessus.
a. Après une année de travail, beaucoup de personnes ont besoin de changer d'... .
b. À la fin de son séjour au Salvador, Christine est heureuse de regagner ... .
c. Lorsqu'il eut 20 ans, Damien partit ... en Asie du Sud-Est.
d. Ceux qui s'aventurent dans la forêt amazonienne sont en ... de sensations fortes.
e. Sans l'..., tout le monde se retrouverait aux mêmes endroits en même temps.
f. Chamonix est un excellent ... pour ceux qui veulent gravir le mont Blanc.
g. Tous les ans, la famille Linard ... dans une petite auberge du Gers.
h. Dans sa jeunesse M. Lapray a ... dans de nombreux pays d'Europe.

2 ▶ Complétez les phrases avec les noms de la liste ci-dessous.
itinéraire – traversée – excursion – raid – expédition – randonnée –
parcours – détour – croisière
a. À la Réunion, tous les ans, un ... mène les sportifs de l'île de cirque en cirque.
b. Rien ne vaut une ... sur le Nil pour découvrir les sites de l'Égypte des pharaons.
c. Lorsqu'elle ira à Toulouse, Mme Tardy fera un ... pour visiter la grotte de Lascaux.
d. Le comité des fêtes d'Hatrize organise une ... en Alsace.
e. Toute la famille Forest effectuera une ... dans le massif de la Vanoise.
f. Avant de partir, M. Varrini étudie avec soin l'... de son voyage.
g. La ... Marseille-Bastia dure une nuit.
h. À Carnac, le ..., bien fléché, permet de découvrir tous les menhirs.
i. Une ... scientifique passera l'hiver en terre Adélie.

3 ▶ Complétez les phrases avec des mots de la page ci-contre.
Arrivée sur son ... de vacances, une station ..., Lisa se dirige vers son ... au bord de la plage. De sa chambre, la vue sur la mer est magnifique. Demain, elle se rendra à l'... du tourisme et elle retiendra une place pour une ... au large des îles de Lérins. Elle pense que l'... ne sera pas trop importante, car le mois de juin se situe en ... saison. Elle adore cette période pendant laquelle il ne fait pas trop chaud et elle profite du ... : elle oublie les encombrements et les fumées de la ville.

4 ▶ Attribuez à chaque personnage les mots ou expressions correspondant à sa façon de voyager.
a. Rachel part en bateau. – b. Béatrice part en train. –
c. Carlos part en avion. – d. Francis part à pied.
un wagon – s'embarquer – un sac à dos – la voie ferrée – débarquer – une randonnée – les rails – les réacteurs – atterrir – un voilier – une gourde – une piste d'atterrissage – un port – un aéroport – un wagon-lit – naviguer – une tente – survoler – jeter l'ancre – un tunnel – une promenade – un marcheur – une hôtesse de l'air – le TGV

Les liens sociaux

LES FÊTES

Différentes fêtes

les festivités
les réjouissances
le divertissement
la cérémonie
la commémoration cérémonie qui rappelle
   un événement
l'inauguration cérémonie qui marque la première mise
   en service d'un lieu
la célébration cérémonie qui fête un événement
la fête patronale jour où l'on célèbre le saint
   d'un village
la fête carillonnée grande fête annoncée
   par un concert de cloches
la fête sportive
la fête foraine
le carnaval fête où l'on se déguise et où l'on organise
   des défilés de chars fleuris
la fête aérienne démonstration en vol d'appareils
la fiesta terme familier pour désigner la fête
la vogue nom régional de la fête foraine
la ducasse fête populaire du Nord de la France
la foire fête commerciale, parfois synonyme
   de *fête foraine*
la kermesse fête de plein air organisée au bénéfice
   d'une œuvre ou d'un établissement
le défilé
la revue militaire défilé des troupes devant les officiers
la retraite aux flambeaux défilé de porteurs de torches
l'exhibition présentation au public
un spectacle
le festival manifestation organisée à époque fixe
une animation mise en place d'activités festives
un amusement
une réception
un pique-nique repas pris en plein air
un feu d'artifice tirs nocturnes de fusées lumineuses
les floralies fête consacrée à la présentation de fleurs
la procession défilé religieux
le cortège suite de personnes lors d'une cérémonie
la réception réunion où l'on reçoit des invités
le gala grande fête à caractère officiel ou solennel
le banquet repas somptueux qui réunit beaucoup
   d'invités
le festin repas de fête copieux
le réveillon repas que l'on prend dans la nuit précédant
   Noël ou le 1er janvier
le bal
s'amuser
se réjouir
célébrer
festoyer prendre part à un festin
distraire
se déguiser
convier (registre soutenu) inviter

recevoir accueillir des invités
être
   – heureux
   – gai
   – amusant
   – joyeux
   – plaisant
   – content
   – radieux qui rayonne de bonheur, de joie
   – enchanté extrêmement heureux
   – ravi très content
la salle des fêtes lieu où se déroulent diverses
   manifestations
le comité des fêtes groupe de personnes chargées
   d'organiser des manifestations festives

Fêtes familiales

le baptême
l'anniversaire
les fiançailles
le mariage (les noces)

Fêtes civiles

le Jour de l'An
le 1er Mai fête du Travail
le 14 Juillet la fête nationale française, marquée
   par des défilés militaires, des bals et des feux d'artifice
le 8 Mai et le 11 Novembre journées du souvenir
   des guerres passées
la fête des Mères
un jour férié un jour où l'on ne travaille pas
le centenaire célébration du centième anniversaire
   de la naissance d'une personne ou d'un événement
   important

Fêtes religieuses

chrétiennes
   – Noël
   – la Saint-Nicolas
   – l'Épiphanie
   – Mardi gras
   – Pâques jour de la résurrection de Jésus-Christ
   – l'Ascension jeudi marquant l'élévation miraculeuse
     de Jésus-Christ dans le ciel
   – la Pentecôte dimanche de mai marquant
     la descente du Saint-Esprit sur les apôtres
   – la Toussaint
musulmanes
   – l'Aïd-el-Kébir importante fête au cours de laquelle
     on sacrifie un mouton
   – le Ramadan période de jeûne du lever du soleil
     à son coucher
juives
   – Sabbat repos observé chaque samedi
   – Yom Kippour (le Grand Pardon) fête marquée
     par le jeûne et la prière

Expressions usuelles

Être à la fête. Être vraiment heureux, ravi.

Faire la fête. Mener une vie joyeuse et insouciante.

Faire fête à quelqu'un. L'accueillir avec chaleur, avec empressement.

Se faire une fête de. Envisager un événement avec grand plaisir.

Se trouver à pareille fête. Se trouver dans une situation agréable.

Un air de fête. Une atmosphère propice aux réjouissances.

Sauter de joie. Manifester une joie excessive.

Prendre part à quelque chose. Participer à quelque chose.

Un trouble-fête. Personne qui trouble les réjouissances, qui dérange.

Pendre la crémaillère. Fêter son installation dans un nouveau logement.

Arroser un événement. Fêter un événement en offrant à boire.

Ce n'est pas tous les jours fête. Dans la vie, il y a des moments déplaisants.

« Ça va être ta fête. » (fam.) Expression de menace envers quelqu'un.

Exercices

1 ▶ **Corrigez les erreurs qui se sont glissées dans les expressions de ces phrases.**

a. Au pied du sapin, les enfants plongent de joie.

b. Lors du carnaval, avec tous mes amis, nous étions à la peine.

c. Aucun trouble-joie n'est venu perturber la kermesse.

d. Le quartier est joliment décoré ; il a un air lugubre.

e. Pour les malheureux enfants du Soudan, ce n'est pas tous les ans fête.

f. Il y a bien longtemps que Martin ne s'était pas perdu à pareille fête.

g. La famille Farin s'installe à Bobigny ; elle décroche la crémaillère avec des amis.

h. Mme Jouve vient d'être nommée directrice ; elle lave ça avec ses collègues.

2 ▶ **Classez les événements suivants en deux catégories selon qu'ils sont heureux ou malheureux.**

un banquet – l'inauguration – les réjouissances – le carnaval – les obsèques – l'accident – la kermesse – la défaite – un festin – la maladie – le mariage – une déception – la fête foraine – le gala – une trahison

3 ▶ **Complétez les phrases avec des mots qui conviennent.**

a. La lecture des mangas est un de mes ... préférés.

b. Autrefois, les ... qui accompagnaient la fin des moissons duraient plusieurs jours.

c. Lors de la ... de Saint-Yan, les pilotes ont multiplié les acrobaties.

d. Le foyer des élèves organise une ... à laquelle tout le collège assiste.

e. Pendant la période du ..., les musulmans jeûnent toute la journée.

f. Louis XIV, le roi de France, ... les courtisans dans sa chambre à coucher.

g. Toutes les aventures d'Astérix se terminent par un grand ... où l'on sert des sangliers.

h. Lors du ... de Nice, les spectateurs se jettent des tonnes de confettis.

4 ▶ **Classez ces fêtes en deux catégories selon qu'il s'agit de fêtes civiles ou religieuses.**

a. Noël

b. Pâques

c. le 14 Juillet

d. Yom Kippour

e. l'Aïd-el-Kébir

f. la Pentecôte

g. la Toussaint

h. l'Épiphanie

i. l'Ascension

j. la fête du Travail

k. la fête des Mères

l. le 11 Novembre

5 ▶ **Barrez l'intrus (le mot qui n'est pas un synonyme des deux autres) dans chaque liste.**

a. défilé – procession – gala

b. foire – kermesse – fête foraine

c. cortège – banquet – festin

d. s'amuser – guerroyer – festoyer

e. célébration – inauguration – commémoration

Les liens sociaux

123

CORRIGÉS P. 188

65

LE SPORT

Le sport

le sport
- amateur pratiqué comme un loisir
- professionnel qui est la profession de quelqu'un
- de haut niveau
- olympique inscrit aux Jeux olympiques
- de combat
- martiaux sports de combat d'origine japonaise, chinoise ou coréenne
- de glisse
- de balle
- extrême où l'on prend beaucoup de risques
- mécanique pratiqué avec un engin à moteur
- cycliste
- individuel pratiqué seul
- collectif pratiqué en équipe
- hippique pratiqué à cheval
- nautique pratiqué sur l'eau
- de loisir
- de masse pratiqué par beaucoup de monde

la compétition épreuve sportive
handisports sports pratiqués par des personnes handicapées
le tournoi compétition qui compte plusieurs matchs
la partie
la rencontre
le championnat
le classement
le résultat
la coupe épreuve par élimination directe
un record meilleure performance jamais obtenue
le set partie d'un match (tennis, ping-pong, volley-ball)
le Grand Prix compétition particulièrement importante
un athlète personne aux muscles puissants
le capitaine
l'entraîneur
le moniteur
le supporter
les arrêts de jeu période, après le temps réglementaire, qui compense les interruptions de la partie
la mi-temps
les prolongations périodes de jeu supplémentaires lorsque le résultat est nul à la fin de la partie

La pratique du sport

s'entraîner
s'échauffer préparer ses muscles avant l'activité
concourir participer à un concours, à une compétition
s'adonner à se livrer à, pratiquer
se dépasser
attaquer
(se) défendre
vaincre gagner
abandonner
perdre
arbitrer
pénaliser sanctionner pour comportement déloyal
se qualifier poursuivre la compétition après avoir réussi les épreuves éliminatoires
chronométrer mesurer précisément le temps
se doper prendre des produits interdits pour améliorer ses performances

Les qualités d'un(e) sportif(ive)

la volonté
la persévérance fait de ne jamais se décourager
la sportivité capacité d'accepter les règles du jeu
le fair-play (mot anglais) la sportivité
la loyauté honnêteté, droiture
l'énergie force qui permet d'accomplir des exploits
un sportif
- endurant
- incisif qui manifeste beaucoup de détermination
- souple
- vif
- élancé grand et mince
- fatigué
- épuisé
- éreinté extrêmement fatigué

Les vêtements de sport

le survêtement
le jogging (mot anglais) bas de survêtement souple
le maillot
le short
le fuseau
la combinaison
le collant sous-vêtement ajusté couvrant le bas du corps
le justaucorps maillot collant utilisé pour la danse ou la gymnastique

Les lieux du sport

le stade
le terrain
la salle de sport
le gymnase
la piscine
le ring espace entouré de cordes pour les combats de boxe
le tatami tapis pour la pratique de sports de combat
le vélodrome
le circuit itinéraire ramenant au point de départ
la piste
le sautoir
la patinoire
le plan d'eau
le court terrain de tennis
la salle d'armes lieu pour pratiquer l'escrime

Expressions usuelles

Pratiquer à outrance. Pratiquer intensément.
Se jouer de. Surmonter sans difficulté.
Jeter l'éponge. Ne plus continuer.
Déclarer forfait. Ne pas disputer la partie, ne pas accomplir quelque chose.
Battre un record. Améliorer une performance.
Jouer franc jeu. Agir sincèrement.
Tirer son épingle du jeu. Se sortir d'une situation délicate.
Se piquer au jeu. Prendre un vif intérêt à quelque chose.
Cacher son jeu. Dissimuler ses intentions.
Sauter aux yeux. Être évident.
Sauter un repas. Ne pas manger, jeûner.
Avoir un temps d'avance. Prévoir avant tout le monde.

Exercices

▶ **Complétez les phrases en vous aidant des expressions ci-dessus.**
a. Le boxeur a reçu trop de coups ; son entraîneur ... pour arrêter le combat.
b. Ce problème de mathématiques n'est pas facile : la solution ne ... .
c. Au début, Fanny n'aimait pas s'exercer au violon, mais maintenant elle ... .
d. Cet inventeur génial a ... : il découvre tous les jours quelque chose.
e. Lorsqu'il a trop de travail, il arrive que M. Denis ... : ce n'est pas bon pour la santé.

▶ **Associez chaque sport au lieu où il se pratique.**
a. le saut en hauteur   1. une piscine   h. l'escrime   8. un plan d'eau
b. le judo   2. une patinoire   i. le football   9. un gymnase
c. l'équitation   3. un manège   j. la barre fixe   10. une salle d'armes
d. la boxe   4. un sautoir   k. la pelote basque   11. un fronton
e. le hockey sur glace   5. un ring   l. le tennis   12. un tremplin
f. le 100 m brasse   6. un tatami   m. l'aviron   13. un court
g. la varappe   7. un mur d'escalade   n. le saut à ski   14. un terrain

▶ **Classez les sports suivants selon leur catégorie. (Il peut y avoir plusieurs solutions.)**
a. sports de combat – b. sports nautiques – c. sports de glisse – d. sports mécaniques
le patinage – le karaté – le ski – le skate-board – la boxe – le judo – la lutte – l'aïkido –
la voile – la natation – la luge – le kayak – la plongée – le karting – le patin à roulettes –
le rallye – le surf – le moto-cross – l'escrime – la formule 1 – le water-polo – l'enduro –
l'aviron – le trial – le plongeon

▶ **Dans chaque phrase, un mot ne convient pas : remplacez-le par un terme correct.**
a. Les spectateurs agitent des banderoles pour décourager leur équipe favorite.
b. Les deux joueurs choisissent leur carabine et s'installent sur le court.
c. Le sauteur à la perche prend son ballon et franchit une barre à 6 m.
d. Le marathonien court à perdre ses clés et rattrape ses adversaires.

▶ **Barrez l'intrus (le mot qui ne désigne pas un sport) dans chaque liste.**
a. le saut à la perche – le saut en longueur – le saut d'obstacles – saute-mouton
b. la course à pied – les courses au marché – la course cycliste – la course automobile
c. le basket-ball – le handball – l'intervalle – le football – le volley-ball
d. le lancer du disque – le lancer du poids – le lancer du javelot – le lancer de pierres
e. le tir à l'arc – le tir des cartes – le tir au pistolet – le tir à la carabine
f. le char à voile – le lever de voile – la planche à voile – le vol à voile

▶ **Classez ces sports selon qu'ils se pratiquent individuellement ou par équipe.**
le cricket – le karting – le parachutisme – l'haltérophilie – le base-ball – le golf –
le bowling – le ski acrobatique – le marathon – le deltaplane – le hockey sur gazon –
le patinage artistique – le fitness – le catch – le trampoline – le rugby – le curling

Les liens sociaux

**CORRIGÉS
P. 188**

Les religions

le monothéisme religion qui ne reconnaît qu'un dieu
le polythéisme religion qui reconnaît plusieurs dieux
le christianisme religion fondée sur l'enseignement de Jésus-Christ
le catholicisme religion chrétienne pratiquée sous l'autorité du pape
le protestantisme religion chrétienne réformée qui diffère du catholicisme
l'islam religion des musulmans fondée par le prophète Mahomet
le judaïsme religion juive
le bouddhisme doctrine prêchée par Bouddha
l'hindouisme ensemble des courants religieux de l'Inde
l'athéisme le fait de ne croire en aucun dieu
la laïcité principe de séparation de l'État et des religions
l'animisme croyance attribuant une âme aux choses
le fétichisme culte des objets magiques
la secte groupe idéologique et mystique sous l'emprise d'un guide spirituel

Les édifices religieux

l'église lieu du culte catholique
le clocher
la cathédrale grande église où officie l'évêque
la chapelle partie d'une église ou lieu de culte privé
la basilique très grande église
le monastère groupe de bâtiments habité par des moines
le couvent groupe de bâtiments habité par des nonnes
le cloître les galeries qui entourent la cour d'un couvent
la paroisse territoire sur lequel exerce un curé
le diocèse territoire sur lequel exerce un évêque
le presbytère lieu d'habitation du curé
la mosquée lieu du culte musulman
le minaret tour d'une mosquée
la synagogue lieu du culte juif
le temple lieu du culte protestant

Les religieux

le clergé ensemble des personnes attachées à une église
le prêtre celui qui préside aux cérémonies religieuses
le curé prêtre qui a la responsabilité d'une paroisse
le vicaire prêtre qui assiste le curé d'une paroisse
l'aumônier ecclésiastique auprès d'une collectivité
le moine religieux vivant dans un monastère
le prieur religieux qui dirige un monastère
la nonne religieuse catholique
l'évêque dignitaire de l'Église catholique
le cardinal haut dignitaire de l'Église catholique
le pope prêtre de l'Église orthodoxe
le pape chef suprême de l'Église catholique
le patriarche chef suprême de l'Église orthodoxe

l'abbé celui qui dirige une abbaye
le pasteur ministre du culte protestant
le rabbin ministre du culte israélite
le mollah responsable religieux musulman
le muezzin fonctionnaire religieux musulman qui fait l'appel à la prière
l'imam ministre du culte musulman qui conduit la prière
le bonze religieux bouddhiste
le marabout homme doté du pouvoir de divination
le gourou maître à penser d'une secte
le sacristain personne chargée de l'entretien de l'église
l'enfant de chœur celui qui assiste le curé à la messe

Croyances et pratiques religieuses

la conviction certitude que l'on a de la vérité
la croyance fait de croire
la prière
la foi adhésion de l'esprit à une vérité révélée
le dogme principe établi jamais remis en cause
le culte ensemble des cérémonies religieuses
l'office service religieux
la messe office religieux chrétien
la liturgie ordre des services religieux fixé par une Église
la grande prière grande cérémonie chez les musulmans
le rite ensemble des cérémonies d'une religion
l'hérésie doctrine contraire à la foi condamnée par l'Église
la Bible Livre saint pour les chrétiens et les juifs
l'Évangile Livre saint des chrétiens
le Coran Livre saint pour les musulmans
un missel livre de prières pour les chrétiens
un prophète personne qui parle au nom de Dieu
un saint personne défunte qui a mené une vie exemplaire
le paradis lieu où séjourneraient les bienheureux après leur mort
l'enfer lieu de supplices des rejetés du paradis
le diable être qui représente l'Esprit du mal
le purgatoire lieu où les morts expient leurs fautes avant le paradis
être
 – **croyant** avoir la foi
 – **pratiquant** suivre régulièrement les principes religieux
 – **athée** ne pas croire en Dieu
 – **pieux** être très respectueux envers les choses de la religion
 – **fervent** être particulièrement convaincu
 – **dévot** être attaché aux pratiques religieuses
 – **converti** avoir changé de religion
 – **mystique** pratiquer sa religion de manière passionnelle
 – **un adepte** adhérer à une religion
 – **un mécréant** ne pas avoir la foi

Expressions usuelles

Sa religion est faite. Son opinion est arrêtée.
Entrer dans les ordres. Se faire prêtre, moine ou religieuse.
Ne pas se faire prier. Accepter sans difficulté, de son plein gré.
Ce n'est pas très catholique. C'est une affaire douteuse, louche.
Avoir le diable au corps. Ne pas tenir en place, déployer beaucoup d'énergie.
Habiter au diable. Habiter dans un lieu lointain et souvent désert.
Se faire l'avocat du diable. Défendre la cause opposée à celle de son interlocuteur.
Nul n'est prophète en son pays. Il est difficile d'être apprécié par ceux qui vous sont proches.
L'habit ne fait pas le moine. Il ne faut pas se fier aux apparences d'une personne.
Une parole d'évangile. Propos ou écrit indiscutable, vérité absolue.
Prendre son bâton de pèlerin. Partir à la recherche de quelque chose.
Ne plus savoir à quel saint se vouer. Ne plus savoir comment se tirer d'affaire.
Être un saint homme. Mener une vie moralement irréprochable.
Ne pas être un enfant de chœur. Ne pas être naïf.

Exercices

▶ **Complétez chaque phrase avec l'une des expressions ci-dessus.**
a. M. Marchais recherche une édition originale des *Misérables* ; il a ... et contacte les bouquinistes.
b. Jérôme adore le basket-ball ; il ne se ... lorsqu'on lui propose d'assister à la finale de la Coupe.
c. Ce problème paraît insoluble et Delphine ne ... ! Elle va probablement renoncer.
d. Le tireur de penalty a simulé un lob, mais le gardien de but n'est ... : il a capté le ballon.
e. Pourquoi le vendeur brade-t-il ce véhicule apparemment neuf ? ... !
f. Le cours de ce professeur est passionnant ; tous ses propos sont ... .
g. La publicité a beau vanter ce merveilleux produit : ma ... ; je ne l'achèterai pas.
h. M. Daumas se dévoue sans compter pour les Restaurants du cœur : c'est un ... .
i. Le petit frère de Cyril multiplie les bêtises : Cyril croit bien qu'il ... .

▶ **Associez chacun des termes de la liste ci-dessous à une religion. Il peut y avoir plusieurs réponses.**

le pape – le bonze – le pasteur – le curé – le moine – le cardinal – l'imam –
le rabbin – le mollah – l'abbé – la chapelle – une église – une mosquée –
un couvent – une synagogue – un temple – une cathédrale – un presbytère –
un cloître – un minaret – la Bible – le Coran – l'Évangile

religion juive
religion musulmane
religion bouddhiste

religion catholique
religion protestante

▶ **Complétez les phrases avec les mots de la liste ci-dessous en faisant les accords nécessaires.**

croyant – converti – athé – adepte – pieux – pratiquant

a. La paroisse de Saint-Vincent compte de nombreux ... .
b. Lorsqu'il s'est marié avec Aïcha, François s'est ... à l'islam.
c. Les personnes ... observent régulièrement le temps de la prière.
d. Les ... sont persuadés que la Vierge s'est manifestée auprès de simples bergers.
e. ..., le voisin de Stéphane ne franchira jamais le seuil d'un lieu de culte.
f. Les ... du culte vaudou sacrifient des animaux de basse-cour.

▶ **Parmi les propositions en gras, entourez dans chaque cas celle qui convient.**
a. Ceux qui mènent une vie exemplaire iront tout droit **au paradis/en enfer/au purgatoire**.
b. Du haut du minaret, le **curé/pope/muezzin** appelle les musulmans à la prière.
c. Dans le **missel/rite/diocèse** orthodoxe, les fidèles sont placés face aux icônes.
d. **Le judaïsme/L'athéisme/L'animisme** est fort courant dans nombre de pays africains.
e. Les **vicaires/bonzes/cardinaux** sont réunis pour élire le nouveau pape.
f. Le **prieur/mécréant/prophète** du monastère de Ganagobie accueille les visiteurs.
g. La **liturgie/messe/laïcité** permet à toutes les religions de cohabiter sans heurt.

CORRIGÉS P. 188

67 LES CROYANCES ET LES SUPERSTITIONS

Les pratiques et les personnes

l'animisme croyance qui attribue aux choses une âme, une conscience
le panthéisme divinisation de la nature
le chamanisme pratiques à la fois magiques et religieuses qui font appel aux esprits de la nature, notamment pour guérir des maladies
la mythologie ensemble de mythes
un mythe légende des origines transmise oralement
une légende fable, histoire mythique
le folklore pratiques culturelles traditionnelles
la transmission orale transmission par des récits et non des écrits
une prédiction annonce de l'avenir
le sort destin, fatalité
la divination art de prédire l'avenir
un devin, une devineresse augure, prophète, prophétesse, visionnaire
un augure devin religieux ou présage
la sorcellerie
un sorcier, une sorcière
un enchanteur, une enchanteresse
un rebouteux guérisseur
un marabout sorcier
un féticheur sorcier qui fabrique les fétiches
l'occultisme magie, ésotérisme
le spiritisme croyance fondée sur les manifestations des esprits
un médium personne qui peut communiquer avec les esprits
un(e) spirite un médium
la magie
  – blanche qui utilise les esprits du bien
  – noire qui en appelle aux esprits du mal
un magicien, une magicienne
l'alchimie science occulte médiévale
un(e) alchimiste personne qui pratique l'alchimie
la cartomancie divination par les cartes
un cartomancien, une cartomancienne
la chiromancie lecture des lignes de la main
un chiromancien, une chiromancienne diseur ou diseuse de bonne aventure
un voyant, une voyante
l'astrologie divination par les astres
un(e) astrologue personne qui pratique l'astrologie
l'horoscope divination selon le zodiaque
le zodiaque représentation de la sphère céleste à travers douze signes couvrant une année
la numérologie divination par les nombres
l'idolâtrie culte religieux rendu à une idole
le vaudou combinaison entre animisme et catholicisme
le paganisme religion polythéiste
occulte en rapport avec l'occultisme, caché, qui s'exerce en secret
une secte

païen, païenne en relation avec le paganisme
idolâtre qui pratique l'idolâtrie
mythique en relation avec un mythe

Les êtres de légendes

une fée
un elfe esprit scandinave des forces de l'air et du feu
un lutin petit démon malicieux
un ondin, une ondine génie nordique des eaux
un korrigan, une korrigane génie breton malfaisant
une divinité
un démon
une nymphe divinité gréco-romaine de la nature
une dryade nymphe des forêts
un satyre demi-dieu champêtre mi-homme mi-bouc
un revenant un fantôme
un spectre une apparition, un revenant
un esprit être désincarné
un esprit frappeur esprit qui manifeste ses volontés
la Faucheuse la Mort
Pluton (nom romain) dieu de la Mort

Les objets et les sorts

un talisman porte-bonheur
une amulette porte-bonheur
un grigri porte-bonheur
un fétiche porte-bonheur
les porte-bonheur
  – un trèfle à quatre feuilles
  – un fer à cheval
  – une patte de lapin
  – une étoile filante
les porte-malheur
  – un chat noir
  – le nombre 13
  – le vendredi 13
  – la couleur verte
une malédiction parole qui souhaite le malheur
un sortilège enchantement, mauvais sort
démoniaque
maudit, maudite
maléfique
le tarot
une boule de cristal
la pierre philosophale objet recherché par les alchimistes
maudire proférer une malédiction
envoûter enchanter, ensorceler
exorciser libérer d'un démon par un rituel
conjurer libérer d'un sort ou d'une manifestation néfaste
hanter
légendaire
superstitieux
hanté(e)

Expressions usuelles

Prédire l'avenir. Annoncer les événements futurs.
Tirer les cartes. Lire l'avenir de quelqu'un dans le tarot.
Dire la bonne aventure. Prédire l'avenir.
Lire les lignes de la main. Lire l'avenir dans les mains.
Lire dans le marc de café. Voir l'avenir dans le marc de café.
Avoir le mauvais œil. Porter malheur.
Se protéger du mauvais œil. Se protéger contre le mauvais sort.
Jeter un sort. Lancer une malédiction, un sortilège.
De bon augure. Qui laisse présager des événements favorables.
De mauvais augure. Qui laisse présager des événements malheureux.
Un oiseau de malheur. Personne qui annonce un malheur ou qui porte malheur.
Tenter sa chance. Essayer dans l'espoir de gagner.
Un tirage au sort. Mode de désignation faisant appel au hasard.
Le sort en est jeté ! Advienne que pourra !

Exercices

1 ▶ Complétez les phrases suivantes avec une des expressions de la fiche.
   a. Les nuages s'éloignent : voilà qui est … ! Nous pourrons faire du vélo cet après-midi.
   b. Dans la mythologie, Cassandre annonçait toujours des catastrophes : un vrai … !
   c. La voyante utilise parfois sa boule de cristal pour … .
   d. En cas d'égalité, nous départagerons les candidats par … .
   e. Dans ce village, on accroche un porte-bonheur sur la porte d'entrée pour … .
   f. La fée … à la jeune fille : à chaque parole, elle cracherait des serpents et des crapauds.

2 ▶ Remplacez les mots en gras par un synonyme.
   a. Les êtres surnaturels sont communs aux **pratiques culturelles traditionnelles** de tous les peuples.
   b. Jadis dans les campagnes, on faisait soigner les maux bénins par un **guérisseur.**
   c. Le personnage de ce roman porte autour du cou **un talisman** qui doit le protéger du mauvais sort.
   d. Pour attirer les touristes dans son château, le marquis raconte qu'un **fantôme** s'y promène la nuit.
   e. Dans l'Antiquité, on avait souvent recours à des **augures**.
   f. Une **histoire** dit que les templiers ont maudit la descendance du roi Philippe le Bel.
   g. Une **diseuse de bonne aventure** propose de lire les lignes de la main le samedi lors du marché.

3 ▶ Dans chaque ligne de trois mots, barrez l'intrus (le mot qui n'est pas synonyme des deux autres).
   a. un enchantement – un esprit – un sortilège
   b. le tarot – le fétiche – le grigri
   c. une légende – un mythe – une spirite
   d. un astronome – un médium – un astrologue
   e. conjurer – exorciser – envoûter
   f. la cartomancie – la pharmacie – la chiromancie

4 ▶ Complétez les phrases à l'aide des mots de la liste suivante en faisant les accords nécessaires.

> païen – la mythologie – l'astrologue – la nymphe –
> la grande faucheuse – le vaudou – hanté

   a. … commence par faire le thème astral de son client.
   b. En Haïti, on pratique ce mélange de catholicisme et de paganisme qu'on appelle « … » .
   c. L'Église chrétienne s'est développée en Europe et a fini par supplanter les religions … .
   d. Dans …, l'égoïste Narcisse était aimé de … Écho.
   e. Une légende locale dit que ce château est … .
   f. … est une allégorie de la Mort.

Les liens sociaux

CORRIGÉS
P. 188

68 LA POLITIQUE

Les régimes et les idéologies politiques

une **monarchie** une royauté
 – **constitutionnelle** royaume doté d'une Constitution
un **royaume** système politique ayant à sa tête un roi
une **république** système dont les gouvernants sont élus
une **fédération** association d'États en un État unique
une **confédération** association d'États par simple traité
le **fédéralisme** partage des compétences entre
 État central et États fédérés
un **régime parlementaire** pouvoir équilibré
 entre parlement et gouvernement
la **démocratie** régime dans lequel le peuple
 est souverain
l'**oligarchie** régime où quelques individus
 ont le pouvoir
la **dictature** pouvoir absolu, sans contrôle
une **doctrine** ensemble de principes politiques
le **fascisme** régime politique totalitaire
le **totalitarisme** régime reposant sur un parti unique
le **socialisme** doctrine où la collectivité s'approprie
 les moyens de production
le **marxisme** doctrine économique et politique de Marx
le **communisme** synonyme de *marxisme*
 ou de *socialisme*
le **capitalisme** régime fondé sur les capitaux privés
le **libéralisme** doctrine hostile à l'intervention
 de l'État dans l'économie
la **gauche** partis désireux de changements politiques
la **droite** partis conservateurs
le **centre** partis modérés, entre la droite et la gauche
le **pluripartisme** système politique où existent plusieurs
 partis
un **démocrate** partisan de la démocratie
régner gouverner (pour un roi ou un empereur)
diriger gouverner
républicain(e)
fasciste partisan du fascisme
totalitaire qui repose sur un seul parti
marxiste partisan des doctrines de Karl Marx
communiste partisan du communisme
capitaliste partisan du capitalisme
conservateur réservé à l'égard des innovations
 politiques
progressiste qui souhaite des innovations politiques
libéral(e) partisan(e) du libéralisme
fédéral(e) qui concerne une fédération

Les gouvernants et leurs résidences

un **monarque** un roi, une reine
un(e) **souverain(e)** monarque
un **empereur**
un(e) **président(e)**
un **dirigeant** un chef d'État
un **dictateur** dirigeant qui a confisqué le pouvoir

un **tyran**
l'**Élysée** par métonymie, la présidence de la France
la **Maison-Blanche** par métonymie, le président
 des USA
le **Kremlin** par métonymie, la présidence russe

La vie politique et citoyenne

l'**agora** la place publique
une **nation** peuple, communauté conscients
 de leur identité
la **souveraineté** fait de détenir l'autorité suprême
une **Constitution** texte qui fixe les règles politiques
 d'un État
le **civisme** dévouement du citoyen pour son pays
l'**éducation civique**
les **droits civiques** droits du citoyen
les **droits de l'homme** droits fondamentaux
 de l'être humain
la **citoyenneté** qualité de citoyen, civisme
le **citoyen, la citoyenne** ressortissant d'un État
l'**engagement** prendre publiquement parti
 pour une cause
un(e) **politologue** analyste politique
la **démocratisation** processus qui va vers la démocratie
le **pouvoir**
l'**échiquier politique** domaine où s'opposent les partis
la **tolérance** fait d'accepter les opinions d'autrui
l'**intolérance** refus de tolérer les opinions différentes
un **groupe de pression** groupe organisé
 pour influencer l'État
la **propagande** activité tendant à propager des idées
la **démagogie** professer des théories pour flatter
 les préjugés
un **démagogue** homme politique qui a recours
 à la démagogie
le **clientélisme** forme de démagogie
un **veto** droit de s'opposer à une loi votée
l'**ordre public** la paix civile
une **manifestation**
une **insurrection** émeute, révolte, soulèvement
une **révolution** bouleversement du régime politique
couronner
détrôner chasser un roi du pouvoir
abdiquer renoncer au pouvoir royal
national(e) qui concerne la nation
civique relatif au citoyen
constitutionnel conforme à la Constitution
anticonstitutionnel contraire à la Constitution
démocratique qui est conforme à la démocratie
antidémocratique qui s'oppose à la démocratie
populaire qui concerne le peuple ou vient du peuple
tolérant qui accepte les opinions des autres
intolérant qui rejette les opinions différentes
révolutionnaire qui veut la révolution
démagogique qui pratique la démagogie

Expressions usuelles

Franchir le Rubicon. Se décider, faire un choix important.
Un coup de Jarnac. Une traîtrise.
Retourner sa veste. Changer complètement et subitement d'opinion.
Un coup de Trafalgar. Événement imprévu et malheureux.
Être plus royaliste que le roi. Avoir une opinion plus extrême que celle de la personne qu'on soutient.
Pratiquer la politique de l'autruche. Refuser de voir la réalité.
La politique du pire. Attitude qui cherche à tirer parti des situations négatives.
La realpolitik. Politique dictée par le pragmatisme.
Une république bananière. Un pays au gouvernement et à l'administration corrompus.
Verser un pot-de-vin. Soudoyer quelqu'un, l'acheter.
Les lendemains qui chantent. Espérance en un avenir meilleur.
Le politiquement correct. Façon de parler pour ne pas choquer les opinions dominantes.

Exercices

1 ▶ Trouvez des termes dont le sens se rapproche de ceux qui vous sont proposés.
a. une royauté – b. diriger – c. le socialisme – d. un dirigeant – e. une révolte – f. une souveraine

2 ▶ Transformez ces adjectifs en noms en modifiant leur suffixe.
a. démagogique – b. républicaine – c. constitutionnel – d. civique – e. capitaliste – f. totalitaire

3 ▶ Remplacez les mots en gras par un synonyme figurant dans la fiche.
a. Sous l'Ancien Régime, il y avait souvent **des révoltes** populaires liées à la famine.
b. La Corée du Nord est un État **dont la politique repose sur un seul parti**.
c. Le président de la République française a été reçu **dans la résidence du président russe**.
d. Les États-Unis sont **un ensemble d'États associés dans un État unique**.
e. Face aux revendications des peuples, les dirigeants des pays de l'Est ont dû accepter **d'aller vers la démocratie**.
f. Le Zaïre, actuelle République démocratique du Congo, a longtemps eu à sa tête **un dirigeant qui avait confisqué le pouvoir pour lui** : le général Mobutu.
g. La France est passée de la IVᵉ à la Vᵉ République en changeant **le texte qui fixe les règles de gouvernance et de politique**.
h. Louis-Philippe, dernier roi de France, a dû **renoncer au pouvoir royal** en 1848, à la suite d'émeutes populaires et **d'un bouleversement de régime politique**.

4 ▶ Corrigez les erreurs qui se sont glissées dans les expressions.
a. Pour montrer qu'il voulait prendre le pouvoir à Rome, Jules César a franchi le Tibre.
b. Les cadres du parti ne s'attendaient pas à ce que leur leader passe un accord avec un autre parti : un véritable coup de matraque !
c. Si l'on veut être sociologiquement correct, on doit éviter de prononcer des mots qui peuvent être perçus comme négatifs.
d. Face à la détermination des syndicats, le ministre s'est complètement désavoué et a retrouvé sa veste.
e. Les médias ont révélé que de nombreux hauts fonctionnaires avaient été achetés par des groupes de pression : une véritable république de gangsters !

5 ▶ Complétez les phrases suivantes avec un mot de la fiche.
a. L'Espagne est une monarchie, la France est une … .
b. Au moment de la Révolution française, les députés voulaient obliger le roi à accepter une Constitution : ils voulaient instaurer une … .
c. Les régimes dictatoriaux et totalitaires finissent souvent renversés par une … populaire.
d. Karl Marx préconisait une société dans laquelle la collectivité s'approprierait les moyens de production ; en cela, il s'opposait au … .
e. Pendant la « guerre froide », les pays du bloc capitaliste s'opposaient aux pays du bloc … .
f. Le professeur d'histoire et de géographie donne également des cours d'éducation … .
g. Le philosophe Voltaire se battait pour la liberté d'expression, même pour ceux qui ne pensaient pas comme lui : il était un modèle de … .

Les liens sociaux

CORRIGÉS P. 188

69 LA VIE DÉMOCRATIQUE

Les élus et les gouvernants

le président de la République
le Premier ministre
un ministre
un député
un sénateur
un président de région
un conseiller régional
un conseiller général
un préfet, une préfète fonctionnaire d'État
    responsable d'un département
un maire
un conseiller municipal

L'organisation de l'État français

le pouvoir
    – exécutif le gouvernement
    – législatif le Parlement
    – judiciaire la justice
le Parlement Assemblée nationale et Sénat
l'Assemblée nationale ensemble des députés, lieu
le Sénat ensemble des sénateurs, lieu
le gouvernement le Premier ministre et les ministres
le ministère
    – de l'Intérieur
    – des Affaires étrangères
    – de la Défense
    – de l'Économie et des Finances
    – de l'Éducation nationale
une préfecture administration au niveau
    départemental
une sous-préfecture
un hôtel de ville mairie
la centralisation concentration du pouvoir
    dans la capitale
la décentralisation délégation du pouvoir
    vers les régions

Le processus électoral

une élection
    – municipale au niveau de la commune
    – cantonale au niveau du département
    – régionale au niveau de la région
    – nationale au niveau de l'ensemble du pays
    – législative élection des députés
    – sénatoriale élection des sénateurs
    – présidentielle élection du président
      de la République
    – européenne élection des parlementaires
      européens
le scrutin l'élection
l'électorat l'ensemble des électeurs
l'éligibilité fait de pouvoir être élu
l'inéligibilité sanction qui empêche d'être élu

l'investiture fait d'endosser une fonction
le temps de parole temps accordé aux différents partis
    dans les médias
la campagne électorale
un programme électoral
une liste électorale
une fraude électorale triche pour gagner une élection
le suffrage vote
    – universel vote de tous les citoyens
    – direct
    – indirect
le bulletin de vote
l'isoloir lieu pour voter à l'abri des regards lors
    du scrutin
la carte d'électeur
l'abstention fait de ne pas aller voter
la majorité
    – absolue plus de la moitié des voix
    – relative le plus grand nombre de voix
l'opposition parti(s) qui n'a (ont) pas remporté
    les élections
un mandat durée d'une fonction élective
une législature durée du mandat de l'Assemblée
un quinquennat durée de cinq ans, mandat présidentiel
aller aux urnes voter
voter blanc glisser une enveloppe vide dans l'urne
élire
s'abstenir ne pas aller voter
abstentionniste qui ne va pas voter

Les pratiques politiques

une motion proposition politique
    – de censure vote sanction contre le gouvernement
une loi
un amendement aménagement, modification d'une loi
une réforme
le Conseil des ministres réunion des ministres
un remaniement ministériel changement
    de composition du gouvernement
un parti politique
une coalition alliance politique
un consensus accord fait avec le plus grand nombre
un débat
un référendum vote des citoyens sur une proposition
    législative
un plébiscite vote du peuple en faveur d'un politique
l'opinion publique conviction de la collectivité
une revendication demande politique ou sociale
entrer en fonction prendre son poste
militer s'engager et combattre pour une cause
un militant, une militante
revendiquer exiger, protester, réclamer
un syndicat
un syndicaliste, une syndicaliste
se syndiquer

Expressions usuelles

« Liberté, Égalité, Fraternité ». Devise de la République française.
Remplir son devoir électoral. Aller voter.
Manier la langue de bois. Contourner une question à laquelle on ne veut pas répondre.
Ménager la chèvre et le chou. Refuser de prendre parti.
Aller dans le sens de l'opinion. Gouverner en flattant l'opinion publique.
Être en ballottage. Situation d'un candidat qui n'a pas recueilli la majorité au premier tour de l'élection.
Dissoudre l'Assemblée nationale. Provoquer des élections législatives anticipées.
Bourrer les urnes. Fraude électorale consistant à remplir les urnes de bulletins en faveur de son camp.

Exercices

▶ Complétez les phrases suivantes avec l'une des expressions de la fiche.
a. Ce ministre ne veut pas prendre position dans ce conflit : il veut ... .
b. Ce député qui ... à la perfection a évité de répondre aux questions précises des journalistes.
c. Le président de la République a décidé de ..., espérant recueillir une plus large majorité lors des élections.
d. Leur candidat était ... ; aussi ses partisans ont-ils entrepris de bourrer les urnes en sa faveur.
e. Dimanche, il faudra penser à aller ... pour le second tour de l'élection présidentielle.
f. Un dirigeant peut être qualifié de « démagogue » lorsqu'il gouverne en ... .

▶ Parmi les trois mots proposés, entourez celui qui correspond à la définition.
a. vote sanction contre le gouvernement — motion de censure – groupe de pression – un remaniement ministériel
b. délégation du pouvoir vers les régions ou les départements — pouvoir exécutif – décentralisation – sous-préfecture
c. l'Assemblée nationale et le Sénat — le gouvernement – le Parlement – la Chambre des députés
d. une élection — un scrutin – un suffrage – un référendum
e. pouvoir de faire exécuter les lois, prérogative du gouvernement — pouvoir législatif – pouvoir judiciaire – pouvoir exécutif
f. l'hôtel de ville — la préfecture – la mairie – le sénat

▶ Complétez les phrases avec les mots de la liste ci-dessous.
   Premier ministre – voter blanc – un plébiscite – président de la République – scrutin – l'Assemblée nationale – revendications
a. Le palais de l'Élysée est la résidence du ... .
b. Matignon désigne le ... car l'Hôtel Matignon est sa résidence.
c. Le Palais-Bourbon désigne par métonymie ... dont ce palais est le siège.
d. Le maire a été élu au premier tour du ... avec 60 % des voix ; ce n'est plus une élection : c'est un ... !
e. Aucun des candidats présents au second tour ne trouvant grâce à mes yeux, j'ai préféré ... .
f. Les syndicats exigent que leurs ... soient satisfaites.

▶ Trouvez les adjectifs correspondant à ces noms
a. l'abstention – b. la démagogie – c. le Parlement – d. la loi – e. l'élection

▶ Remplacez les mots en gras par un synonyme figurant dans la fiche.
a. La majorité a été battue aux élections législatives par **une alliance** des partis d'opposition.
b. Mon voisin n'a pas accompli son devoir électoral puisqu'il **n'est pas allé voter** au second tour.
c. **L'ensemble des ministres** a présenté son projet de réforme de la fiscalité.
d. **Les électeurs** de gauche se sont prononcés sur le choix du candidat à l'élection présidentielle.
e. Le garde des Sceaux a proposé **une modification de la loi** sur la détention préventive.

Les liens sociaux

CORRIGÉS P. 188

LA JUSTICE ET LA LOI

70

Les représentants de la loi

le garde des Sceaux ministre de la Justice
le policier
le gendarme
le juge
l'avocat
le notaire
le greffier fonctionnaire qui assiste les magistrats
l'huissier de justice
le bâtonnier représentant de l'ordre des Avocats
le barreau corps des avocats d'un lieu déterminé
le parquet ensemble des magistrats du ministère public

La loi

le Code pénal ensemble des lois concernant
les infractions
le Code civil les lois qui concernent les personnes
le droit
la législation ensemble des lois d'un pays
une juridiction étendue du pouvoir d'un juge
la jurisprudence interprétation du droit par un tribunal

L'infraction à la loi

la victime
le meurtrier, l'assassin
le délinquant, la délinquante
un malfrat truand, gangster
une effraction fracture de serrure
une fraude
un larcin un petit vol
un recel détention illégale d'un bien volé
le receleur celui qui est coupable de recel
dérober voler
un délit une infraction
un crime
un homicide meurtre
un préjudice tort, dommage
une voie de fait acte de violence
un parjure faux serment

La sanction

une verbalisation une amende
verbaliser
une peine
une condamnation
l'incarcération emprisonnement
la prison ferme
le sursis délai d'épreuve qui suspend l'exécution
d'une peine
la liberté conditionnelle aménagement d'une peine
de prison
la peine capitale peine de mort

L'enquête et la procédure

un commissaire
un enquêteur, un détective
un juge d'instruction
une commission rogatoire enquête à la demande
du juge d'instruction
une investigation enquête
une expertise examen et rapport technique effectués
par un expert
la garde à vue
la détention provisoire
une maison d'arrêt centre de détention provisoire
plaider coupable
la prescription délai au terme duquel on ne peut
plus lancer une procédure

Le procès

le tribunal
– correctionnel instance qui juge les délits
la cour d'assises instance qui juge les crimes
la cour ensemble des magistrats siégeant
le procureur magistrat qui dirige le parquet
le greffe lieu où l'on conserve les comptes-rendus
des jugements
les jurés
le prévenu l'accusé
la partie civile le plaignant
un litige différend entre personnes
une plainte
le box des accusés emplacement où se trouve l'accusé
la barre emplacement réservé aux dépositions
des témoins
le témoin
un témoignage
témoigner
prêter serment jurer de dire la vérité
la culpabilité
l'innocence
l'aveu
avouer
plaider défendre et soutenir sa cause
une instruction enquête
une plaidoirie défense de l'accusé par son avocat
un réquisitoire discours à l'audience fait
par le ministère public
une action en justice
un huis clos procès sans public
un recours demande de révision d'une décision
de justice
un appel voie de recours
débouter rejeter une demande en justice
délibérer débattre pour décider du verdict
le verdict résultat du jugement
condamner
acquitter disculper, innocenter

134

Expressions usuelles

La présomption d'innocence. Fait de considérer l'accusé comme innocent jusqu'à preuve de sa culpabilité.

Un outrage à magistrat / à agent. Fait d'insulter un représentant de l'État.

Payer des dommages et intérêts. Verser une somme d'argent en réparation du préjudice causé.

Parodie de justice. Imitation grotesque de la justice.

Vol à main armée. Vol commis en utilisant une arme.

Vol avec effraction. Vol commis avec bris de serrure.

Meurtre avec préméditation. Meurtre prévu.

Un arrangement (ou un accord) à l'amiable. Résolution d'un litige sans aller en justice.

Un procès par contumace. Procès tenu en l'absence de l'accusé.

Saisir une juridiction. Demander l'aide de la justice.

Se pourvoir en cassation. Recours ultime pour faire appel d'une décision de justice.

Travaux d'intérêt général. Sanction qui oblige à exécuter une tâche pour la communauté.

Blanchir quelqu'un de tout soupçon. Prouver l'innocence de quelqu'un.

Se faire l'avocat du diable. Défendre une cause indéfendable.

Exercices

1 ▶ Dans chaque ligne de trois mots, entourez l'intrus (le mot qui n'est pas synonyme des deux autres).
a. le prévenu – l'accusé – le témoin
b. une amende – un acquittement – une condamnation
c. un réquisitoire – un verdict – un jugement
d. un homicide – un larcin – un crime
e. débouter – acquitter – disculper

2 ▶ Complétez les phrases avec un terme de la fiche.
a. Le cambrioleur est entré par ... pendant l'absence des propriétaires.
b. Pour devenir avocat, il faut faire des études de ... .
c. Le juge d'instruction a demandé une ... afin de déterminer les causes de l'accident.
d. Devant l'émotion du public, l'avocat a demandé un procès à ... .
e. Dans son ..., le ministère public a demandé la peine maximale pour l'... .

3 ▶ Complétez les phrases avec l'une des expressions de la fiche.
a. S'étant enfui en Amérique du Sud, ce criminel de guerre a été condamné ... .
b. Dans les dictatures, les procès sont souvent des ... .
c. Ayant détruit des Abribus, ce délinquant a été condamné à des ... .
d. Les deux parties ont évité un procès en trouvant un ... .
e. La partie civile a demandé des ... en raison du préjudice moral subi.

4 ▶ Remplacez les mots en gras par un synonyme figurant dans la fiche.
a. Le **ministre de la Justice** a rencontré son homologue américain.
b. Il a été condamné pour avoir **volé** des statues dans les églises.
c. Le **plaignant** a obtenu gain de cause à l'issue du procès.
d. **L'ensemble des représentants du ministère public** s'est montré hostile à la nouvelle réforme de la justice.
e. Cet individu est jugé pour **meurtre**.

5 ▶ Classez les mots de la liste ci-dessous en deux catégories selon qu'ils renvoient à la notion de « culpabilité » ou d'« innocence ».
infraction – victime – homicide – acquitter – condamnation – délinquant – disculper – blanchir

6 ▶ Corrigez les erreurs qui se sont glissées dans les expressions.
a. Cette bande a été arrêtée pour voix de fait.
b. Ce malfrat est entré par infraction dans la bijouterie.
c. Dans son plaidoyer, l'avocat a demandé la relaxe de son client.
d. Le journaliste qui demandait une indemnisation a été dérouté par le tribunal.
e. Comme cet individu présentait une menace, il a été mis en détection provisoire.

CORRIGÉS P. 189

LES RELATIONS INTERNATIONALES

La diplomatie

une ambassade mission représentant un pays, résidence de l'ambassadeur
un consulat résidence du consul
un(e) diplomate
un(e) ambassadeur(drice)
un consul diplomate chargé de ses ressortissants
un vice-consul personne qui supplée le consul
le corps diplomatique ensemble des diplomates
un émissaire envoyé, messager officiel
une délégation personnes désignées pour représenter le pays
un médiateur intermédiaire, négociateur
une médiation
les relations diplomatiques
l'immunité diplomatique
un incident diplomatique
la valise diplomatique courrier diplomatique
l'échiquier international lieu où se jouent les influences politiques
l'Occident pays d'Europe occidentale et d'Amérique du Nord
le bloc de l'Est / le bloc de l'Ouest
les frontières
un ressortissant citoyen, résident
un(e) étranger(ère)
une conférence
un sommet conférence de chefs d'État
des négociations
des pourparlers négociations, tractations
une convention traité, accord
un protocole accord, convention
un ultimatum mise en demeure, sommation
des sanctions
un blocus mesure isolant un pays sur le plan économique
un embargo mesure pour empêcher la circulation d'une marchandise
un État neutre État qui refuse de s'engager dans un conflit
une zone tampon zone démilitarisée entre États en conflit
l'asile politique accueil d'un étranger en danger dans son pays d'origine
l'ingérence fait d'intervenir dans un pays étranger
une intervention
l'interventionnisme politique préconisant l'ingérence
l'isolationnisme refus de participer aux affaires internationales
une zone démilitarisée
une stratégie
international(e)
interventionniste
isolationniste

négocier entamer des discussions en vue d'un accord
représenter

Les organisations internationales

l'Organisation des nations unies (ONU)
le secrétaire de l'ONU
l'UNICEF organisme de l'ONU pour l'enfance
l'Organisation mondiale du commerce (OMC)
le Fonds monétaire international (FMI)
la Banque mondiale
l'Organisation du Traité de l'Atlantique Nord (OTAN)
le Tribunal pénal international (TPI)
l'Europe pays adhérents de l'Union européenne
les 28 les pays de l'Union européenne
la Commission européenne
le Parlement européen
le G20 réunion informelle des pays les plus industrialisés

L'espionnage

l'espionnage
les services secrets services d'espionnage
les services de renseignements
le contre-espionnage
un(e) espion(ne)
un agent secret espion
un agent double agent à la solde de deux gouvernements
une taupe espion, mouchard
le codage cryptage, chiffrement, codification
un code système pour crypter un message
le morse ancien code international
une fuite
ultrasecret
intercepter
crypter coder
déchiffrer décoder
infiltrer noyauter, placer des espions chez l'ennemi
espionner

Les pays émergents

le Tiers-Monde
les pays en voie de développement
les pays sous-développés
l'indépendance
la colonisation
l'altermondialisme courant d'opinion qui s'oppose à la mondialisation libérale
la globalisation mondialisation
le dialogue Nord-Sud
une Organisation non gouvernementale (ONG)
la coopération politique d'aide internationale
un coopérant volontaire pour une mission à l'étrange
une aide technique, humanitaire ou économique
l'endettement
un programme d'aide

Expressions usuelles

Se montrer diplomate. Agir avec diplomatie, sans froisser les autres.
Prendre des gants. Faire attention à ne pas fâcher son interlocuteur.
Arrondir les angles. Arranger les choses.
Se faire le porte-parole. Parler au nom d'un groupe.
Respecter le protocole. Respecter les règles, les convenances, l'étiquette.
Le droit d'ingérence. Politique qui prône l'intervention dans un conflit interne à un État étranger.
Organiser une conférence au sommet. Réunir des chefs d'État ou des personnalités de premier rang.
Droit des peuples à disposer d'eux-mêmes. Droit qui reconnaît aux populations la liberté de choisir
   leur régime politique, autodétermination.
Reconnaître/respecter la souveraineté d'un État. Lui reconnaître le pouvoir de décision

Exercices

1 Dans chaque série de mots, entourez l'intrus (le mot qui n'est pas synonyme des deux ou des trois autres).
   a. espionner – infiltrer – représenter
   b. un diplomate – un coopérant – un consul – un ambassadeur
   c. coder – crypter – déchiffrer
   d. un agent secret – un médiateur – une taupe – un agent double
   e. la mondialisation – la coopération – la globalisation

2 Complétez les phrases avec les mots et expressions de la liste ci-dessous.
   ses frontières – coopérant – l'Union européenne – un incident diplomatique –
         un ultimatum – une aide humanitaire – un agent double –
                  le protocole – l'Indépendance – cryptés
   a. Les chefs d'état des pays membres de ... se sont retrouvés à Bruxelles pour un sommet.
   b. L'ONU a lancé ... au pays qui n'a pas respecté ... avec le pays voisin.
   c. ... n'a pas été respecté et cela a provoqué un grave ... .
   d. Le gouvernement a décidé d'envoyer ... à un pays en proie à la guerre civile.
   e. Les documents secrets avaient été transmis à l'ennemi par ... .
   f. Les renseignements transmis au sein de l'armée sont toujours ... .
   g. Mon père travaille en Afrique en tant que ... .
   h. Les années soixante ont vu beaucoup de pays accéder à ... .

3 Corrigez les erreurs qui se sont glissées dans les expressions.
   a. Cet État défend le droit d'émergence dans les conflits qui opposent d'autres États.
   b. De nombreux philosophes ont affirmé le droit des peuples à décider pour eux-mêmes.
   c. En conflit depuis très longtemps, ces deux pays ont cassé leurs relations diplomatiques.
   d. Si vous rencontrez la reine d'Angleterre, surtout respectez le code !
   e. Notre ministre des Affaires étrangères se fait le porte-étendard des interventions humanitaires.

4 Parmi les trois mots proposés, entourez celui qui correspond à la définition.
   a. placer des espions dans un pays ennemi   crypter – espionner – infiltrer
   b. fait d'accueillir un ressortissant étranger   droit d'asile – droit d'ingérence –
   en raison des dangers qu'il court   coopération
   dans son pays d'origine
   c. mise en demeure faite à un pays   sommet – délégation – ultimatum
   par un autre ou plusieurs autres
   d. intermédiaire chargé de négocier   ambassadeur – médiateur – coopérant
   avec les deux partis dans un conflit
   e. volontaire effectuant une mission   coopérant – ressortissant – diplomate
   à l'étranger
   f. personne qui travaille en secret   consul – agent double – négociateur
   pour le compte de deux gouvernements
   différents

Les liens sociaux

CORRIGÉS
P. 189

72) LA GUERRE ET LA PAIX

La guerre et les combats

la mobilisation fait de réunir une armée
un conflit
une agression
une incursion courte irruption armée dans une région
les hostilités combats
les opérations militaires
une offensive une attaque
une riposte une contre-attaque
une attaque aérienne
un pilonnage bombardement intensif
le théâtre des opérations zone de conflits, champ de bataille
le front première ligne d'une armée
une guerre civile guerre au sein d'un pays
la guérilla guerre de francs-tireurs
une tranchée fossé pour servir d'abri et de position de tir
la guerre des tranchées période de la Première Guerre mondiale
un bunker casemate
un mutin
une mutinerie
un déserteur
une trahison
un traître
la résistance à l'ennemi
la Résistance mouvement contre l'ennemi pendant la Seconde Guerre mondiale
le sabotage destruction du matériel de l'ennemi
déclarer la guerre
monter à l'assaut attaquer pour remporter une position
riposter
infliger de lourdes pertes à l'ennemi
se retrancher dans un abri
battre en retraite reculer, se replier
envahir un territoire
atteindre une cible
pilonner bombarder de façon intensive
se mutiner refuser d'obéir, d'aller au combat
déserter abandonner l'armée illégalement
trahir passer à l'ennemi, divulguer des secrets
saboter détruire en vue de désorganiser

Les guerriers

les belligérants combattants
les alliés pays unis par un traité d'alliance, d'aide militaire
l'ennemi
le militaire soldat
le lieutenant
le colonel
le général

l'infanterie ensemble des troupes qui combattent à pied
la marine
l'armée de l'air l'aviation, les aviateurs
la cavalerie soldats à cheval
le fantassin soldat à pied
l'artilleur soldat responsable des bouches à feu
les renforts soldats qui viennent renforcer la troupe
les troupes
le réserviste citoyen mobilisable pour renforcer l'armée
les poilus soldats de la Première Guerre mondiale
les grognards soldats de Napoléon Bonaparte

L'armement

un canon
un fusil
les munitions
une grenade
une bombe
un bombardier avion utilisé pour les bombardements
une mine engin explosif dissimulé dans le sol
un obus projectile explosif
un missile engin explosif possédant un système de guidage
l'arme atomique la bombe atomique
un char

Les crimes de guerre

la déportation internement dans un camp de concentration
un(e) réfugié(e) personne fuyant la guerre
un(e) prisonnier(ère)
un(e) otage
la purification ethnique génocide, massacre organisé de toute une population
un crime de guerre
un crime contre l'humanité

Le processus de paix

la victoire
la défaite
une trêve cessez-le-feu, arrêt des hostilités
les négociations de paix
la capitulation convention pour la reddition d'une armée
un armistice suspension des hostilités après accord entre belligérants
un traité de paix accord de paix signé par les belligérants
le drapeau blanc signal pour demander à parlementer
un pont aérien liaison aérienne d'urgence pour ravitailler une ville assiégée
vaincre
capituler
conclure la paix
évacuer la population d'une région

Expressions usuelles

« *Si pax vis, para bellum.* » (proverbe romain) « Si tu veux la paix, prépare la guerre. »

Fumer le calumet de la paix. Faire la paix.

Enterrer la hache de guerre. Faire la paix.

À la guerre comme à la guerre. Choisir les moyens en fonction des fins, dans les périodes difficiles.

Un va-t-en guerre. Une personne batailleuse.

La paix des braves. Proposition de paix dans des conditions honorables pour tous.

Tomber au champ d'honneur. Mourir au combat.

Pratiquer la politique de la terre brûlée. Tout détruire sur son propre territoire lors d'une retraite face à l'ennemi.

Battre à plate couture. Battre largement.

Changer son fusil d'épaule. Changer de méthode pour accomplir quelque chose.

Être sur le pied de guerre. Être prêt à faire la guerre.

Exercices

▶ Regroupez ces mots par couples de synonymes.

a. une casemate   1. saboter   e. un fantassin   5. une contre-attaque
b. les hostilités   2. un bunker   f. la capitulation   6. un soldat à pied
c. le front   3. les combats   g. les alliés   7. la reddition
d. détruire   4. la première ligne h. une riposte   8. les pays amis

▶ Remplacez les mots en gras par un mot ou une expression synonyme.

a. Pierre est vraiment **batailleur** ; avec lui tout est prétexte à querelle.

b. Le général, devant la défaite, a accepté la **reddition** de son armée.

c. Le 11 novembre, le président de la République a rendu hommage aux **soldats de la guerre 1914-1918**.

d. Les **combattants** ont décidé de **suspendre les hostilités** le jour de Noël.

e. Certains soldats **refusent d'obéir aux ordres et d'aller au combat**.

f. Sur le monument aux morts sont gravés les noms des hommes **morts sur le champ de bataille**.

g. Se sachant perdus, les soldats **détruisent et brûlent tout sur leur passage**.

▶ Complétez les phrases suivantes avec un mot ou une expression de la fiche.

a. Ce ... est passé à l'ennemi et lui a révélé des secrets militaires.

b. S'estimant agressés par le Japon en 1944, les États-Unis ont ... à ce pays.

c. En réponse à l'... de l'ennemi, notre armée lança une contre-attaque.

d. L'aviation a ... toutes les nuits les positions ennemies.

e. Les ... sont arrivés à temps pour épauler les soldats, épuisés et à court de ... .

f. Les organisations humanitaires ont ouvert des centres pour accueillir les ..., poussés sur les routes par les ... .

g. Les poilus avaient creusé des ... qui leur servaient d'abri et de positions de tir.

▶ Parmi les trois mots proposés, entourez celui qui correspond à la définition.

a. suspension des hostilités suite à un accord signé par les belligérants — une trêve – un armistice – une victoire

b. massacre programmé de toute une population — une déportation – un meurtre – un génocide

c. engin explosif possédant son propre système de guidage — un missile – un obus – une mine

d. signal pour demander l'arrêt d'une offensive en vue de parlementer — le traité – le calumet de la paix – le drapeau blanc

e. quitter l'armée et l'uniforme sans autorisation — trahir – déserter – se mutiner

▶ Complétez ce texte à l'aide de mots de la fiche.

Après une ... écrasante sur l'ennemi, le général proposa une ... pour entamer des ... de paix. L'ennemi reconnut sa ... et accepta de ... sans condition. Les ... signèrent ... qui mit fin à la ... .

Les liens sociaux

CORRIGÉS P. 189

73 LES ACTIVITÉS DOMESTIQUES

Les tâches ménagères

les produits d'entretien
un plumeau ustensile fait de plumes assemblées autour
d'un manche et qui sert à épousseter
un chiffon morceau de vieux linge, de tissu
un torchon morceau de toile qui sert à essuyer
une balayette petit balai
une lavette
une peau de chamois peau pour nettoyer les vitres
une brosse
une serpillière pièce de toile épaisse qui sert à laver
les sols
un aspirateur
épousseter un meuble nettoyer un meuble en ôtant
la poussière
cirer un meuble, un parquet enduire de cire
pour protéger le bois
récurer un sol nettoyer un sol en frottant
avec un abrasif
essorer un tissu débarrasser un tissu de l'eau
dont il est imprégné
astiquer quelque chose faire briller quelque chose
en frottant, briquer

Le bricolage

un marteau
un mètre
un tournevis
une scie
un pinceau
une tenaille pince qui sert à saisir et à serrer les objets
pendant qu'on les travaille
un fil à plomb fil tendu par un poids et qui donne
la verticale
un rouleau ustensile qui sert à peindre de grandes
surfaces
une spatule outil en forme de petite pelle
une perceuse
un niveau (à bulle) instrument qui permet de vérifier
l'horizontalité d'une surface
une pince
une équerre
une truelle outil de maçon fait d'une lame d'acier
triangulaire reliée à un manche
une masse outil formé d'une lourde tête au bout
d'un manche, servant à casser, à enfoncer, etc.
un burin ciseau d'acier que l'on pousse à la main
pour graver le bois
une clé à molette outil servant à serrer ou desserrer
un clou
une vis
un écrou pièce percée d'un trou pour le logement
d'une vis

un boulon ensemble d'une vis et de l'écrou
qui s'y adapte
une cheville petite pièce qui consolide la fixation
d'une vis dans un trou
une toile d'émeri papier servant à polir, à poncer
un papier de verre papier abrasif
abrasif se dit d'une substance qui peut user,
polir par frottements
poncer une surface polir avec un abrasif
vernir quelque chose
souder deux choses assembler deux pièces métalliques
par voie thermique
peindre quelque chose
forer quelque chose creuser un trou dans une matière
dure
gâcher du plâtre délayer du plâtre avec de l'eau

Le jardinage

un râteau
une pelle
un sécateur forts ciseaux à ressort
une pioche outil formé d'un fer, muni d'un manche
et qui sert à creuser la terre
une tronçonneuse
une tondeuse
un plantoir outil servant à faire des trous dans la terre
pour y mettre de jeunes plants
un échalas pieu enfoncé dans le sol pour soutenir
une plante
un godet petit pot en plastique
une serre construction à parois transparentes
pour abriter les plantes
semer des graines
tailler une plante
arroser une plante
tuteurer une plante soutenir une plante faible avec
une tige
repiquer une plante transplanter une plante
rabattre une plante la tailler en coupant la cime
bouturer une plante multiplier une plante en plantant
un de ses fragments
émonder un arbre débarrasser un arbre des branches
mortes, inutiles
élaguer un arbre débarrasser un arbre des branches
superflues sur une certaine hauteur
greffer un arbre insérer sur un arbre une partie
d'un autre dont on désire développer les caractères
biner ameublir le sol, sarcler
sarcler débarrasser des mauvaises herbes avec un outil
fertiliser une terre améliorer une terre par l'apport
d'engrais
amender une terre améliorer une terre en y ajoutant
des substances
ameublir la terre rendre la terre plus légère
bêcher la terre fendre et retourner la terre

Expressions usuelles

Se mettre en ménage (avec quelqu'un). Se marier (avec quelqu'un).

Faire bon, mauvais ménage avec quelqu'un. Bien, mal s'entendre avec quelqu'un de son entourage.

C'est du bricolage ! Un travail d'amateur, peu soigné.

Balayer devant sa porte. Mettre de l'ordre dans ses affaires avant de se mêler de celles des autres.

Il ne faut pas mélanger les torchons avec les serviettes. (fam.) Il ne faut pas mettre au même niveau des choses ou des personnes de qualité différente.

Le torchon brûle. Se dit quand un couple ou deux amis se disputent.

Un grand échalas. Une personne grande et maigre.

Serrer les boulons. (fam.) Resserrer l'application des règlements, la discipline, les dépenses, etc.

Être en cheville avec quelqu'un. (fam.) Être de connivence avec quelqu'un, être associé avec quelqu'un.

Parler chiffons. Parler de mode, de vêtements.

Exercices

1 ▶ Remplacez les groupes de mots en gras par une expression de la fiche.
a. Au lieu de critiquer ce que fait autrui, **mêle-toi de tes affaires**.
b. Flora adore retrouver ses amies pour **parler mode** avec elles.
c. À 20 ans, Bruno a quitté ses parents pour **se marier** avec Isabelle.
d. Mon frère, un **grand escogriffe** de deux mètres, ne passe plus sous les portes.
e. Par chance, mon chien et mon chat **s'entendent bien**.

2 ▶ Parmi les trois mots proposés, choisissez celui qui correspond à chaque définition.
a. fendre et retourner la terre
b. une substance qui peut user, polir par frottements
c. faire briller quelque chose en frottant
d. l'ensemble d'une vis et de l'écrou qui s'y adapte
e. une pièce de toile épaisse qui sert à laver les sols
f. un petit pot en plastique

1. tuteurer – bêcher – souder
2. un écrou – un burin – un abrasif
3. astiquer – essorer – palisser
4. une cheville – un boulon – une fourche
5. un torchon – une lavette – une serpillière
6. un niveau – un godet – un plumeau

3 ▶ Associez chaque verbe au complément qui lui correspond.
a. émonder
b. amender
c. poncer
d. astiquer
e. essorer
f. souder
1. l'argenterie
2. un platane
3. deux pièces d'acier
4. une terre
5. un mur
6. une serpillière
g. épousseter
h. récurer
i. élaguer
j. semer
k. fertiliser
l. repiquer
7. le carrelage
8. des graines
9. une bibliothèque
10. une bouture
11. un pommier
12. une terre

4 ▶ Associez l'objet ou l'outil à l'action qu'il permet de faire.
a. un échalas
b. une serpillière
c. un peau de chamois
d. un plumeau
e. une toile d'émeri
1. laver les vitres
2. poncer
3. épousseter
4. tuteurer
5. récurer
f. un rouleau
g. une pioche
h. un sécateur
i. une tronçonneuse
j. une perceuse
6. tailler un arbuste
7. élaguer un arbre
8. forer
9. peindre
10. biner

5 ▶ Parmi les propositions en gras, choisissez dans chaque cas celle qui convient.
L'automne est une saison de grande activité au jardin. C'est le moment de mettre en place les bulbes de printemps. Pour cela, on commence par **récurer/astiquer/biner** la terre avec une **bêche/truelle/masse** pour l'ameublir/**essorer/amender**. Puis on fait des trous avec un **bougeoir/plantoir/arrosoir** pour y installer les bulbes de tulipes ou de freesias. L'automne est aussi l'époque où l'on **soude/fore/rabat** les tiges de certaines fleurs comme la lavande. On peut en profiter pour en faire des **spatules/tenailles/boutures** : on plante un morceau de la tige dans un **godet/écrou/torchon**, sous **équerre/serre/échalas**, jusqu'au printemps. On la **sarclera/cirera/repiquera** alors dans un pot plus grand.

CORRIGÉS P. 189

Les activités humaines

Les grandes familles d'aliments

les boissons non alcoolisées
- l'eau (de source, plate, gazeuse)
- le thé (noir, vert, aromatisé)
- le café (noir, au lait)
- un jus de fruits
- un soda boisson gazeuse aromatisée aux fruits
- une limonade eau gazeuse sucrée et citronnée
- un sirop boisson à base de sucre et de jus de fruits

les boissons alcoolisées
- le vin (blanc, rosé, rouge)
- une liqueur
- un apéritif
- un digestif liqueur que l'on boit à la fin d'un repas
- le cidre jus de pomme fermenté
- la bière

le pain, les céréales et les féculents
- les pâtes
- le blé
- le riz
- les pommes de terre
- les haricots (blancs, rouges, noirs)
- les légumes secs

le lait et les produits laitiers
- le fromage
- les yaourts

les légumes et les fruits
la viande, le poisson et les œufs
les produits sucrés
les corps gras
- l'huile
- la margarine
- le beurre
- la crème

Les apports nutritionnels

les lipides
les protéines
les glucides
les vitamines
les oligoéléments
les minéraux

Les condiments

les condiments substances de forte saveur destinées
à relever le goût des aliments
le sel
les épices substances aromatiques ou piquantes
(cannelle, cumin, curry, herbes de Provence,
moutarde, piment, poivre, vanille, etc.)
les aromates substances parfumées d'origine végétale
(basilic, coriandre, estragon, girofle, laurier, thym,
romarin, etc.)
des achards condiment fait de légumes et de fruits
macérés dans du vinaigre

un chutney condiment composé de légumes
et de fruits confits, épicé et sucré (indien)

Les repas

le petit déjeuner
le déjeuner
le goûter
le dîner repas du soir
le souper repas que l'on prend tard, après le spectacle
un repas
- copieux abondant, plantureux
- frugal simple et peu abondant
un mets un plat
l'apéritif dégustation avant le repas de boissons
et biscuits salés
un amuse-gueule petit plat servi en apéritif
une entrée
une soupe
un potage
un bouillon
un plat de résistance plat principal d'un repas
un trou normand alcool fort absorbé au milieu
d'un repas pour stimuler la digestion
un plateau de fromages
un entremets plat sucré que l'on sert après le fromage
et avant les fruits ou comme dessert
un dessert
un en-cas repas léger tenu prêt en cas de besoin
un casse-croûte (fam.) petit repas léger pris
rapidement
un pique-nique
un rafraîchissement boisson fraîche
une collation repas léger
un festin repas de fête
un buffet
un banquet festin avec de nombreux convives
des agapes festin entre amis
des gourmandises
des friandises
des sucreries
un convive personne qui participe à un repas
avec d'autres

Manger

grignoter (quelque chose) manger par petites
quantités
picorer (quelque chose) manger peu
pignocher manger sans appétit, du bout des dents
chipoter manger du bout des dents, sans plaisir
dévorer quelque chose
ingérer quelque chose avaler
se restaurer reprendre des forces en mangeant
se gaver de quelque chose manger énormément
jeûner s'abstenir de nourriture, le plus souvent
pour des motifs religieux
faire la diète suivre un régime alimentaire

Expressions usuelles

Faire honneur à un plat. (fam.) En manger beaucoup et avec plaisir.
Faire bombance. Faire un très bon repas, faire bonne chère.
Un repas à la bonne franquette. Un repas sans façon, sans cérémonie, à la fortune du pot.
Manger son pain blanc. Profiter du meilleur.
Manger son blé en herbe. Dépenser son capital sans attendre qu'il ait rapporté.
Manger de la vache enragée. Subir de sévères privations.
Ne pas savoir à quelle sauce on sera mangé. Ne pas savoir comment on va être traité.
Manger dans la main de quelqu'un. Lui être soumis.
Manger à tous les râteliers. Tirer parti de plusieurs sources, même d'intérêts contradictoires.
Être comme un coq en pâte. Avoir toutes ses aises.

Exercices

1 ▶ **Corrigez les erreurs qui se sont glissées dans les expressions.**
a. L'année dernière, j'ai mangé ma brioche ; maintenant je ne rencontre que des difficultés.
b. Les employés sont arrivés anxieux dans le bureau de leur chef car ils ne savaient pas avec quel pain ils seraient mangés.
c. Je me suis resservi trois fois : on peut dire que j'ai fait les louanges de ta ratatouille !
d. Passez donc quand vous voulez : nous ferons un repas très simple, à la bonne française.

2 ▶ **Complétez les phrases suivantes avec l'une des expressions de la fiche.**
a. Ce journaliste est tellement ambitieux qu'il est prêt à … .
b. Choyé, dorloté, bichonné par sa mère, Yann est comme … chez ses parents.
c. Au début de sa carrière, seul et inconnu, ce jeune chanteur a … .
d. Ce ministre est tellement autoritaire que tous ses collaborateurs lui … .
e. Chaque année, pour le réveillon, nous … dans un restaurant trois étoiles.

3 ▶ **Retrouvez la définition de chacun de ces mots.**
a. une collation   c. un entremets   e. un trou normand
b. un convive   d. les agapes   f. une friandise

4 ▶ **Parmi les trois mots proposés, choisissez celui qui correspond à chaque définition.**
a. un repas léger tenu prêt en cas de besoin   un chutney – un en-cas – un goûter
b. une liqueur que l'on boit à la fin d'un repas   un digestif – un apéritif – un potage
c. s'abstenir de nourriture pour des motifs religieux   jeûner – faire la diète – pignocher
d. reprendre des forces en mangeant   se sustenter – se restaurer – se régaler
e. (repas) simple et peu abondant   copieux – frugal – de résistance

5 ▶ **Complétez les phrases avec les mots de la liste ci-dessous. Conjuguez les verbes si nécessaire.**

ingérer – chipoter – se gaver – diète – banquet – copieux

a. Lorsque M. Aubert a pris sa retraite, il a offert un véritable … à ses collègues.
b. Après les … repas des fêtes de fin d'année, Jeanne s'est imposé une … de quelques jours.
c. Si on ne surveille pas les enfants, ils sont capables de … de sucreries à s'en rendre malades.
d. Claire a un appétit d'oiseau : elle … sur tous les plats.
e. Baptiste a été emmené aux urgences car il avait … un capuchon de stylo par mégarde.

6 ▶ **Complétez les phrases avec les mots de la liste ci-dessous.**

agapes – hors-d'œuvre – rafraîchissements – épicé

a. Ce plat indien était tellement … que la gorge me brûle encore.
b. Les … organisées pour l'anniversaire de Nicolas ont été très joyeuses.
c. Le … était si copieux que je n'ai plus faim pour le poulet basquaise.
d. Des … nous attendaient sous le parasol de la terrasse.

Les activités humaines

CORRIGÉS
P. 189

Les appareils d'électroménager

un four
un micro-ondes
une cuisinière
une gazinière cuisinière à gaz
un fourneau appareil pour cuire les aliments
un piano grand fourneau dans un restaurant
un réfrigérateur
un congélateur
un lave-vaisselle
un évier

Les ustensiles de la cuisine

une batterie de cuisine ensemble des ustensiles qui
    servent à la cuisson des aliments
– une casserole
– une poêle
– une sauteuse casserole à bords bas
– un wok poêle asiatique profonde
– un fait-tout une marmite basse
– une Cocotte-Minute
– une bouilloire
un épluche-légumes couteau à éplucher les légumes
une louche grande cuillère à long manche pour servir
    le potage
un presse-ail
un chinois petite passoire fine à fond pointu
une passoire
un tamis sorte de passoire cylindrique destinée à passer
    des liquides épais
un moule à gâteau
un emporte-pièce instrument pour découper une pâte
    avec des formes particulières
une planche à découper
un rouleau à pâtisserie
un grille-pain
un mixeur
un bocal
un verre doseur verre gradué servant à mesurer
    la quantité des ingrédients

Cuisiner

peler (un fruit) ôter la peau, éplucher
épépiner (un fruit) ôter les pépins
décortiquer (un crabe) débarrasser de son écorce
hacher (un légume) couper en petits morceaux
émincer (un légume) couper en tranches très fines
détailler (un légume) couper en morceaux
râper (un fromage) réduire en poudre, en petits
    morceaux
inciser (une viande) faire une entaille
désosser (un gigot) ôter les os
égoutter quelque chose débarrasser d'un liquide
poêler quelque chose cuire à la poêle

rôtir (une viande)
faire mijoter (un plat) faire cuire lentement et à petit
    feu
déglacer (une poêle) dissoudre, en les mouillant un
    peu, les sucs caramélisés au fond d'un récipient
faire blondir (des oignons) les faire revenir jusqu'à
    ce qu'ils deviennent blonds
enduire quelque chose de quelque chose recouvrir
    d'une matière semi-liquide
saupoudrer quelque chose (de sucre) recouvrir
    quelque chose d'une matière réduite en poudre
émietter (du pain) réduire en miettes
mixer (des légumes) broyer et mélanger
faire revenir
assaisonner (un plat) ajouter un ingrédient
    pour relever le goût
réduire une sauce la rendre plus concentrée
    par une longue cuisson
faire mariner (un poisson) tremper dans un mélange
    liquide aromatique
pocher des œufs les faire cuire dans leur coquille
    dans un liquide bouillant
ciseler (des herbes) tailler en petits morceaux
parsemer

Un service de table

le couvert
une ménagère service de couverts de table
    dans un coffret
une cuiller/cuillère (à soupe, à café)
une fourchette
un couteau (à pain, de cuisine)
une assiette (plate, creuse, petite)
une cafetière
une théière
un sucrier
un saladier
un plat
une soucoupe
une tasse
un bol
un mug chope pour les boissons chaudes
une saucière
un set de table napperon placé sous une assiette
un verre (à eau, à vin, à liqueur)
une flûte verre à pied étroit et haut
un gobelet récipient pour boire, généralement
    sans pied
une timbale gobelet en métal
une chope grand verre à anse (pour boire la bière)
une coupe verre plus large que profond
un pichet petite cruche à anse et à bec
    pour les boissons
une carafe bouteille à base large et à col étroit
un rince-doigts

Expressions usuelles

Être à couteaux tirés. En guerre ouverte.
Avoir le couteau sous la gorge. Subir une contrainte, une menace.
Deuxième ou second couteau. Personnage de second plan.
Se noyer dans un verre d'eau. Se laisser arrêter par la moindre difficulté.
Une tempête dans un verre d'eau. Beaucoup d'agitation pour rien.
Mettre les pieds dans le plat. Commettre une maladresse, une faute ; manquer de tact.
Mettre les petits plats dans les grands. Se mettre en frais pour quelqu'un.
Être à ses fourneaux. Faire la cuisine.
On ne peut être à la fois au four et au moulin. On ne peut pas faire plusieurs choses en même temps.
Apporter, servir quelque chose à quelqu'un sur un plateau (d'argent). Lui donner ce qu'il désire, immédiatement.

Exercices

1 ▶ Corrigez les erreurs qui se sont glissées dans les expressions.
a. Jean n'a jamais eu d'effort à faire car ses parents lui ont toujours tout apporté sur une assiette d'or.
b. Mes collègues sont à épées tirées depuis qu'ils travaillent dans le même bureau.
c. Cet acteur a souvent joué les troisièmes services dans les films des années quatre-vingts.
d. Quand les Mercier reçoivent des invités, ils mettent les petites assiettes dans les grandes.
e. Le 31 décembre, Mme Vuillet l'a passé à son micro-ondes.

2 ▶ Dans chaque ligne de trois mots, trouvez l'intrus.
a. un pichet – une cruche – une ménagère
b. une coupe – une soucoupe – un verre
c. râper – émietter – épépiner
d. une Cocotte-Minute – un saladier – une sauteuse
e. une louche – une cuisinière – une gazinière

3 ▶ Parmi les trois mots proposés, choisissez celui qui correspond à chaque définition.
a. une bouteille à base large et à col étroit   une carafe – un vase – une flûte
b. ajouter un ingrédient pour relever le goût   goûter – assaisonner – détailler
c. recouvrir d'une matière semi-liquide   endurer – endosser – enduire
d. couper en tranches très fines   émincer – cisailler – ciseler
e. cuire lentement et à petit feu   mariner – déglacer – mijoter
f. verre à pied étroit et haut   une flûte – un gobelet – une chope

4 ▶ Associez chaque verbe au complément qui lui correspond.
a. râper   1. du sucre   f. décortiquer   6. des spaghettis
b. déglacer   2. un gigot   g. épépiner   7. des pistaches
c. ciseler   3. du gruyère   h. égoutter   8. des oignons
d. saupoudrer 4. du persil   i. hacher   9. une sauce
e. désosser   5. une poêle   j. réduire   10. des tomates

5 ▶ Associez l'objet ou l'ustensile à l'action qu'il permet de faire.
a. un pichet   1. filtrer une sauce   d. un rouleau à pâtisserie 4. cuire la soupe
b. un chinois   2. servir le vin   e. un fait-tout   5. mesurer 10 cl de lait
c. un emporte-   3. former des biscuits   f. un verre doseur   6. étendre une pâte
pièce

6 ▶ Complétez les phrases avec les mots de la liste ci-dessous.
réserver – peler – enduire – ménagère – set
a. Madeleine a hérité de sa tante une magnifique ... en argent à douze couverts.
b. Après avoir malaxé une pâte brisée, il faut la ... une demi-heure au réfrigérateur.
c. Je déteste ... et hacher les oignons : cela me fait pleurer.
d. La table était décorée d'un ... multicolore.
e. Avant de mettre une pâte dans un moule, il faut ... celui-ci de beurre.

CORRIGÉS
P. 189

Transports terrestres

un véhicule engin qui permet de se déplacer
une automobile
un camion
une camionnette
un poids lourd
un semi-remorque
un 4 × 4 / quatre-quatre véhicule à quatre roues
  motrices
un camping-car
un autobus/un autocar
un trolleybus autobus relié à un câble électrique aérien
un tramway/un tram transport urbain électrifié
  qui circule sur une voie ferrée
une moto
le conducteur
le chauffeur
l'automobiliste
le routier
le motard
le passager
conduire
freiner
accélérer
ralentir
stopper
virer tourner pour changer de direction
braquer faire tourner le véhicule à l'aide du volant
croiser passer à côté en allant dans la direction opposée
doubler passer à côté d'un autre véhicule
  en le dépassant
déraper
stationner
faire une embardée faire un brusque écart
un radar dispositif pour contrôler la vitesse des véhicules

Transports ferroviaires

le chemin de fer
le train ensemble des wagons tirés par la locomotive
les rails
une ligne ferroviaire trajet emprunté régulièrement
  par un train
la SNCF Société nationale des chemins de fer français
la locomotive/la motrice
le wagon
le convoi ensemble de véhicules, de wagons
le TGV train à grande vitesse
le rapide train qui ne s'arrête que dans les grandes villes
l'autorail train tiré par une locomotive diesel
le métro
la rame ensemble de wagons de métro
le train de banlieue
le RER réseau de banlieue parisienne
la correspondance changement de ligne de métro,
  de RER ou de ligne ferroviaire

Transports maritimes

l'embarcation bateau de petite dimension
le navire bateau de grande dimension
le voilier bateau qui avance grâce à la force du vent
le paquebot navire qui transporte des passagers
le cargo navire qui transporte des marchandises
le pétrolier
le ferry-boat bateau pouvant transporter
  des véhicules
le remorqueur puissant bateau pour tirer des navires
le pont plancher qui recouvre la coque du bateau
la cale lieu situé sous le pont pour le stockage
le gouvernail appareil mobile pour diriger le navire
la barre commande du gouvernail
l'hélice
la proue l'avant du navire
la poupe l'arrière du navire
bâbord côté gauche du navire en regardant vers l'avant
tribord côté droit du navire en regardant vers l'avant
l'équipage
le capitaine
le marin celui dont le métier est de naviguer en mer
le matelot membre de l'équipage d'un navire
naviguer
remorquer
accoster atteindre la côte
amarrer attacher un bateau avec des cordages
embarquer monter à bord d'un bateau
débarquer descendre d'un bateau
aborder s'approcher du rivage ou d'un autre bateau
jeter l'ancre s'arrêter (employé surtout au sens figuré)
faire escale s'arrêter temporairement pour
  se ravitailler

Transports aériens

l'avion
l'hélicoptère
un planeur petit avion léger sans moteur
un hydravion avion capable de se poser sur l'eau
un Canadair avion destiné à la lutte contre les incendies
un ULM avion léger au moteur de faible puissance
une aile volante/un deltaplane toile tendue
  sur une armature pour pratiquer le vol libre
l'aéroport ensemble d'installations pour le trafic aérien
l'aérodrome terrain aménagé pour le décollage
  et l'atterrissage
la piste d'atterrissage
le balisage marques au sol pour faciliter l'atterrissage
le terminal lieu de rassemblement des passagers
la tour de contrôle local où s'effectue la régulation
  du trafic aérien
les contrôleurs du ciel personnes chargées du guidage
  des avions aux abords des aéroports

Expressions usuelles

Rouler à tombeau ouvert. Rouler dangereusement (si vite que le tombeau s'ouvrira pour recevoir l'imprudent...).

Prendre le train en marche. Participer à un projet qui a déjà commencé.

Se raccrocher aux wagons. (fam.) Essayer de rattraper son retard.

Rester à quai. Ne pas partir.

Être à la barre. Être responsable du bon fonctionnement d'un projet, d'une entreprise.

Naviguer à vue. S'engager sur une route ou un chemin sans plan, en suivant son intuition.

S'embarquer dans une aventure. S'engager dans une aventure qui comporte des risques.

Être à la remorque. (fam.) Être à la traîne.

Faire un tonneau. Quitter la route et effectuer un tour complet avec sa voiture.

Mener grand train. Vivre de façon luxueuse.

Au train où vont les choses. Tel que les choses se passent actuellement.

Remettre sur les rails. Replacer dans de bonnes conditions de fonctionnement.

Freiner des quatre fers. Modérer ses ardeurs, ses initiatives.

Exercices

▶ Complétez le texte ci-dessous avec des expressions de la fiche.

Sébastien n'avait plus de travail ; alors, pour le ..., son oncle lui a proposé de s'associer pour exploiter un restaurant. Sébastien a beaucoup hésité avant de ..., mais, depuis qu'il ..., les affaires marchent bien et ... il faudra bientôt agrandir la salle et embaucher des cuisiniers. Sébastien rêve déjà qu'il ... et qu'il pourra s'offrir des vacances dans une île du Pacifique.

▶ Classez ces mots en deux catégories, selon qu'ils désignent des moyens de transport individuels ou collectifs.

le RER – une moto – un tramway – le métro – l'autobus – une voiture – un autorail – un planeur – un paquebot – un vélo – un scooter – un trolleybus – un camping-car – une trottinette – un aéroglisseur – un quad – un tricycle – un long-courrier

▶ Complétez les phrases avec les verbes de la liste ci-dessous en les conjuguant.

s'arrêter – dépasser – vérifier – freiner – déraper – rouler – mettre – ralentir – croiser

a. M. Besson ... le niveau de l'huile dans le moteur avant de ... le contact.
b. Un bon conducteur ... à l'entrée d'un village.
c. Lorsque le feu est au rouge, on ... impérativement.
d. Les poids lourds ne ... pas la vitesse autorisée.
e. Quand on ... un autre véhicule, il faut bien serrer à droite.
f. En Angleterre, tous les véhicules ... sur la partie gauche de la chaussée.
g. Trop lourdement chargée, la camionnette ... sur une plaque de verglas.
h. Il y a des travaux ; les véhicules ... pour éviter les engins de chantier.

▶ Classez ces mots ou groupes de mots en deux catégories, selon qu'ils désignent des moyens de transport anciens ou actuels.

une galère – une caravelle – une pirogue – un pétrolier – un hélicoptère – un char à bœufs – une chaise à porteurs – un taxi – une diligence – un carrosse – une limousine – une charrette – un semi-remorque – un monorail – un fiacre – une carriole – un méthanier – une calèche

▶ Complétez les phrases avec les mots de la liste suivante.

quai – terminal – motrice – ferry-boat – camion – s'arrime – wagons – repartir – TGV – stationne – chauffeur – aéroport

a. Le ... du taxi dépose un client à l'... de Roissy, devant le ... 2A.
b. Le ... en provenance d'Ajaccio ... au ... d'Arenc dans le port de Marseille.
c. Une ... de ... peut tirer huit ... à une vitesse supérieure à 300 km/h.
d. Le ... de M. Mazué ... sur l'aire de l'autoroute ; il se repose avant de ... .

CORRIGÉS P. 189

77 LE MONDE DU TRAVAIL

Les emplois

la **profession** le métier
un **emploi** activité rétribuée d'une personne
un **poste** emploi pour exercer une tâche précise
une **fonction** emploi très spécifique
une **situation** emploi stable et d'un niveau assez élevé
une **affectation** désignation à un poste, un emploi
une **carrière** voie professionnelle dans laquelle
on s'engage, différentes étapes de l'activité
professionnelle de quelqu'un

Les différentes fonctions

un **technicien**
un **ingénieur**
un **artisan** personne qui exerce un métier manuel
pour son propre compte
un **ouvrier** personne qui effectue un travail manuel
un **apprenti** personne en cours de formation pratique
un **compagnon** ouvrier qui a terminé son apprentissage
un **fonctionnaire** personne employée et payée
par l'État
un **agriculteur**, un **exploitant agricole**
un **commerçant**
une **profession libérale** profession indépendante
de toute hiérarchie
un **salarié** personne qui touche régulièrement
un salaire de son employeur en vertu d'un contrat
de travail
un **employé** salarié non-cadre qui travaille
dans un bureau, une administration, un commerce
ou chez un particulier
un **cadre** salarié occupant un poste à responsabilités
élevées
un **stagiaire** étudiant qui travaille momentanément
dans une entreprise pour compléter sa formation
un **chef d'équipe, de bureau** personne qui dirige
une équipe d'ouvriers ou d'employés
un **contremaître** responsable d'un ensemble d'ouvriers
un **patron** petit artisan ou entrepreneur qui emploie
quelques ouvriers
un **entrepreneur** personne qui crée et dirige
une entreprise
un **chef d'entreprise** personne qui dirige
une entreprise

Les relations professionnelles

le **personnel** ensemble des personnes qui travaillent
pour une même entreprise ou une même
administration
un **collègue** personne qui remplit la même fonction
qu'une autre dans la même entreprise ou la même
administration

un **collaborateur** personne qui travaille avec une
ou plusieurs autres sous la responsabilité d'un patron
d'un chef d'entreprise ou de bureau
le **travail d'équipe** le fait que plusieurs personnes
travaillent ensemble à un même projet
un **directeur**
un **employeur**
la **hiérarchie** dans un groupe, organisation
des rapports professionnels telle qu'une personne
est subordonnée à celui qu'elle suit
un **syndicat** association qui défend les intérêts
de ses membres
le **délégué syndical** personne chargée de représenter
les syndiqués
le **comité d'entreprise** personnes élues par les salariés
pour améliorer les conditions de vie du personnel
et gérer les œuvres sociales de l'entreprise
une **convention collective** accord qui règle les
conditions de travail et de salaire d'une profession
les **négociations salariales** recherche d'un accord
sur les salaires
un **conseil d'administration** groupe de personnes qui
prennent les décisions dans une grande entreprise
la **grève** arrêt de travail des salariés pour obtenir de
meilleures conditions de salaire ou de travail

La recherche d'un travail

le **marché du travail** ensemble des offres
et des demandes d'emploi
une **demande d'emploi**
une **offre d'emploi**
le **recrutement** action d'embaucher des personnes
une **candidature** le fait de postuler pour un emploi
un **CV** (*curriculum vitae*) ensemble des informations
fournies par un demandeur d'emploi
la **formation initiale** formation reçue avant
son premier emploi
l'**expérience professionnelle**
la **formation professionnelle** formation suivie
au cours de sa vie professionnelle, en relation
avec le métier exercé
la **conscience professionnelle**
le **parcours professionnel** déroulement de la carrière
de quelqu'un

Les caractéristiques d'un métier

d'**avenir** qui s'exercera durablement
lucratif qui rapporte de l'argent
traditionnel qui existe depuis longtemps
honorable qui mérite le respect, la considération
précaire qui ne durera pas longtemps
exigeant qui demande certaines compétences
valorisant qui ajoute de la valeur, gratifiant
dégradant qui abaisse, qui humilie
stressant qui engendre de l'anxiété, de la nervosité

148

Expressions usuelles

Avoir une promotion. Être nommé à un emploi dont les responsabilités sont supérieures au précédent.

Monter en grade. Franchir un échelon dans la hiérarchie professionnelle.

Tuer le métier. Entraîner la disparition d'un métier.

Être du métier. Être un spécialiste de ce métier.

Avoir du métier. Avoir de l'expérience dans son métier.

Connaître les ficelles du métier. Posséder tous les savoir-faire d'un métier.

Un homme/une femme de métier. Un(e) professionnel(le) particulièrement qualifié(e).

Il n'est point de sot métier. Tous les métiers sont utiles et respectables.

C'est le métier qui rentre. On apprend aussi en commettant des erreurs.

Cent fois sur le métier remettez votre ouvrage. N'hésitez pas à reprendre une tâche pour améliorer son résultat.

Exercices

1 ▶ **Corrigez les erreurs qui se sont glissées dans les expressions.**
   a. M. Razu m'inspire une grande confiance : il connaît tous les câbles de son métier.
   b. Il n'y a pas de métier imbécile : l'important est de faire ce que l'on aime.
   c. Pour avoir une élévation, il faudrait qu'elle s'implique davantage dans son travail.
   d. Des comportements malhonnêtes comme le sien ne peuvent que blesser la profession.
   e. Depuis qu'il a monté les marches, il paraît plus détendu.

2 ▶ **Associez chaque métier à l'outil ou à l'objet utile pour l'exercer.**
   a. un arrosoir – b. un bistouri – c. une casserole – d. un extincteur – e. des pinceaux –
   f. un ordinateur – g. un tire-bouchon – h. une truelle – i. une tronçonneuse –
   j. un chalumeau – k. une clé à molette – l. un rabot – m. une aiguille –
   n. un aspirateur – o. une baguette

1. un informaticien	6. un bûcheron	11. un plombier
2. un menuisier	7. un sommelier	12. un chirurgien
3. un cuisinier	8. un jardinier	13. un chef d'orchestre
4. une couturière	9. un peintre	14. un mécanicien
5. un maçon	10. une femme de ménage	15. un pompier

3 ▶ **Complétez les phrases avec les mots proposés. Faites les accords si nécessaire.**
   salarié – fonctionnaire – affectation – collègue – négociation – CV
   a. Les enseignants ont le statut de ... .
   b. Les ... de cette entreprise sont impatients de connaître les résultats des ... salariales.
   c. Le Dr Marchand est un ... du Dr Dubois.
   d. Pour mettre toutes les chances de votre côté, il faut que vous rédigiez un ... clair et précis.
   e. J'ai reçu hier ma nouvelle ... : je suis nommé à Poitiers.

4 ▶ **Proposez un synonyme aux mots ou groupes de mots en gras.**
   a. Quelles sont vos responsabilités supplémentaires dans ce nouveau **poste** ?
   b. Cet **entrepreneur** mène ses affaires avec beaucoup d'énergie.
   c. Dans quelle **voie professionnelle** souhaite s'engager votre fils ?
   d. Ce métier **rapporte beaucoup d'argent**, mais il est trop **humiliant**.
   e. N'hésitez pas à poser votre **demande** pour cet emploi : vous avez toutes vos chances !

5 ▶ **Parmi les trois propositions en gras, entourez, dans chaque cas, celle qui convient.**
   a. Cet **artisan/ouvrier/fonctionnaire** n'a pas de patron : il n'a que des clients.
   b. Ce métier **précaire/dégradant/traditionnel** a beaucoup évolué.
   c. Répondez vite à cette **offre d'emploi/demande d'emploi/formation d'emploi** qui est faite pour vous.
   d. Mon grand-père avait créé son entreprise : c'était un véritable **contremaître/cadre/entrepreneur**.
   e. Exercer une profession **libertaire/libérée/libérale** présente certains avantages.

Les activités humaines

CORRIGÉS P. 190

Les bâtiments

une exploitation agricole ensemble des terrains et bâtiments dédiés à l'agriculture ou à l'élevage
une étable abri pour les bovins
une écurie abri pour les chevaux
une porcherie abri pour les porcins
une bergerie abri pour les moutons et les brebis
un clapier cage où l'on élève des lapins
une grange bâtiment pour entreposer les récoltes
le silo grand réservoir pour stocker les productions agricoles, principalement les céréales
la laiterie lieu où l'on traite le lait et ses dérivés
un chai local dans lequel on entrepose des fûts ou des cuves de vin
le fenil lieu où l'on stocke le foin

Les travailleurs agricoles

l'agriculteur/le cultivateur personne qui travaille la terre pour ses produits
l'éleveur personne qui élève des animaux pour les vendre
le métayer personne qui donne une partie des produits qu'il a cultivés au propriétaire des terrains
le fermier personne qui loue des terrains pour les cultiver
un ouvrier agricole ouvrier qui effectue des travaux agricoles dans une exploitation
le journalier ouvrier agricole qui travaille à la journée
un berger celui qui garde et surveille les moutons
un céréalier agriculteur qui produit essentiellement des céréales
un viticulteur personne qui travaille la vigne et élabore du vin
un vendangeur personne qui récolte le raisin
un maraîcher personne qui produit des légumes
un maquignon marchand de bestiaux

Le matériel agricole

la charrue instrument de labour qui retourne la terre
la moissonneuse-batteuse machine pour moissonner les céréales et séparer la paille des grains
le tracteur véhicule à moteur pour tirer des machines agricoles
le motoculteur engin à moteur pour retourner la terre sur de petites surfaces
un enjambeur tracteur élevé pour travailler les vignes
une sulfateuse appareil pour pulvériser manuellement des produits chimiques sur les récoltes
un semoir machine agricole pour semer le grain
un tombereau caisse montée sur deux roues que l'on peut décharger en la basculant à l'arrière
la fourche outil à dents pointues muni d'un long manche
la faux instrument à longue lame pour couper l'herbe
une houe pioche rudimentaire à large lame pour retourner la terre sur de petites surfaces
un rateau

Les travaux agricoles

labourer retourner la terre avant de semer
herser briser les mottes de terre après labourage
planter
récolter
faucher couper ras l'herbe ou le foin
irriguer apporter de l'eau au moyen de canaux, de tuyaux
arracher
ensemencer répandre des semences, des graines en terre
défricher enlever les broussailles pour préparer la terre
sarcler débarrasser des mauvaises herbes avec un outil
vendanger récolter le raisin
traire tirer le lait de la femelle de certains animaux domestiques
une terre
  – **lourde** que l'on a de la peine à retourner
  – **compacte** constituée de grosses mottes
  – **légère** facile à cultiver, un peu sablonneuse
  – **fertile** qui fournit des récoltes abondantes
  – **meuble** qui se laboure facilement
  – **inculte** impropre à toute culture
  – **arable** qui peut être facilement cultivée
  – **aride** qui ne porte pas de végétation
la friche terre non cultivée
le lopin petit morceau de terrain
la jachère terre qu'on laisse provisoirement se reposer
le vignoble plantation de vignes
le pâturage terrain sur lequel broutent certains animaux
la parcelle petit terrain d'une même culture
la monoculture dans une région, culture d'un seul produit
la polyculture production simultanée de plusieurs cultures sur un même domaine
l'agronomie étude scientifique des questions agricoles
les semailles période pendant laquelle on sème
les moissons période de récolte des céréales, fait de récolter
l'engrais produit pour fertiliser la terre
le fumier engrais naturel d'origine animale
le lisier engrais naturel d'origine porcine qui contient beaucoup d'eau
le terreau terre mélangée avec des matières organiques pour fertiliser le sol
le compost mélange de feuilles et de déchets qu'on laisse fermenter
le remembrement regroupement de plusieurs parcelles en champs plus vastes, donc plus faciles à cultiver

Expressions usuelles

Se mettre au vert. Se retirer à la campagne pour reprendre des forces.

Pousser à la roue. Inciter à une action.

Mettre des bâtons dans les roues. Créer des obstacles, des difficultés.

Un esprit cultivé. Une personne dont les connaissances sont étendues.

Avoir l'imagination fertile. Être très inventif.

Défricher un problème. Rendre plus compréhensible un problème, un sujet, une question.

Tracer son sillon. Travailler régulièrement pour atteindre l'objectif qu'on s'est fixé.

Chercher une aiguille dans une botte de foin. Chercher quelque chose de presque introuvable.

Semer le doute. Laisser s'installer une incertitude.

Récolter le fruit de son travail. Obtenir un résultat après avoir bien travaillé.

Exercices

1 ▶ Complétez les phrases suivantes avec des expressions de la fiche.

a. Le cours d'histoire de l'art de ce professeur est passionnant : c'est un … .

b. Pour préparer leur match contre Barcelone, les Lyonnais … pendant trois jours.

c. Retrouver la combinaison à six chiffres que tu as oubliée, c'est vraiment … .

d. Harold a bien révisé et il a … en obtenant une mention au brevet.

e. L'expérience inédite réalisée par ce physicien a … dans l'esprit de ses collaborateurs.

f. Ce romancier n'est jamais à court d'idées : il a …, assure son éditeur.

g. Si tu nous …, nous ne pourrons jamais mener ce projet à son terme.

h. Trop souvent, la publicité … les acheteurs qui se laissent séduire.

2 ▶ Associez chaque nom de métier au produit travaillé.

a. un riziculteur	1. olives	g. un viticulteur	7. coquillages
b. un aviculteur	2. riz	h. un mytiliculteur	8. poissons
c. un oléiculteur	3. oiseaux	i. un apiculteur	9. vin
d. un sylviculteur	4. arbres	j. un horticulteur	10. miel
e. un arboriculteur	5. huîtres	k. un pisciculteur	11. moules
f. un ostréiculteur	6. arbres	l. un conchyliculteur	12. fleurs

3 ▶ Associez chaque expression à son explication.

a. mettre plus bas que terre	1. s'activer beaucoup pour trouver quelque chose
b. mettre pied à terre	2. avoir honte
c. courir ventre à terre	3. aller très vite
d. le retour à la terre	4. descendre de cheval ou d'un véhicule
e. être terre à terre	5. retrouver les réalités concrètes
f. remuer ciel et terre	6. ne plus rêver
g. rentrer six pieds sous terre	7. humilier quelqu'un
h. toucher terre	8. ne s'occuper que de choses matérielles
i. revenir sur terre	9. retrouver la vie rurale

4 ▶ Complétez les phrases avec les mots de la liste ci-dessous selon le sens des expressions contenant le nom « champ ».

bout – libre – profondeur – courses – lexical – de bataille – prendre – partit – la clé

a. Le responsable de l'usine a toute confiance en son ingénieur : il lui laisse le champ … .

b. Pendant la guerre de 14-18, de nombreux soldats sont tombés au champ … .

c. Pour donner de la … de champ à une photographie, cadrez toujours un premier plan.

d. Déçu par la politique, ce député a décidé de … du champ ; il ne se représentera pas.

e. Le portail de l'enclos était ouvert : les veaux en ont profité pour prendre … des champs !

f. Dès qu'il eut vérifié l'état de son véhicule, le routier … sur-le-champ.

g. Cette personne interrompt l'orateur à tout … de champ ; c'est vraiment pénible.

h. Connaissez-vous des mots appartenant au champ … du mot « bateau » ?

i. Les chevaux qui disputent le quinté sont au départ sur le champ de … de Parilly.

Les activités humaines

CORRIGÉS
P. 190

Le pétrole et le gaz

un **gisement de pétrole** accumulation importante de pétrole brut dans le sous-sol
le **forage** le fait de creuser profondément le sol
un **puits de pétrole** trou creusé dans le sol pour extraire du pétrole brut
une **plate-forme de forage** ouvrage pour effectuer des forages en mer
un **baril** unité utilisée pour les capacités de pétrole
un **pétrolier** énorme navire pour transporter le pétrole
une **raffinerie** usine où l'on retire les impuretés du pétrole brut pour obtenir de nombreux produits
un **oléoduc** conduit pour le transport du pétrole brut
un **gazoduc** conduit pour le transport du gaz naturel

Le charbon

un **bassin houiller** zone de gisements de charbon
une **mine** installations pour extraire le charbon
une **galerie** passage souterrain permettant l'exploitation d'une mine
un **filon**, une **veine** couche de charbon
un **mineur** ouvrier chargé d'extraire le charbon
un **terril** monticule formé des déblais d'une mine
le **coron** cité réservée aux familles de mineurs
le **grisou** gaz très inflammable des mines de charbon

Les autres sources d'énergie

la **géothermie** énergie fournie par les eaux chaudes souterraines
énergie éolienne énergie produite par la force du vent
une **éolienne** machine qui utilise la force du vent pour produire de l'énergie
l'**énergie solaire** énergie produite par les rayons solaires
un **capteur solaire** dispositif pour concentrer les rayons solaires
un **biocarburant** carburant produit à partir de végétaux
énergies fossiles matériaux combustibles formés dans les roches il y a des millions d'années
énergie renouvelable énergie produite par des sources inépuisables qui n'engendrent pas ou peu de déchets ou d'émissions polluantes

L'électricité

une **centrale** usine qui produit de l'électricité
 – **nucléaire** à partir de la combustion de l'uranium
 – **thermique** à partir de la combustion de gaz, de charbon
 – **hydroélectrique** à partir de la force de l'eau
 – **marémotrice** à partir du mouvement des marées
un **barrage**
une **turbine** dispositif rotatif d'une centrale électrique
l'**uranium** élément radioactif naturel utilisé dans les centrales nucléaires
une **ligne à haute tension** ensemble de câbles électriques pour transporter l'électricité

un **réacteur atomique** dispositif à l'intérieur duquel se produisent des réactions en chaîne de dislocation des atomes
un **transformateur** appareil qui modifie la tension du courant électrique

Les usines

une **usine**
une **entreprise** organisation de production de biens
un **atelier** (une **chaîne**) **de montage** installation formée de postes de travail successifs
une **filature** usine de production de fils pour le tissage
un **atelier** lieu où des artisans ou des ouvriers travaillent en commun
la **sidérurgie** industrie qui produit du fer ou de l'acier
un **chantier naval** lieu de construction de bateaux
la **construction aéronautique** construction d'avions
une **machine-outil** machine qui met en œuvre un outil à la place d'un ouvrier
un **banc d'essai** appareillage sur lequel on teste des machines ou des moteurs
un **palan** appareil de levage pour de lourdes charges
une **presse** machine pour comprimer ou imprimer un solide
un **laminoir** machine pour aplatir et étirer les métaux
un **marteau-pilon**
une **usine robotisée** une usine où les tâches sont effectuées par des robots programmés
fabriquer
confectionner fabriquer une chose de bout en bout
produire
usiner fabriquer une pièce avec une machine-outil
industrialiser implanter des industries dans une région
exploiter tirer parti d'un matériau en vue d'une production
extraire retirer un matériau d'un lieu où il se trouvait
le **rendement** augmentation de la production
la **compétitivité** production de biens à un prix intéressant
l'**artisanat** activité manuelle exercée par une personne pour son propre compte
une **PME** petite ou moyenne entreprise
une **PMI** petite ou moyenne industrie
une **fabrique** usine de moyenne importance

Les travaux publics

un **chantier**
une **grue**
un **coffrage** dispositif dans lequel on coule le béton
une **bétonnière** engin à cuve pour préparer le béton
le **béton armé** béton coulé autour d'une armature métallique
un **enduit** mince couche de ciment étalée sur les murs
un **serre-joint** outil pour maintenir serrées des planches
un **marteau-piqueur** engin utilisé pour les travaux de démolition ou de terrassement

Expressions usuelles

Être sur les charbons ardents. Être extrêmement impatient et anxieux.
Travailler à la chaîne. Effectuer un travail de façon répétitive et mécanique.
Faire la chaîne. Se transmettre quelque chose de proche en proche.
Avoir des nerfs d'acier. Garder son sang-froid en toutes occasions.
Battre le fer pendant qu'il est chaud. Exploiter une situation sans attendre.
Avoir plusieurs fers au feu. Avoir plusieurs solutions possibles.
Se trouver pris entre l'enclume et le marteau. Être exposé à recevoir des coups de deux côtés.
Être tenaillé par la peur. Se sentir constamment en danger.
Faire barrage. S'opposer vivement à quelque chose.
Il y a de l'électricité dans l'air. Les gens sont nerveux, proches de l'énervement.

Exercices

1 ▶ Complétez les phrases suivantes avec des expressions de la fiche.
  a. Ce joueur d'échecs a ... : son visage n'exprime aucune émotion, il reste calme.
  b. La réunion du foyer des élèves est animée ; on dirait même qu'il ... .
  c. Flavien était candidat au poste de délégué, mais une majorité d'élèves a ... à son élection.
  d. Dans l'attente des résultats, les candidats sont ... .

2 ▶ Classez les mots suivants en quatre catégories selon qu'ils appartiennent à l'univers
  du charbon, du pétrole, du gaz ou des énergies renouvelables.

un baril	un filon	le soleil	le grisou
un terril	la marée	une plate-forme	une mine
le vent	un oléoduc	un biocarburant	un coron
une raffinerie	un mineur	une éolienne	un brûleur

3 ▶ Associez chacun des termes de la liste ci-dessous qui désignent des types d'usines
  à ce qu'elles fabriquent.
      a. une papeterie – b. une maroquinerie – c. une orfèvrerie – d. une cristallerie –
      e. une chaudronnerie – f. une bonneterie – g. une tuilerie – h. une menuiserie –
      i. une vannerie – j. un chantier naval – k. une raffinerie – l. une minoterie

1. l'essence	5. la farine	9. des bateaux
2. du papier	6. du mobilier	10. des couverts pour la table
3. des bagages	7. des maillots	11. des tuiles
4. des cuves à mazout	8. des vases en cristal	12. des articles en rotin

4 ▶ Le nom « mine » a un autre sens que celui donné dans la page ci-contre. Au sens
  figuré, il signifie « l'aspect du corps ou visage de quelqu'un ». Complétez les phrases
  pour éclairer le sens des expressions au sens propre ou au sens figuré.
  a. Après un séjour à la montagne, les enfants ont tous une ... mine.
  b. Les Français ont perdu leur match de rugby contre les Anglais ; ils font ... mine.
  c. Ce déménageur ne ... pas de mine, mais il soulève les meubles sans effort apparent.
  d. Maxime a ... mine de vouloir prendre le chemin de gauche, mais il a continué tout droit.
  e. Les mines de ... de la région lorraine sont aujourd'hui toutes fermées.
  f. Dans cette encyclopédie, vous trouverez une mine d'... .

5 ▶ Complétez ce texte qui décrit une chaîne de montage automobile.
      doucement – tissus – chaîne – couleur – attentions – feux – enveloppe –
                  accessoires – ouvriers – portières
  Les carrosseries, les ailes, les ..., les capots, sont lisses, brillants, multicolores. Nous, les ...,
  nous sommes gris, sales, fripés. La ..., c'est l'objet qui l'a sucée ; il n'en reste plus pour nous.
  Elle resplendit de tous ses ..., la voiture en cours de fabrication. Elle avance ..., à travers les
  étapes de son habillage, elle s'enrichit d'... et de chromes, son intérieur se garnit de ... douillets, toutes les ... sont pour elle. Elle se moque de nous. Elle nous nargue. Pour elle, pour elle
  seule, les lumières de la grande ... . Nous, une nuit invisible nous ... .
                                                    Robert Linhart, L'Établi, Éd. de Minuit, 1978.

CORRIGÉS
P. 190

80

LE COMMERCE

Le commerce international

les importations marchandises achetées à l'étranger
les exportations marchandises vendues à l'étranger
le commerce intérieur échanges commerciaux réalisés
    à l'intérieur d'un même pays
le commerce extérieur échanges commerciaux réalisés
    avec d'autres pays
le libre-échange libre circulation des marchandises
le protectionnisme fait de favoriser les productions
    de son pays
les droits de douane taxes sur tous les produits
    importés
la marine marchande ensemble des bateaux de transport
le fret cargaison transportée par un navire ou un avion
le taux de change valeur d'une monnaie par rapport
    à une monnaie étrangère
le monopole situation où la concurrence n'existe pas

La vente au détail

un commerçant
un revendeur personne qui revend, si possible
    avec bénéfice, des produits qu'elle a achetés
un représentant celui qui propose des produits
    aux commerçants
une succursale commerce dépendant d'une entreprise
un magasin
une vitrine
l'échoppe très petite boutique, généralement
    en plein air
l'étalage présentation d'articles destinés à la vente
un échantillon petite quantité d'un produit proposée
    gratuitement pour juger de sa qualité
le catalogue
la publicité
la réclame ancienne forme de publicité
un article de marque article de qualité produit
    par une grande marque
un bon de garantie obligation pour le vendeur
    de réparer ou remplacer un article défectueux
une étiquette
le caissier
le comptable celui qui tient les comptes
le code-barres code informatique imprimé
    sur l'emballage qui contient des informations
    sur le produit
le prix
une remise, un rabais, une ristourne réduction de prix
les soldes marchandises vendues avec une réduction
la braderie vente d'articles à très bas prix
une promotion opération commerciale pour faire
    connaître un produit
le service après-vente ensemble des services
    (installation, réparation) assurés par le vendeur
    au client après l'achat d'un produit

La vente en gros

vente en gros achat et vente de grandes quantités
    de marchandises
un fournisseur personne ou société qui assure
    l'approvisionnement
un négociant personne qui fait du commerce en gros
le conditionnement emballage des marchandises en
    prévision de leur vente
les frais de port les frais de transport des marchandises
un conteneur caisson métallique de grande dimension
    pour le transport des marchandises
le stock ensemble des marchandises en réserve
la manutention manipulation des marchandises
    pour les stocker ou les expédier
un entrepôt lieu de stockage des marchandises
un magasinier responsable des marchandises
    entreposées
la livraison
la commande
les invendus articles qui n'ont pas trouvé d'acheteurs
le bénéfice

Les magasins

la boutique
le centre commercial
la galerie marchande
le marché lieu public, couvert ou en plein air, où
    plusieurs commerçants vendent leurs produits
un grand magasin
un supermarché magasin important
un hypermarché magasin de très grande taille
un commerce de proximité commerce proche
    du domicile des clients
acheter
    – comptant payer immédiatement son achat
    – à crédit payer en plusieurs fois
vendre
    – aux enchères à celui qui offre le prix le plus élevé
    – par correspondance prendre des commandes
        à distance et les expédier au client
    – à la sauvette rapidement et discrètement
    – à perte à un prix inférieur au prix d'acquisition
        de l'objet vendu
    – à prix coûtant au prix d'acquisition, sans bénéfice
    – en vrac sans emballage, en désordre sur l'étalage
échanger
expédier
facturer
livrer
encaisser
marchander discuter pour faire baisser le prix
écouler vendre la totalité de ses marchandises, pendant
    la période des soldes notamment

Expressions usuelles

Être en rupture de stock. Ne plus avoir assez de marchandises en réserve.
Faire du porte-à-porte. Essayer de vendre en se rendant directement chez les particuliers.
Verser un acompte. Lors d'une commande, verser une partie de la somme totale.
Une chaîne de magasins. Ensemble des magasins de même enseigne.
Avoir pignon sur rue. Avoir une situation enviable et une fortune importante.
Être à son affaire. Faire ce qu'on aime et le faire bien.
Faire l'article. Détailler, en insistant, les qualités d'un produit à des clients.
Avoir la bosse du commerce. Être doué pour acheter et vendre.
S'enlever comme des petits pains. Se dit de produits qui se vendent facilement.

Exercices

1 ▶ Complétez les phrases suivantes avec des expressions de la fiche.
a. Fabrice a cueilli du muguet et il le vend au coin de la rue ; ses parents disent qu'il a déjà ... .
b. Ce boucher ne propose que de la viande de qualité ; il a ... dans le quartier.
c. Il a beaucoup neigé et le garagiste est en ... de chaînes pour équiper les voitures.
d. Dans sa jeunesse, M. Léon essayait de vendre des encyclopédies en faisant du ... .
e. Ces chaussures de sport plaisent aux jeunes et elles ne sont pas chères : elles ... !
f. La famille Desroches ... sur l'achat d'un canapé qui ne sera livré que dans un mois.

2 ▶ Associez chaque expression à son explication.
a. casser les prix	1. extrêmement cher
b. à aucun prix	2. mettre en vente à un prix donné
c. à prix d'or	3. quoi qu'il puisse en coûter
d. hors de prix	4. vendre à des prix extrêmement bas
e. mettre à prix	5. en aucun cas, pour rien au monde
f. être dans ses prix	6. en payant très cher
g. à tout prix	7. être abordable, qui correspond à la somme dont on dispose

3 ▶ Complétez les phrases avec les mots de la liste ci-dessous selon le sens des expressions qui contiennent le verbe « payer ».
temps – retour – savoir – crime – personne – luxe – dégâts – tête – sur l'ongle
a. Cette ascension est dangereuse ; le guide est payé pour le ... : en mai il s'est blessé.
b. Manuel a rendu service à ses amis qui l'ont bien payé en ... : ils lui ont offert un cadeau.
c. Grégory vous a aidés à déménager ; il a payé de sa ... tout au long de la journée.
d. Les humoristes se paient souvent la ... des hommes politiques pour amuser le public.
e. En vacances sur une plage de sable blanc, la comédienne se paie du bon ... .
f. Comme il avait beaucoup d'avance, le coureur belge s'est payé le ... de ralentir.
g. Ce riche négociant ne marchande guère et il paie toujours les producteurs rubis ... .
h. Ce bricoleur amateur a fait sauter le transformateur de l'immeuble ; qui va payer les ... ?
i. Tous les auteurs de romans policiers vous le diront : « Le ... ne paie pas ! »

4 ▶ Associez chaque nom de produit au magasin où on le trouve.
a. des médicaments	1. une armurerie	g. des bonbons	7. une lutherie
b. des bagages	2. une pâtisserie	h. des livres, des revues	8. une friperie
c. des bijoux	3. une pharmacie	i. de l'outillage	9. une coutellerie
d. des gâteaux	4. une maroquinerie	j. des couteaux	10. une confiserie
e. du fil, des aiguilles	5. une mercerie	k. des vêtements d'occasion	11. une quincaillerie
f. des armes	6. une bijouterie	l. des instruments de musique à cordes	12. une librairie

5 ▶ Classez les noms suivants en deux catégories selon qu'ils sont synonymes de « vendeur » ou d'« acheteur ».
client – consommateur – commerçant – détaillant –
preneur – marchand – boutiquier – acquéreur

Les activités humaines

CORRIGÉS P. 190

81 LES SERVICES FINANCIERS

Les banques

la monnaie ensemble des pièces et des billets qui servent aux paiements, aux échanges. Chaque pays, ou ensemble de pays, a sa propre monnaie. Exemple : l'euro.

le taux de change valeur d'une monnaie exprimée dans une autre monnaie

une agence bancaire locaux de proximité d'une banque

un compte bancaire fonds déposé par un client auprès d'une banque

une carte bancaire

un carnet de chèques

un relevé bancaire document où sont portées toutes les opérations (débits et crédits) du titulaire du compte

un débit somme retirée du compte bancaire

un crédit somme versée sur le compte bancaire, avance consentie par un établissement financier qui doit être remboursée dans une durée déterminée

un découvert solde négatif d'un compte où les débits sont supérieurs aux crédits

un avoir écrit attestant que l'on doit une somme d'argent à quelqu'un

un capital ensemble des biens que l'on possède

des revenus ensemble des sommes d'argent que l'on a perçues

un versement

un retrait

un prêt un crédit

un taux d'intérêt pourcentage appliqué à une somme totale (prêt ou dépôt) qui détermine le montant à verser ou à recevoir annuellement

une mensualité somme versée (ou perçue) chaque mois

une échéance date à laquelle un remboursement est exigé

la dette somme due à quelqu'un ou à un organisme

des agios sommes pouvant être perçues par une banque lorsqu'il y a un découvert

un livret de caisse d'épargne

un acompte paiement partiel sur un montant total à recevoir ou à verser

un distributeur automatique de billets (DAB) dispositif, placé à l'extérieur de l'agence bancaire, pour retirer de l'argent à l'aide d'une carte bancaire

une chambre forte pièce blindée où sont rangés des objets de valeur ou des coffres-forts

une mise de fonds engagement d'argent dans une affaire

prêter

rembourser

encaisser

solder son compte clore son compte et récupérer l'argent porté au crédit de ce compte

économiser

créditer verser de l'argent sur un compte bancaire

débiter retirer de l'argent d'un compte bancaire

La Bourse

le capital les ressources financières dont on dispose

l'inflation hausse généralisée et continue des prix

un investissement mettre de l'argent à disposition d'une entreprise pour en tirer un bénéfice

un placement un investissement

une action document représentant une partie du capital d'une entreprise

une caution garantie d'un engagement financier

le cours d'une action valeur de l'action au jour le jour

un dividende part de bénéfice distribuée à chaque actionnaire d'une société

une plus-value bénéfice retiré de la vente d'une action

un trader celui qui achète et vend des actions en Bourse

un délit d'initié infraction de celui qui dispose d'informations secrètes sur une entreprise

spéculer profiter de la variation du cours des actions

Les assurances

une assurance contrat passé entre une personne et une société qui versera une certaine somme en cas d'accident

une police d'assurance document qui fixe les conditions d'un contrat d'assurance

une prime d'assurance coût annuel d'une assurance

une assurance vie contrat qui prévoit le versement d'une somme aux héritiers après le décès d'une personne

souscrire un contrat d'assurance prendre une assurance

résilier un contrat d'assurance mettre fin à une assurance

La fiscalité

le budget document qui fixe les recettes et les dépenses d'une famille, d'une société, de l'État, etc.

les impôts directs sommes versées par les particuliers (ou les sociétés) à l'État (ou aux collectivités territoriales)

les impôts indirects sommes perçues lors de transactions commerciales et reversées ensuite à l'État

un contribuable personne qui paie des impôts

le percepteur fonctionnaire qui perçoit les impôts

la TVA (taxe sur la valeur ajoutée) taxe payée lors de chaque achat ou de chaque règlement

l'impôt sur la fortune impôt que paient les personnes qui disposent d'une fortune importante

la taxe d'habitation impôt dû par celui qui occupe un logement ou un local

les impôts fonciers impôts dus par le propriétaire d'une maison, d'un appartement ou d'un terrain

être exonéré d'impôts ne pas payer d'impôts

Expressions usuelles

Un chèque sans provision. Dont le montant dépasse le crédit sur le compte bancaire.
Un chèque en bois. (fam.) Un chèque sans provision.
Un chèque en blanc. Sur lequel ne figure pas le montant (sens propre). Laisser quelqu'un libre d'agir à sa guise (sens figuré).
Ne pas avoir un sou vaillant. Ne pas avoir d'argent.
En avoir pour son argent. Obtenir quelque chose proportionnellement à la dépense.
Jeter l'argent par les fenêtres. Être très dépensier.
Ne prêter qu'aux riches. Ne prêter qu'à ceux qui peuvent rembourser (sens propre). Attribuer à quelqu'un des caractères ou des actions selon sa réputation (sens figuré).
Faire la monnaie. Échanger un billet contre son équivalent en petits billets ou en petites pièces.
C'est monnaie courante. C'est une chose habituelle.
Rendre à quelqu'un la monnaie de sa pièce. Lui rendre la pareille, user des mêmes procédés.
Sans bourse délier. Sans dépenser d'argent.
Être payé en monnaie de singe. Être payé avec de l'argent qui ne vaut rien.

Exercices

▶ Complétez les phrases suivantes avec des expressions de la fiche.
a. Lors du dernier concert des Aiglons, certains sont entrés ... : ils étaient invités par la mairie.
b. Cet article soldé n'est pas de très bonne qualité, mais tu en as eu ... .
c. Mme Sandra est à découvert auprès de sa banque : ce n'est pas étonnant, elle jette ... !
d. Les élèves ont obtenu un ... du principal pour organiser un tournoi de tennis de table.
e. Se nourrir avec les légumes de son potager, c'est ... à la campagne.
f. Pour acheter un ticket de métro, Gabriel n'avait qu'un billet de 50 euros ; il a dû faire ... .

▶ Parmi les propositions en gras, entourez dans chaque cas celle qui convient.
a. Je ne peux plus aller dans ce magasin parce que la dernière fois j'ai payé avec un chèque sans **réserve/acompte/provision**.
b. Aujourd'hui, à la Bourse de Paris, le **cours/courant/sens** des actions a grimpé en flèche.
c. Pour réserver mon billet d'avion, j'ai dû verser un **compte/dividende/acompte**.
d. Dans certains quartiers de Paris, les impôts **fonciers/terriens/terrestres** sont très élevés.
e. Le délit **d'informé/d'initié/d'annoncé** est une faute très grave.

▶ Complétez les phrases avec les mots ou expressions de la liste ci-dessous, selon le sens des expressions contenant le nom « économie ».
    de ce pays – échelle – bouts de chandelles – banque – offre – petites
a. En voulant rafistoler cette porte de placard, M. Valot fait vraiment une économie de ... .
b. L'économie ... est en grande difficulté.
c. M. Barrel qui fait lui-même son pain déclare qu'il n'y a pas de ... économies !
d. Prudente, Nadine a placé ses économies à la ... qui lui verse des intérêts chaque année.
e. En augmentant nos capacités de production, nous ferions de grandes économies d' ... .
f. Ce secteur d'activité est essentiellement une économie de l' ... .

▶ Associez chaque expression à son explication.
a. Être loin du compte.
b. Un compte rond.
c. Le compte n'y est pas.
d. En fin de compte.
e. S'en tirer à bon compte.
f. Trouver son compte.
g. Se mettre à son compte.
h. Les bons comptes font les bons amis.
i. Rendre compte.
j. Demander des comptes.
k. Prendre à son compte.

1. Le résultat n'est pas ce qu'il devrait être.
2. Trouver un avantage, un intérêt.
3. Pour conclure après avoir tout examiné.
4. Un compte exprimé par un nombre entier.
5. Se tromper de beaucoup.
6. Endosser la responsabilité d'un acte.
7. Demander des explications.
8. Travailler en étant son propre employeur.
9. L'absence de dette garantit une bonne entente.
10. Donner des explications.
11. S'en sortir sans trop de dommages.

Les activités humaines

CORRIGÉS P. 190

82 LA MÉDECINE

Les lieux

un hôpital
une clinique établissement de soins médicaux
  public ou privé
un dispensaire établissement de diagnostics et de soins
  sans hospitalisation, gratuit ou peu coûteux
une maternité hôpital, clinique où les femmes
  accouchent
un cabinet médical local où les médecins reçoivent
  leurs patients
une infirmerie
une maison de santé établissement médical privé
  où l'on soigne les maladies mentales ou nerveuses
un centre de rééducation établissement où
  l'on réapprend l'usage normal d'un membre
  après un accident ou une maladie

Le personnel soignant

un médecin
  – généraliste qui soigne toutes les maladies et
    sollicite, si besoin, l'intervention d'un spécialiste
  – traitant qui soigne habituellement quelqu'un
  – de garde qui est chargé d'effectuer son service
    en dehors des horaires ordinaires (le dimanche,
    la nuit ou les jours fériés)
  – du travail qui examine à titre préventif
    les salariés sur leur lieu de travail
  – légiste chargé d'expertises dans des affaires
    judiciaires
un praticien membre en exercice d'une profession
  médicale
un chirurgien
un anesthésiste
un cancérologue
un cardiologue médecin spécialisé dans les maladies
  du cœur
un dermatologue médecin spécialisé dans les maladies
  de la peau
un obstétricien médecin spécialisé qui suit
  les grossesses et pratique les accouchements
un gynécologue médecin spécialisé dans les maladies
  des organes génitaux féminins
un urologue médecin spécialisé dans les maladies
  de l'appareil urinaire (et génital chez l'homme)
un ophtalmologue médecin spécialisé dans
  les maladies des yeux
un oculiste un ophtalmologue
un oto-rhino-laryngologiste médecin spécialisé
  dans les maladies des oreilles, du nez et de la gorge
un gériatre médecin spécialisé dans les maladies
  des personnes âgées
un pédiatre médecin spécialisé dans les maladies
  des enfants
un psychiatre médecin spécialisé dans les maladies
  mentales

un infirmier
un ambulancier
un aide-soignant personne qui donne des soins
  aux malades sous la responsabilité d'un infirmier
une sage-femme personne dont la profession
  est d'accoucher les femmes
un psychologue personne qui aide en analysant
  les émotions et les comportements
un psychanalyste personne qui aide en analysant
  les émotions et les pensées profondes
un dentiste
un kinésithérapeute praticien qui soigne par des
  mouvements de gymnastique et des massages
un homéopathe médecin qui traite les maladies
  par de très petites doses de produits
un ostéopathe personne qui soigne en manipulant
  les os et les articulations
un acuponcteur/acupuncteur personne qui soigne
  grâce à des aiguilles de métal piquées à des endroits
  précis du corps

Les actes médicaux

une consultation examen d'un malade par un médecin
  et l'avis de celui-ci
un diagnostic acte par lequel le médecin,
  en regroupant les symptômes et les données
  d'examen, les rattache à une maladie bien identifiée
une ordonnance
une prescription ordonnance, recommandation
  du médecin
un traitement ensemble des moyens utilisés pour
  soigner une maladie
  – préventif qui a pour but d'empêcher par avance
une cure traitement d'une maladie
une opération
une radiographie
une analyse de sang
une greffe opération qui consiste à insérer un morceau
  du corps d'une personne (le donneur) sur une autre
  partie de son corps ou de celui d'une autre personne
  (le receveur)
une transplantation greffe d'un organe entier
les soins palliatifs soins donnés aux agonisants
consulter un médecin prendre l'avis d'un médecin
exercer la médecine pratiquer la médecine
examiner un patient observer attentivement
  un patient
ausculter un patient écouter les bruits qui
  se produisent dans certaines parties internes
  du corps d'un patient
hospitaliser quelqu'un faire entrer quelqu'un
  dans un établissement hospitalier
interner un patient l'enfermer dans un hôpital
  psychiatrique

Expressions usuelles

Être tenu au secret professionnel. Avoir l'obligation, pour des médecins, de ne pas révéler les secrets que leur confient leurs patients.

Le serment d'Hippocrate. Serment qui énonce les principes de la morale médicale prononcé par tout médecin avant de pouvoir exercer.

Une infection nosocomiale. Infection qui se contracte lors d'une hospitalisation.

Garder la chambre. Rester chez soi à cause d'une maladie.

Une cure de désintoxication. Séjour dans un établissement médical qui a pour but d'obtenir d'un alcoolique ou d'un toxicomane qu'il se déshabitue progressivement de l'alcool ou de drogues.

Un malade imaginaire. Personne qui n'est malade que dans son imagination.

Mettre quelqu'un en quarantaine. Le mettre à l'écart d'un groupe en refusant de lui parler.

Être aux petits soins pour quelqu'un. Être très attentionné à son égard.

C'est l'hôpital qui se moque de la charité. On utilise cette expression lorsque quelqu'un se moque, chez un autre, d'un défaut qu'il a lui-même.

Faire une maladie de quelque chose. (fam.) Être très contrarié par quelque chose.

Exercices

▶ Corrigez les erreurs qui se sont glissées dans les expressions.
a. On peut tout confier à son médecin car il est tenu au mystère institutionnel.
b. Le serment d'Hippolyte demande aux médecins de donner des soins gratuits aux pauvres.
c. Fiévreux et courbaturé, Hugo a préféré garder le salon.
d. Johnny a eu du mal à se remettre de son opération car il a attrapé une maladie nostalgique à l'hôpital.
e. Cet alcoolique a dû faire plusieurs cures de désinfection avant d'arrêter de boire.

▶ Associez le nom de chaque spécialiste à ce qu'il soigne.
a. le cardiologue	1. la gorge
b. le dermatologue	2. les yeux
c. l'ophtalmologue	3. les troubles mentaux
d. le psychiatre	4. la peau
e. l'oto-rhino-laryngologiste	5. les articulations
f. l'ostéopathe	6. le cœur

▶ Associez le nom de chaque spécialiste à la personne dont il s'occupe.
a. un gériatre	1. un cadavre
b. un médecin légiste	2. une personne âgée
c. un médecin du travail	3. un opéré
d. un anesthésiste	4. un salarié

▶ Associez chaque verbe au complément qui lui correspond.
a. diagnostiquer	1. un psychotique	f. hospitaliser	6. un traitement
b. consulter	2. un rein	g. ausculter	7. la médecine
c. interner	3. de la peau	h. exercer	8. une angine
d. transplanter	4. un cardiologue	i. prescrire	9. un blessé
e. greffer	5. une otite	j. traiter	10. un patient

▶ Complétez les phrases suivantes avec les termes de la liste ci-dessous.
soins palliatifs – dispensaire – maternité – pédiatre – obstétricien
a. C'est le même ... qui a suivi l'accouchement de mes deux filles.
b. La ... dans laquelle Mathilde a accouché est toute neuve.
c. Au moindre symptôme, Caroline emmène ses enfants consulter un ... .
d. Le personnel médical des ... est très attentionné envers les malades qui vivent leurs derniers moments.
e. Les populations les plus pauvres attendaient longtemps avant de pouvoir consulter un médecin du ... .

Les activités humaines

CORRIGÉS
P. 191

83 L'ÉCOLOGIE ET LE DÉVELOPPEMENT DURABLE

L'écologie

l'écologie protection de la nature
et de l'environnement
l'environnement ensemble des éléments
qui constituent le paysage naturel ou artificiellement
créé par l'homme
la biodiversité diversité des espèces animales
et végétales
la biosphère ensemble des lieux où la vie est possible
les ressources naturelles richesses, réserves
de la nature (eau, pétrole, gaz naturel, minerais, etc.)
les énergies fossiles énergies tirées du sous-sol
(charbon, pétrole, gaz)
les énergies renouvelables énergies produites
à partir d'éléments naturels
– l'énergie solaire (soleil)
– l'énergie éolienne (vent)
– l'hydroélectricité (fleuves, lacs)
– l'énergie marémotrice (marées)
les énergies vertes non polluantes
un bilan carbone outil de comptabilisation
des émissions de gaz à effet de serre
les Verts nom donné aux militants écologistes
et à leurs organisations

Les crises écologiques

l'impact environnemental effet produit
sur l'environnement
l'empreinte écologique indice mesurant l'impact
de l'activité humaine sur l'environnement
la pollution
les émissions de gaz carbonique (CO_2) production
et diffusion de ce gaz
une décharge sauvage dépôt d'objets dans la nature
hors des décharges publiques et réglementées
les déchets nucléaires déchets dangereux produits
par les centrales nucléaires
la surpêche pêche excessive qui compromet
le renouvellement des poissons
la déforestation destruction de la forêt
le trou de la couche d'ozone trou dans la couche
située dans l'atmosphère, qui absorbe les rayons
ultraviolets et nous protège de leur action
les dérèglements climatiques
le réchauffement climatique
l'effet de serre phénomène de réchauffement
de la Terre
la fonte des calottes glacières fonte de la glace
des régions polaires
un sinistre catastrophe qui cause des pertes
considérables
une inondation
la canicule période de fortes chaleurs

la pénurie d'eau manque d'eau
la désertification transformation en désert
la raréfaction des ressources naturelles diminution
de ces ressources
l'épuisement des ressources naturelles consommation
complète de ces ressources
les retombées radioactives retour à la surface
de la Terre des substances libérées lors
d'une explosion nucléaire
les pluies acides pluies contaminées par la pollution
industrielle et automobile
une marée noire couche d'hydrocarbures répandue
à la surface de la mer et qui vient salir les plages
être en voie d'extinction être en train de disparaître
être nuisible à causer du tort à, causer des dommages
nocif qui nuit, qui cause un dommage
toxique qui a un effet nocif sur l'organisme
contaminer quelque chose polluer quelque chose

Les gestes pour préserver l'environnement

le développement durable développement qui
répond aux besoins du présent sans compromettre la
capacité des générations futures à répondre aux leurs
un produit bio produit sans pesticide ni engrais
chimique
un produit propre produit peu ou pas polluant
un biocarburant produit liquide ou gazeux pouvant
être utilisé dans le moteur d'un véhicule, issu de
la culture végétale ou animale
les panneaux photovoltaïques panneaux qui changent
l'énergie lumineuse en énergie électrique
une ampoule basse consommation
l'isolation
un pot catalytique dispositif placé avant le pot
d'échappement d'une voiture pour filtrer les gaz
polluants
le covoiturage utilisation de la même voiture
par plusieurs personnes
le reboisement action de replanter des arbres
le compostage transformation des déchets en matière
destinée à fertiliser le sol
le tri sélectif action qui consiste à trier et à récupérer
les déchets selon leur nature pour faciliter
leur recyclage
une déchetterie lieu public où l'on peut déposer
dans des conteneurs certains déchets
le recyclage nouveau traitement en vue
d'une réutilisation
les eaux usées eaux salies, rejetées après usage
une station d'épuration installation destinée à traiter
les eaux usées avant de les rejeter dans un cours d'eau
biodégradable qui peut être détruit par des bactéries
retraiter un déchet trier et récupérer les éléments
utilisables d'un déchet

Expressions usuelles

Le protocole de Kyoto. Accord de 2005 qui vise à limiter l'émission de gaz à effet de serre afin d'en diminuer les effets sur les modifications climatiques.

Les gaz à effet de serre. Gaz (dont le CO_2) qui absorbent une partie des rayons solaires et qui sont responsables du changement climatique.

Répondre à des normes environnementales. Respecter des lois en matière de protection de l'environnement.

Le commerce équitable. Commerce entre pays développés et pays en développement fait dans des conditions qui favorisent le développement économique et social de ces derniers.

La traçabilité agroalimentaire. Possibilité d'identifier l'origine d'un produit destiné à l'alimentation et d'en reconstituer le parcours depuis sa production jusqu'à sa vente.

Le principe de précaution. Mesures prises par les pouvoirs publics lorsqu'il existe des raisons suffisantes de croire qu'une activité ou un produit risque de causer des dommages graves pour la santé ou l'environnement.

Une campagne de sensibilisation. Ensemble d'opérations ayant pour but de rendre sensible (à un problème).

Exercices

1 ▶ **Corrigez les erreurs qui se sont glissées dans les expressions.**
a. En 2009, une campagne de sensiblerie a été menée pour inciter les Français à se faire vacciner contre la grippe A.
b. Mes parents n'achètent que du café issu du commerce évitable avec le Pérou.
c. En matière de santé publique, le gouvernement applique souvent le principe de prévention.
d. Les pays qui ont signé les accords du protocole de Tokyo s'engagent à limiter les émissions de gaz carbonique.
e. Les gaz à effet de verre sont responsables du trou dans la couche d'ozone.

2 ▶ **Parmi les trois mots qui vous sont proposés, entourez celui qui correspond à la définition.**
a. action de replanter des arbres — l'arboriculture – le reboisement – le déboisement
b. qui a un effet nocif sur l'organisme — toxique – biodégradable – acide
c. période de fortes chaleurs — la canicule – un tubercule – une renoncule
d. catastrophe qui cause des pertes considérables — un lugubre – un triste – un sinistre
e. transformation en désert — l'arrestation – la désertification – la déforestation
f. transformation des déchets en fertilisants — la composition – le compostage – la composante

3 ▶ **Dans chaque ligne de trois mots ou expressions, trouvez l'intrus.**
a. nuisible – biodégradable – nocif
b. recycler – contaminer – polluer
c. énergie verte – énergie fossile – énergie éolienne
d. une déchetterie – un biocarburant – une décharge
e. la surpêche – le compostage – la déforestation
f. les pluies acides – la marée noire – les biocarburants

4 ▶ **Complétez les phrases suivantes avec les mots ou les groupes de mots de la liste ci-dessous en les accordant si nécessaire.**

voix d'extinction – station d'épuration – covoiturage – toxique – marée noire – pénurie – éolienne

a. Des ... régulières d'eau compromettent le développement de l'agriculture.
b. Les ... dégagent des odeurs peu agréables pour leur voisinage.
c. Le naufrage d'un pétrolier a provoqué une ... qui a dévasté la faune et la flore de ce littoral.
d. Afin d'économiser de l'essence, je pratique le ... pour aller au travail.
e. C'est le dioxyde de carbone, gaz très ..., qui a causé la mort d'Émile Zola.
f. Pourchassé pour sa fourrure, le panda géant est un animal en ... .
g. Une ... est une machine (formée d'une roue en haut d'un pylône) qui capte l'énergie du vent.

Les activités humaines

CORRIGÉS
P. 191

LES ARTS : LA SCULPTURE ET L'ARCHITECTURE

Termes généraux

les beaux-arts
l'esthétique beauté, harmonie, plastique
la créativité imagination, originalité
une création une œuvre, une production
l'inspiration idée, intuition
un chef-d'œuvre
un(e) conservateur(trice) (de musée) titre de
 directeur
esthétique
créatif imaginatif, inventif
esthétiquement artistiquement

La sculpture

une sculpture
un(e) sculpteur(trice)
un ciseleur artiste qui sculpte avec un ciseau
un tailleur d'image sculpteur (terme médiéval)
le matériau
 – le marbre
 – le bois, l'ivoire
 – la glaise, la terre cuite, l'argile, le plâtre, le grès
 – le bronze
 – la cire
 – la résine
un burin ciseau, outil d'acier taillé en biseau
un maillet
un grattoir outil pour travailler les matériaux tendres
la taille fait de tailler dans la matière brute
le modelage fait de façonner une forme
 avec un matériau malléable
la soudure
l'assemblage fait de fixer ensemble différents éléments
un moule
le moulage fait de prendre l'empreinte d'une œuvre
la cuisson
le relief
une statue, une statuette
un bronze une statue en bronze
une ciselure art de ciseler, ornement ciselé
un buste œuvre représentant la tête et le torse
une ronde-bosse sculpture en trois dimensions
un bas-relief, un haut-relief sculptures en deux
 dimensions destinées à être fixées sur un mur
un monument
une sculpture éphémère œuvre limitée dans le temps
une sculpture pérenne œuvre destinée à durer
ciseler tailler avec un ciseau
mouler faire l'empreinte d'une œuvre
 pour la reproduire
modeler façonner un matériau souple
polir
sculptural(e) qui est en rapport avec
 la sculpture ou qui l'évoque par sa beauté

L'architecture

la perspective représentation des objets dans l'espace
 en trois dimensions
l'urbanisme aménagement des villes
un urbaniste personne chargée de l'urbanisme
un(e) architecte personne apte à dresser des plans
l'architectonique ensemble des règles
 de la construction
un style ensemble des traits caractéristiques
 des œuvres d'une époque
les styles architecturaux
 – roman art des XIe et XIIe siècles
 – gothique art du XIIe au XVIe siècles
 – baroque style exubérant des XVIIe et XVIIIe siècles
 – classique s'oppose au baroque
 – rococo style très chargé du XVIIIe siècle
 – Art nouveau style de la fin du XIXe et du début
 du XXe siècle
 – Art déco style qui fait suite à l'Art nouveau
 – contemporain
une construction
un édifice grand bâtiment
des fortifications ouvrages destinés à défendre
 une ville
une ville fortifiée cité protégée par une architecture
 militaire
une forteresse ouvrage fortifié qui protège
 un territoire
une citadelle forteresse qui commande une ville
une cathédrale
un temple édifice consacré au culte d'une divinité
une colonne support vertical décorant un édifice
un chapiteau partie supérieure d'une colonne
une voûte ouvrage dont les pierres s'appuient
 les unes aux autres
un arc courbure que présente une voûte
une ogive arc en diagonale pour renforcer une voûte
une aile partie latérale d'un édifice
les matériaux
 – le granit, le marbre
 – le bois (chêne, châtaignier)
 – le parpaing bloc de béton
 – le verre
 – le métal, l'acier
édifier construire
restaurer réparer, remettre en état
architecturer donner une structure
architectural(e), architecturaux
voûté(e) qui comporte une voûte
austère dépouillé, nu, sévère
modeste simple, humble
imposant(e) qui frappe par ses vastes proportions
grandiose majestueux, imposant

Expressions usuelles

Être le pygmalion de quelqu'un. Façonner quelqu'un à son image.
L'effet pygmalion. Fait d'influencer le devenir d'un élève en lui accordant sa confiance.
Ne pas être de bois. Être sensible.
Construire sur du sable. Faire des projets qui ne reposent sur rien de concret.
Rester de marbre. Rester impassible, ne pas montrer ses émotions.
Être la muse d'un artiste. L'inspirer.
La taille de la pierre. Le fait de tailler, de sculpter la pierre.
Être taillé dans le roc. Être particulièrement solide.
Être l'architecte d'un projet. Être à l'origine d'un projet, l'organiser.
Être la clé de voûte d'un projet. Être l'élément sur lequel reposent tous les autres.

Exercices

1 ▶ Remplacez les mots en gras par un synonyme qui figure dans la fiche.
a. Dans la mythologie, le sculpteur Pygmalion avait **façonné** une statue de femme, Galatée.
b. Il tomba amoureux de son **œuvre** et la déesse Aphrodite lui insuffla la vie.
c. Le collectionneur a acquis récemment **une statue qui représente le torse et la tête** de Napoléon.
d. **Cette sculpture sur le mur** représente une danse macabre, c'est-à-dire une sarabande de morts mêlés aux vivants qu'on peignait ou qu'on **taillait** au Moyen Âge.
e. Le Parthénon, consacré à la déesse Athéna, est un **édifice** grec.
f. **La partie latérale** du bâtiment va être **remise en état**.

2 ▶ Dans chaque groupe de mots, trouvez l'intrus.
a. une résine – un bronze – un burin – un marbre
b. un moule – un buste – un bronze – un bas-relief
c. la créativité – l'inspiration – l'imagination – l'assemblage
d. le burin – le maillet – le grattoir – le relief
e. rococo – roman – cathédrale – gothique
f. austère – imposant – grandiose – majestueux
g. un arc – une voûte – une aile – une plume

3 ▶ Corrigez les erreurs qui se sont glissées dans les expressions.
a. Jean Monnet est considéré comme l'un des ingénieurs du projet européen.
b. Mon professeur de mathématiques a cru en moi et je suis devenu un bon élève. C'est l'effet papillon !
c. Gala a été l'amuse du poète Paul Eluard et des peintres Max Ernst et Salvador Dali.
d. Pour concevoir ses sculptures, l'artiste Jeff Koons est très aspiré par les objets du quotidien.
e. La sculpture et la peinture étaient les moyens d'exception artistique de Michel-Ange.

4 ▶ Complétez les phrases suivantes avec les mots ou groupes de mots de la liste ci-dessous (accordez-les si besoin est).

le marbre – fortifié – perspective – l'architecte – style architectural –
le verre et l'acier – citadelle

a. Avec l'effet de ..., on a l'impression que les trottoirs qui bordent l'avenue se rejoignent à l'horizon.
b. Michel-Ange a sculpté dans ... ses célèbres esclaves, pour orner le tombeau du pape Jules II, grand mécène des arts.
c. La Rochelle est l'une des nombreuses villes ... par Vauban au XVIIe siècle.
d. Lille est connue pour sa ... destinée à protéger la ville.
e. Les trois ... de la Grèce antique sont les styles ionique, dorique et corinthien.
f. Dans la mythologie grecque, Dédale est ... du Labyrinthe dans lequel le roi Minos a enfermé le Minotaure.
g. Ieoh Ming Pei, architecte chinois contemporain, a réalisé la Pyramide du Louvre en utilisant ... .

Les activités humaines

CORRIGÉS
P. 191

LES ARTS : LA PEINTURE ET LA PHOTOGRAPHIE

La peinture

l'art pictural la peinture
les arts plastiques
une œuvre un tableau
la peinture à l'huile peinture liée à l'huile,
tableau réalisé avec cette peinture
l'aquarelle peinture délayée dans l'eau, tableau réalisé
sur papier avec cette peinture
la gouache peinture pâteuse, tableau réalisé avec
cette peinture
l'acrylique peinture fabriquée avec cette matière,
tableau réalisé avec cette peinture
un lavis technique de teinture d'un dessin, dessin
ainsi obtenu
une toile support du tableau ou tableau lui-même
un pinceau
une brosse gros pinceau plat
une palette support pour travailler les couleurs
un chevalet support réglable pour poser la toile
un cadre
un trait
une touche manière d'appliquer la couleur sur la toile
un pigment colorant pour fabriquer les couleurs
une couleur primaire rouge, bleu ou jaune
une couleur secondaire orange, vert ou violet
la couleur rouge
– vermillon
– carmin
la couleur bleue
– de Prusse
– de cobalt
– outremer
jaune
– d'or
– d'ocre
un ton teinte, intensité ou éclat de la couleur
le vernis
le fond l'arrière-plan
le premier plan
le clair-obscur contraste entre lumière et obscurité
un aplat/à-plat teinte plate, unie et soutenue
sur toute sa surface
un camaïeu utilisation des nuances
d'une même couleur
une vue tableau qui représente un lieu
un paysage
une marine tableau qui a la mer pour sujet
un portrait/un autoportrait
un nu
une nature morte tableau qui représente des objets ou
des êtres inanimés
un trompe-l'œil peinture qui donne l'illusion du réel
une vanité peinture qui évoque la mortalité
de l'homme
une miniature petite peinture sur émail, ivoire, vélin

une icône image sacrée de la religion orthodoxe
une fresque peinture murale
un tableau
– figuratif qui représente les formes des objets
– abstrait non figuratif
mélanger
représenter
peindre
encadrer mettre un cadre à une toile
vernisser recouvrir d'un vernis

Quelques mouvements en peinture

le réalisme mouvement figuratif du XIXe siècle
l'impressionnisme mouvement pictural du XIXe siècle
le cubisme mouvement du début du XXe siècle
le pop art mouvement de la fin du XXe siècle

La photographie

un daguerréotype premier procédé photographique
une diapositive épreuve destinée à être projetée
un appareil photo
– argentique, analogique technique classique
– numérique procédé moderne
un objectif
un viseur dispositif évaluant le champ de l'objectif
l'obturateur dispositif qui laisse passer la lumière
le déclencheur bouton qui actionne l'obturateur
un flash projecteur qui émet un bref éclat de lumière
l'exposition quantité de lumière pendant le temps
de pose
le champ angle de vue
un zoom effet d'éloignement ou de rapprochement
un négatif
le tirage épreuve obtenue à partir du cliché négatif
un agrandissement
une pellicule bobine, film
la pose exposition à la lumière de la surface sensible
une chambre noire pièce où s'effectue le
développement
le développement traitement pour obtenir la photo
le révélateur produit qui rend l'image visible
le bain d'arrêt phase intermédiaire du développement
le fixateur produit qui fixe l'image définitivement
photographier prendre une photo
cadrer mettre en place le sujet dans le cadre du viseur
zoomer faire un zoom
développer
agrandir
photographique
un cliché
– net
– flou
– surexposé qui a reçu trop de lumière
– sous-exposé qui n'a pas reçu assez de lumière
– mat qui réfléchit peu la lumière, qui ne brille pas
– brillant

Expressions usuelles

Poser pour un peintre, un photographe. Jouer les modèles.
Se faire tirer le portrait. Se faire photographier.
Prendre la pose. Poser pour un artiste, se donner une attitude.
Brosser un tableau de la situation. Exposer les éléments de la situation.
Ne pas pouvoir voir quelqu'un en peinture. Ne pas supporter une personne.
Ne pas pouvoir encadrer quelqu'un. (fam.) Détester une personne.
Faire une mise au point. Clarifier une situation.
Mettre quelque chose en lumière. Valoriser quelque chose.
Avoir quelqu'un dans le collimateur. Garder un œil sur quelqu'un, lui être hostile.
Être dans le collimateur de quelqu'un. Être surveillé de très près.

Exercices

1 ▶ Remplacez les mots en gras par un synonyme qui figure dans la fiche.
  a. Ce peintre utilise uniquement les couleurs **rouge, bleue et jaune** dans ses tableaux.
  b. Les toiles de Georges de La Tour sont célèbres pour leur **contraste entre les zones d'ombre et les zones éclairées**.
  c. Le musée des Beaux-Arts a une grande salle consacrée aux **tableaux** expressionnistes.
  d. Après avoir imprimé sa surface à l'aide du négatif, le photographe trempe la photo dans **une solution chimique qui va rendre l'image visible**.
  e. Un appareil photo **argentique** s'utilise avec des bobines (des pellicules, des films).

2 ▶ Dans chaque groupe de quatre mots, trouvez l'intrus.
  a. l'aquarelle – la gouache – la peinture à l'huile – une fresque
  b. une acrylique – une marine – une nature morte – un autoportrait
  c. le viseur – l'objectif – le tirage – l'obturateur
  d. zoomer – développer – cadrer – encadrer
  e. une touche – un chevalet – un pinceau – une palette

3 ▶ Parmi les trois mots proposés, entourez celui qui correspond à chaque définition.
  a. tableau qui évoque la vanité de l'existence, l'aspect éphémère des choses et la mortalité de l'être humain → une miniature – une vanité – un trompe-l'œil
  b. tableau qui donne l'illusion du réel, en créant une impression de perspective → l'arrière-plan – le camaïeu – le trompe-l'œil
  c. quantité de lumière qui frappe la pellicule pendant le temps de pose → l'exposition – le révélateur – l'angle de vue
  d. produit chimique qui fixe l'image sur le papier photo et la rend inaltérable à la lumière → le bain d'arrêt – le fixateur – le développement

4 ▶ Complétez les phrases suivantes avec des adjectifs de la fiche.
  a. Fini l'achat de pellicules ! J'ai enfin un appareil photo ... .
  b. Sur cette photo, on ne voit pas bien ton expression car le cliché est ... .
  c. Mon petit frère s'est placé face au soleil – ce qui fait que la photo est ... .
  d. Certains n'aiment pas la peinture ... car ils aiment reconnaître les sujets des tableaux.
  e. Le photographe me laisse le choix entre des photos brillantes ou des photos ... .
  f. La peinture est un art ... .

5 ▶ Complétez les phrases suivantes avec les mots de la liste ci-dessous.
     palette – fresques – chambre noire – autoportrait – cubiste –
        diapositives – impressionnistes
  a. Les églises de Florence sont réputées pour leurs ... de Giotto, de Fra Angelico et d'autres grands artistes de la Renaissance.
  b. Notre professeur de grec nous a projeté et commenté une série de ... consacrées à l'Acropole.
  c. Mme Vigée-Lebrun a fait d'elle un ... sur lequel elle se représente tenant sa ... .
  d. Pablo Picasso est surtout connu pour sa période ... .
  e. Renoir et Monet sont des peintres ... très populaires aujourd'hui.
  f. Surtout, n'entrez pas dans la ... pendant que le photographe développe ses négatifs !

Les activités humaines

CORRIGÉS
P. 191

LES ARTS : LA MUSIQUE, LA DANSE ET L'OPÉRA

La danse

un(e) danseur(seuse)
la piste de danse
les danses de salon danses de couples
  – la valse
  – le tango
  – la rumba
  – la samba
  – le rock
  – la polka
le flamenco danse gitane et andalouse
le menuet danse du XVIIᵉ siècle
un ballet danse classique avec pantomime
un corps de ballet troupe de danseurs et de danseuses
un(e) maître(sse) de ballet
un(e) chorégraphe responsable des figures du ballet
une chorégraphie ensemble des figures d'un ballet
un bal
une salle de bal
une étoile échelon suprême dans le corps de ballet
un petit rat jeune élève de la classe de danse
  de l'Opéra
les pas et figures de la danse classique
  – les pointes
  – un entrechat saut avec croisement des pieds
  – un pas de deux duo
  – un pas glissé
  – une arabesque inclinaison du corps sur une jambe
  – une pirouette tour complet sur soi-même
  – un grand écart
  – une révérence
  – un rond de jambe mouvement en demi-cercle
la barre
une ballerine un chausson de danse, une danseuse
un justaucorps
un tutu
un collant
valser
tournoyer pirouetter, virevolter
faire des pointes se tenir sur la pointe des orteils

La musique

un instrument de musique
un(e) musicien(ne)
un(e) compositeur(trice) celui qui compose
un(e) mélomane grand amateur de musique
un chef d'orchestre celui qui dirige les musiciens
la musicologie étude de la musique
la musique classique
  – une symphonie composition pour un orchestre
  – une musique de chambre musique pour
    des formations réduites
  – un concerto œuvre pour soliste et orchestre

– un prélude pièce musicale qui précède une œuvre
– une fugue
un orchestre ensemble de musiciens
le tempo rythme, vitesse d'exécution
le diapason appareil qui produit une note de référence
un morceau œuvre musicale
une partition support papier de la musique
un arrangement modification de l'œuvre initiale
un concert représentation musicale
un livret texte de l'opéra
composer écrire de la musique
jouer
accorder un instrument
rester en mesure jouer juste, respecter le rythme
orchestrer composer ou adapter un morceau
à contretemps en décalage par rapport au tempo
accordé, désaccordé
musical(e)
symphonique relatif à une symphonie

Le chant et l'opéra

l'art lyrique chant, opéra
un chanteur d'opéra, une cantatrice
  – un ténor voix d'homme aiguë
  – un baryton voix entre le ténor et la basse
  – une voix de basse
  – un contralto voix grave de femme
  – une soprano voix de femme, très aiguë
une diva cantatrice talentueuse et réputée
une prima donna principale cantatrice dans un opéra
un chœur ensemble vocal
une chanson
une mélodie un air
une aria partie chantée par un soliste
un oratorio drame lyrique religieux
une ouverture début d'un opéra, introduction musicale
la voix
un duo composition pour deux voix
un thème mélodie sur laquelle on compose
  des variations
un ton hauteur des sons produits par la voix
une octave
une note
une gamme suite ascendante ou descendante de notes
un bémol signe pour baisser une note d'un demi-ton
un dièse signe pour élever une note d'un demi-ton
allegro d'un mouvement vif et rapide
crescendo en augmentant progressivement l'intensité
interpréter chanter
faire des vocalises exercer sa voix, l'entretenir
lyrique en rapport avec le chant, l'opéra
mélodieux qui est agréable à entendre
diatonique qui procède par successions de tons
  et demi-tons

166

Expressions usuelles

En avant la musique. C'est parti ! Allons-y !
Aller plus vite que la musique. Vouloir aller trop vite.
Accorder ses violons. Se mettre d'accord.
Avoir des trémolos dans la voix. Avoir la voix qui tremble.
Connaître la musique. Savoir à quoi s'en tenir.
C'est du pipeau. (fam.) Ce sont des mensonges, le plus souvent pour plaire.
Donner le la. Montrer l'exemple, donner le ton.
Dormir comme un sonneur. Dormir à poings fermés.
En pincer pour quelqu'un. Être amoureux de quelqu'un.
Être réglé comme du papier à musique. Être parfaitement organisé.
Mener la danse. Décider des événements.
Ne plus savoir sur quel pied danser. Ne pas savoir quoi faire.
Faire des ronds de jambe. Se montrer excessivement poli.
Avoir de l'oreille/ne pas avoir d'oreille. Avoir l'oreille musicale ou pas.
Se mettre au diapason de quelqu'un. Être en harmonie avec cette personne.
Mettre un bémol. Atténuer.

Exercices

1 ▶ Corrigez les erreurs qui se sont glissées dans les expressions.
a. Avant de présenter notre projet au public, il convient d'accorder nos pianos.
b. Pas d'inquiétude pour l'excursion : tout est réglé comme du papier à lettres.
c. Dans cette pièce de théâtre, Pierrot en grince pour Colombine.
d. Pendant que son moulin tourne, le meunier dort comme un cogneur !
e. Au moment de faire sa demande en mariage, il avait des bémols dans la voix.
f. J'ai bien vu, que pour t'amadouer, il te faisait des rondes de jambe.
g. Tes propos blessent ta voisine : tu devrais y mettre un dièse.

2 ▶ Parmi les propositions en gras, entourez dans chaque cas celle qui convient.
a. Dans les albums de *Tintin*, La Castafiore est **cantatrice/actrice/factice**.
b. **L'ouverture/La gamme/Le concert** de l'opéra *Tannhäuser* est l'un des **airs/tons/bémols** les plus connus du compositeur allemand Richard Wagner.
c. Le conte dit que Cendrillon perdit sa pantoufle de vair en quittant la **piste de danse/la salle de bal/la salle de concert** en courant.
d. Norbert, **compositeur/mélomane/chanteur**, va régulièrement au concert et a une connaissance encyclopédique de la musique classique.
e. Le chant du rossignol est particulièrement **lyrique/symphonique/mélodieux**.

3 ▶ Dans chaque groupe de trois mots, entourez l'intrus.
a. une ballerine – une étoile – une star
b. une musicienne – une mélomane – une compositrice
c. une octave – une mélodie – un air
d. tempo – allegro – rythme
e. une pirouette – un entrechat – un entremets

4 ▶ Complétez les phrases suivantes avec un mot de la fiche.
a. Esther voudrait commencer un ... mais elle hésite entre le piano et la flûte traversière.
b. Ma collègue et son mari prennent des leçons de ... : ils apprennent le tango, la valse et le rock.
c. La harpiste a posé sa ... sur un lutrin pour pouvoir la lire pendant qu'elle joue.
d. Cet opéra est en allemand. Heureusement, le ... propose une traduction des textes chantés !
e. Une actrice célèbre pour ses caprices est appelée « une ... ».
f. M. Jourdain, héros de Molière, fait appel à un ... pour apprendre à danser.
g. De plus en plus de chanteurs font leurs ... en play-back car ils dansent en même temps et se lancent dans des chorégraphies très physiques.
h. La soprano fait des ... depuis le matin afin d'échauffer sa voix.

Les activités humaines

CORRIGÉS P. 191

87) LES ARTS : LE CINÉMA ET LE THÉÂTRE

Les métiers du théâtre et du cinéma

le **dramaturge** auteur de pièces de théâtre
le **scénariste** auteur du scénario, de l'histoire du film
le **comédien, la comédienne**
l'**acteur(trice)** comédien au cinéma
le **réalisateur, la réalisatrice** metteur en scène, cinéaste
le **producteur, la productrice** personne qui trouve les financements
le **régisseur** assistant du metteur en scène
le **cadreur** personne chargée du maniement d'une caméra
le **costumier, la costumière**
l'**ingénieur du son** responsable de l'identité sonore du film
l'**éclairagiste** personne chargée des lumières sur scène
le **souffleur** personne qui souffle son texte à l'acteur
le **machiniste** technicien en charge des changements de décor
le **cascadeur, la cascadeuse** doublure dans les scènes d'action

Les lieux du théâtre

l'**amphithéâtre** théâtre antique
les **coulisses** partie du théâtre cachée du public
la **scène**
le **rideau**
la **cour** côté droit de la scène vu de la salle
le **jardin** côté gauche de la scène vu de la salle
la **rampe** bord de la scène
la **fosse d'orchestre** espace situé devant la scène
le **parterre** espace devant la scène, derrière la fosse d'orchestre
les **loges** compartiments cloisonnés autour du parterre
le **paradis** places les plus élevées et les moins chères
le **hors-scène** lieu des actions que le public ne voit pas
la **machinerie** ensemble des machines
la **régie** mise en scène, éclairage et son

Le texte de théâtre

un **acte** ensemble des scènes entre deux changements de décor
une **scène** partie délimitée par une entrée ou une sortie de personnage(s)
l'**intrigue** l'histoire
la **scène d'exposition** début, qui présente la situation
le **nœud** point culminant dans l'intrigue
une **péripétie** un retournement de situation
le **dénouement** fin
une **réplique** une prise de parole
un **monologue**
une **tirade** longue réplique
un **aparté** parole dite par un personnage et censée n'être entendue que du public
le **chœur** groupe qui déclame, chante ou danse

une **didascalie** indication scénique donnée par l'auteur
le **comique**
 – de répétition
 – de caractère
 – de mots
 – de gestes
 – de situation

Le jeu au théâtre et au cinéma

le **casting** distribution, sélection des acteurs
un **rôle**
un **figurant** rôle secondaire souvent muet
les **répétitions**
la **représentation** le spectacle
les **trois coups** au théâtre, signalent le début du spectacle
le **public, les spectateurs**
l'**entracte** pause dans le spectacle
le **plateau** équivalent de la scène au cinéma
le **trac** sentiment d'appréhension du comédien
le **décor**
un **accessoire** objet nécessaire à la représentation
les **costumes**

L'image et la musique cinématographiques

un **gros plan**
la **caméra subjective** façon de filmer qui donne à voir le regard d'un personnage
une **voix off** voix qui se superpose aux images
la **bande-annonce**
le **générique**
le **montage** assemblage des plans filmés et du son
les **effets spéciaux** trucages
un **flash-back** retour en arrière
la **bande originale** ensemble des musiques et chansons entendues dans un film

Les genres au théâtre et au cinéma

la **comédie**
la **farce** comédie bouffonne
la **saynète** petite comédie proche de l'opérette
la **commedia dell'arte** comédie en partie improvisée
le **théâtre de boulevard** spectacle léger
la **tragédie** pièce au dénouement dramatique
la **tragicomédie** pièce au dénouement heureux
le **nô, le kabuki** formes théâtrales japonaises
le **mime**
les **mystères** pièces religieuses, médiévales ou antiques
le **western** film d'aventures dans le Far West
le **péplum** film d'aventures dans l'Antiquité
le **road movie** récit d'un voyage initiatique
le **film d'horreur**
le **film de guerre**
le **polar** (fam.) film policier
le **mélodrame** genre qui mêle moments de bonheur et de détresse

Expressions usuelles

Monter sur les planches. Devenir comédien.
Brûler les planches. Jouer avec une passion communicative.
Passer la rampe. Produire de l'effet sur le public.
Être sous le feu des projecteurs Être la vedette de l'actualité.
Faire un geste théâtral. Faire un geste exagéré.
Un monstre sacré. Une très grande vedette.
Faire du cinéma. Exagérer, jouer la comédie pour attirer l'attention.
Se donner en spectacle. Attirer l'attention sur soi d'une façon qui provoque un effet négatif.
Être un *deus ex machina*. Être celui qui arrange une situation au dernier moment.
Un coup de théâtre. Un événement inattendu.
La règle des trois unités (temps, lieu, action) Règle respectée par le théâtre classique, ressentie comme conforme à la vraisemblance.

Exercices

1 ▶ **Complétez les phrases à l'aide d'un mot de la fiche.**
a. Woody Allen et Claude Chabrol sont mes ... préférés.
b. L'avare Harpagon est un personnage d'une ... de Molière.
c. Nous avons étudié la ... *de Maître Pathelin*, une pièce comique du Moyen Âge.
d. Jean Racine et Pierre Corneille sont des ... du XVIIe siècle.
e. Le ... est aussi appelé « le 7e art ».
f. Le directeur de ... auditionne des comédiens pour le rôle principal.
g. Dans ce film, l'enfance du personnage est racontée à travers de nombreux ... .

2 ▶ **Corrigez les erreurs qui se sont glissées dans les phrases suivantes.**
a. La grande Sarah Bernhardt était si bonne comédienne qu'elle brûlait la scène.
b. Mon petit frère fait toujours du théâtre pour ne pas prendre son bain.
c. Depuis qu'il a obtenu une médaille d'or aux JO, cet athlète est sous le feu des micros.
d. La venue de cet acteur, véritable monstre secret du 7e art, est toujours un événement.
e. La fin de ce film est un vrai coup du sort !

3 ▶ **Retrouvez les mots qui correspondent aux définitions suivantes.**
a. les places les moins chères dans un théâtre → le ...
b. un film dont l'action se déroule dans l'Antiquité → un ...
c. partie du théâtre cachée au public, où les comédiens changent de costume → les ...
d. note qui indique au comédien sur quel ton dire sa réplique → une ...
e. montage d'extraits d'un film destiné à inciter le public à aller au cinéma → une ...
f. endroit où est tourné un film → le ...

4 ▶ **Remplacez les mots en gras par des termes plus précis.**
a. L'**assistant du réalisateur** cherche un **objet** pour parfaire le décor.
b. Actuellement, le réalisateur supervise l'**assemblage des plans et l'ajout du son**.
c. Le personnage de Scapin se moque de son maître **à part soi, sans qu'il l'entende**.
d. Le vicomte avait acheté un **compartiment privé** pour assister aux opéras.
e. Dans ce documentaire, **on entend une voix qui commente la scène**.
f. Dans cette aventure, le suspense a duré jusqu'**à la dernière scène**.

5 ▶ **Remplacez les mots en gras par des synonymes ou des mots de sens proche.**
a. Cette **actrice** a reçu plusieurs prix d'interprétation.
b. Le public a chaleureusement applaudi à la fin **de la représentation**.
c. J'ai offert à un ami la **musique** du film qu'il aime tant.
d. **L'histoire** de ce film est difficile à suivre.
e. Ce **réalisateur** n'a pas trouvé les financements nécessaires à la réalisation de son film.

Les activités humaines

CORRIGÉS
P. 191

Les écrivains

un écrivain
un auteur
un homme (une femme) de lettres un écrivain
un(e) romancier(ère)
un(e) dramaturge auteur de théâtre
un poète, une poétesse
un(e) essayiste auteur d'essais
un(e) pamphlétaire auteur de pamphlets
un(e) philosophe un(e) penseur(euse)
un fabuliste auteur de fables
un(e) conteur(euse) auteur de contes
un(e) moraliste auteur qui traite de la morale
   et des mœurs

Les livres et la publication

un volume un livre, un tome
un tome un volume, une partie
un ouvrage un livre
un opuscule un petit ouvrage
un recueil ouvrage qui regroupe un ensemble de textes
une anthologie un florilège, un recueil
un manuscrit texte proposé à l'éditeur
un(e) éditeur(trice)
un imprimeur
une maison d'éditions
un best-seller roman à succès, ouvrage qui se vend bien
un nègre personne qui écrit un ouvrage signé
   par une autre
écrire, rédiger
publier
imprimer
narrer raconter

Les textes

les genres littéraires les différentes catégories
   d'ouvrages
une fiction histoire inventée
un récit une narration, une histoire
un roman
   – historique dont l'histoire est associée
     à des faits historiques
   – fantastique qui fait intervenir le surnaturel
   – d'aventures
   – de chevalerie
   – d'apprentissage récit qui raconte la formation
     du héros de l'enfance à l'âge adulte
   – de cape et d'épée roman historique situé
     entre le xve et le xviiie siècle
   – de science-fiction
   – policier
   – à suspense
   – fleuve très long roman
   – à l'eau de rose une histoire d'amour mièvre

   – épistolaire roman par lettres
   – picaresque histoire d'aventuriers et de vagabonds
un polar (fam.) roman policier
une nouvelle récit bref centré sur un élément
un conte
un conte de fées
une fable poème ou récit à portée morale
une chanson de geste poème épique médiéval
un fabliau court texte médiéval, comique et versifié
la littérature d'idées les textes argumentatifs
   – un essai texte de réflexion sur un sujet
   – un pamphlet genre polémique et satirique
   – un traité ouvrage qui traite d'un sujet déterminé
une pièce de théâtre
la poésie
un poème
   – versifié constitué de vers
   – en vers libres qui s'affranchit des règles poétiques
     classiques (mètre, rimes)
   – en prose écrit en prose et non en vers
un calligramme un poème-dessin
une bibliographie liste d'ouvrages
un journal événements et réflexions écrits au jour
   le jour
des Mémoires récit qui rapporte des souvenirs
une biographie récit de la vie de quelqu'un
une autobiographie biographie d'une personne écrite
   par elle-même
un manifeste une profession de foi
une maxime aphorisme, sentence morale
un pastiche écrit « à la manière de »
un plagiat fait de copier un auteur sans l'avouer

Les mouvements littéraires

l'humanisme valorisation des connaissances humaines
la Pléiade groupe de poètes du xvie siècle en faveur
   de la langue française
le baroque mouvement exubérant qui mélange
   les genres
le classicisme recherche de la retenue et de la justesse
les Lumières époque des philosophes du xviiie siècle
le romantisme écrits qui expriment les sentiments
le réalisme représentation fidèle de la réalité
le naturalisme représentation de la réalité sans
   idéalisation
le surréalisme mouvement qui s'affranchit des règles
   et de la logique
l'existentialisme mouvement qui place l'existence
   humaine au cœur de sa réflexion
le Nouveau Roman école qui s'oppose au roman
   traditionnel
romanesque relatif au roman ou digne d'un roman
réaliste
naturaliste
romantique

Expressions usuelles

Écrire au fil de la plume. Écrire au fur et à mesure que les idées viennent.

Vivre de sa plume. Gagner sa vie en tant qu'écrivain.

L'angoisse de la page blanche. Avoir du mal à commencer un texte.

Taquiner les muses. Être poète.

Publier à compte d'auteur. Faire imprimer un texte aux frais de l'auteur.

Prendre les choses au pied de la lettre. Les faire scrupuleusement, sans les interpréter.

La lettre et l'esprit. La forme et ses sens multiples, ses interprétations.

Connaître ses classiques. Connaître les références communes.

Conter fleurette. Faire la cour, essayer de séduire.

Une histoire à dormir debout. Une histoire qui n'est pas crédible.

Une histoire sans queue ni tête. Une histoire incompréhensible.

En perdre son latin. Ne plus rien comprendre.

Exercices

1 ▶ **Remplacez les groupes de mots en gras par une expression de la fiche.**

a. Le style de cet écrivain donne l'impression qu'il ne fait pas de brouillon et écrit **au fur et à mesure que les idées lui viennent**.

b. Ce mousquetaire aime particulièrement **faire la cour** aux jolies demoiselles qu'il croise.

c. Tu me dis une chose et ton frère en dit une autre : c'est à **n'y plus rien comprendre** !

d. Depuis le succès de son dernier livre, elle a abandonné son métier d'enseignante car elle peut **gagner sa vie en tant que romancière**.

e. Beaucoup d'écrivains avouent avoir **du mal à commencer un texte**.

f. Pour expliquer ses nombreux retards en classe, mon voisin invente toujours des histoires **absolument incroyables**.

2 ▶ **Complétez les phrases suivantes avec un mot de la liste ci-dessous.**

bandes dessinées – Pléiade – philosophes – réaliste – fables – lumières – dramaturge – éditeurs – contes de fées

a. Voltaire et Rousseau sont sans doute les ... les plus connus du Siècle des ... .

b. Beaucoup d'enfants qui n'aiment pas lire apprécient cependant les ... .

c. Quand ils imprimaient des ouvrages interdits par la censure royale, les ... prenaient autant de risques que les auteurs.

d. Jean de La Fontaine nous enchante encore avec ses ... qui moquent les défauts humains avec tant d'esprit !

e. Charles Perrault et les frères Grimm sont connus pour leurs ... .

f. Les poètes Pierre de Ronsard et Joachim du Bellay appartenaient à la ... ; ils voulaient servir la langue française.

g. Victor Hugo était romancier, poète, mais également ... .

h. Dans ses romans, Balzac cherche à faire une peinture exacte de la réalité de son temps : c'est un écrivain ... .

3 ▶ **Parmi les trois propositions, choisissez le mot qui correspond à chaque définition.**

a. *Les Trois Mousquetaires* en sont un exemple. → un roman de cape et d'épée – un roman policier – un roman picaresque

b. un poème dont le texte forme un dessin → un poème en vers libres – une poésie – un calligramme

c. une personne qui écrit un livre qui sera signé par quelqu'un d'autre → un éditeur – un nègre – un opuscule

d. un écrit à la fois polémique et satirique → une caricature – un pamphlet – un essai

e. mouvement littéraire qui représente la réalité sans l'idéaliser, jusque dans ses aspects les plus sordides → le naturalisme – l'humanisme – l'existentialisme

f. ce qui est digne d'un roman → romantique – romanesque – romancé

CORRIGÉS P. 191

89) LE LANGAGE

L'organisation de la langue

un langage système de signes codifié
  pour communiquer
un idiome une langue
l'alphabet
une lettre
un phonème son du langage
un terme un mot, une expression
le lexique vocabulaire
l'orthographe
la grammaire ensemble des règles pour écrire et parler
la conjugaison
un énoncé message écrit ou oral
une phrase
une formule parole, phrase concises
lexical(e) qui concerne les mots, le vocabulaire
grammatical(e)

Parler, lire, écrire

une langue
  – maternelle première langue parlée par un enfant
  – étrangère
  – vivante encore parlée actuellement
  – ancienne langue morte, qui n'est plus parlée
  – vernaculaire propre à une région, à un pays
  – véhiculaire qui sert pour communiquer entre
    communautés de langues différentes
un dialecte manière de parler une langue
    dans une région
le patois parler rural utilisé par un groupe restreint
l'argot langage particulier à un groupe social
un jargon langage déformé, langage spécialisé, argot
la prononciation façon de prononcer les sons
    de la langue
l'intonation ton que l'on prend en parlant ou en lisant
l'accent prononciation particulière d'une langue
la diction façon d'articuler les mots d'un texte
une formulation façon de s'exprimer à l'écrit
    ou à l'oral
un discours
la graphie manière d'écrire un mot, une lettre
un texte
un écrit
une inscription
une déclaration parole, discours, écrit
une question
une exclamation expression traduisant l'émotion
un conseil
un ordre
une expression groupe de mots qui a un sens
  – figée groupe de mots ne pouvant être dissociés
  – imagée basée sur une comparaison ou
    une métaphore
  – idiomatique expression imagée, propre
    à une langue

le sens
  – propre sens premier, concret
  – figuré sens imagé, abstrait
les registres de langue les niveaux de langue
  – courant
  – soutenu
  – familier
dire quelque chose
questionner demander
répondre
bavarder
se taire
articuler prononcer distinctement
murmurer parler à voix basse
bredouiller parler de façon précipitée et confuse
hésiter
s'exclamer pousser des exclamations
crier
vociférer parler avec colère et en criant
nier
hausser le ton parler plus fort, se fâcher
baisser le ton parler moins fort
déclarer faire connaître sa pensée
réciter
déclamer réciter à haute voix et avec le ton
déchiffrer lire avec difficulté
noter
orthographier écrire selon les règles de l'orthographe
bavard(e)
silencieux(euse)
taciturne qui parle peu
bilingue qui maîtrise deux langues
trilingue qui maîtrise trois langues
polyglotte qui parle plusieurs langues
francophone de langue française
lisible que l'on parvient à lire, qui est clair
illisible qui se déchiffre difficilement, mal écrit

Les troubles du langage et de la lecture

un trouble du langage
  – le bégaiement débit ralenti par des répétitions
  – un zézaiement confusion entre les sons (s), (j),
    (ch) et (z)
  – la dysphasie difficulté à parler
la dyslexie difficulté à lire et à écrire
l'analphabétisme fait de ne savoir ni lire ni écrire
l'illettrisme fait de ne plus savoir ni lire ni écrire
un(e) analphabète celui qui n'a appris ni à lire
    ni à écrire
un(e) illettré(e) celui qui ne sait ni lire ni écrire
bégayer parler de façon saccadée, en répétant
    des syllabes
zézayer être atteint de zézaiement
dyslexique qui souffre de dyslexie
dysphasique qui souffre de dysphasie

Expressions usuelles

Avoir le dernier mot. L'emporter dans une discussion.
Ne pas avoir la langue dans sa poche. Être bavard.
Avoir la langue bien pendue. Parler volontiers et avec facilité.
Ne pas mâcher ses mots. Dire ce qu'on pense, sans prendre de gants.
Avoir un cheveu sur la langue. Zézayer.
Avoir quelque chose sur le bout de la langue. Ne plus retrouver ce qu'on veut dire.
Crier quelque chose sur tous les toits. Dire quelque chose à tout le monde.
Être mauvaise langue, être langue de vipère. Être médisant.
« Mon petit doigt m'a dit. » Deviner quelque chose.
Parler à cœur ouvert. Parler sincèrement.
Parler français comme une vache espagnole. (fam.) Mal maîtriser la langue.
Passer du coq à l'âne. Passer d'un sujet à l'autre sans transition.
Savoir tenir sa langue. Savoir rester discret, ne pas répéter les confidences.
Écrire noir sur blanc. Écrire les choses clairement.

Exercices

1 ▶ Complétez les phrases suivantes avec les mots de la liste ci-dessous. Conjuguez les verbes si nécessaire.

langue maternelle – taciturne – formules – vociférer – illisible – bégayer

a. Il parle français sans accent alors que ce n'est pas sa ... .
b. Ce texte est parfaitement ... : il est impossible à déchiffrer.
c. En proie à la colère la plus vive, mon voisin se mit à ... .
d. D'un naturel ..., Paul prenait rarement la parole.
e. Les journalistes trouvent des ... frappantes pour retenir l'attention des lecteurs.
f. L'appréhension fait souvent ... les gens.

2 ▶ Parmi les adjectifs de cette liste, lesquels peuvent qualifier le nom « langue » ?
vernaculaire – illisible – maternelle – dysphasique – ancienne – morte – étrangère – bilingue – bavarde – véhiculaire – propre

3 ▶ Dans chaque groupe de trois mots, entourez l'intrus.
a. muette – taciturne – bavarde
b. un texte – une récitation – un écrit
c. la conjugaison – la prononciation – l'accent
d. crier – bredouiller – hausser le ton
e. un illettré – un polyglotte – un analphabète

4 ▶ Parmi les trois propositions, choisissez le mot qui correspond à chaque définition.
a. ensemble des règles pour écrire et parler correctement | orthographe – grammaire – jargon
b. manière de parler une langue dans une région ou une province | patois – dialecte – argot
c. qui parle plusieurs langues | bilingue – dysphasique – polyglotte
d. parler de façon précipitée et confuse | bredouiller – bégayer – déclamer
e. système de signes codifié pour communiquer | lexique – langage – argot
f. dire à haute voix, avec le ton | réciter – déclarer – déclamer

5 ▶ Remplacez les mots en gras par un synonyme qui figure dans la fiche.
a. **Les langues de vipère** sont des gens désagréables.
b. Ce drôle de personnage s'exprimait dans **l'argot** des voleurs.
c. Le notaire exige **un texte** de votre main pour pouvoir rédiger l'acte.
d. Ceux qui prennent tout **au sens premier** n'ont pas le sens de l'humour.
e. Les députés de l'opposition ont lu **un discours** à l'Assemblée.

Les activités humaines

CORRIGÉS
P. 192

LES MOYENS DE COMMUNICATION

Les termes généraux

un usager un utilisateur
un(e) correspondant(e) celui à qui on écrit ou téléphone
un message un billet, un mail ou un texto
les PTT ancien nom de la Poste et de France Telecom
la télécommunication communication à distance
les télécoms organisme chargé des télécommunications

Le courrier

le papier à lettres
une lettre
une missive (soutenu) une lettre
une bafouille (fam.) une lettre
un pli une lettre
un billet une courte lettre
un mot une lettre très courte
une carte
   – de vœux
   – postale
   – de visite carte avec nom, adresse et profession
un carton d'invitation une invitation écrite
un colis un paquet envoyé par la Poste
une enveloppe
une lettre recommandée
un timbre
   – neuf
   – oblitéré qui a servi, qui porte le cachet de la Poste
l'oblitération fait d'annuler par l'apposition d'un
   cachet
le cachet de la Poste le tampon postal sur l'enveloppe
une boîte à (aux) lettres
la levée fait de ramasser le courrier posté
   dans les boîtes
la tournée (du facteur) itinéraire de distribution
   du courrier
le facteur, la factrice
le service postal
la Poste
la philatélie fait de collectionner les timbres
un(e) philatéliste collectionneur(euse) de timbres
le port prix du transport d'un colis ou d'une lettre
affranchir (une lettre) payer le port
écrire (une lettre)
envoyer (une lettre)
recevoir du courrier
épistolaire relatif à la lettre

Le courrier électronique

le courrier électronique courrier envoyé *via* Internet
un mail une lettre électronique
un courriel un mail
une adresse électronique adresse de courrier Internet
la messagerie électronique boîte à lettres virtuelle
une boîte de réception boîte à lettres virtuelle
mailer envoyer un mail

La téléphonie

un téléphone
le combiné partie du téléphone avec micro et écouteur
l'écouteur partie faite pour écouter le correspondant
le cadran (ancien) partie comportant les chiffres
le clavier (moderne) partie comportant les chiffres
une touche commande qui représente un chiffre
la tonalité signal sonore du téléphone
la sonnerie
l'annuaire répertoire des numéros de téléphone
le Bottin (ancien) annuaire
un numéro de téléphone
un numéro vert numéro gratuit
la liste rouge numéros qui ne sont pas dans l'annuaire
un indicatif chiffre qui correspond à une zone
un appel (téléphonique) un coup de téléphone
un appel en PCV appel réglé par celui qui est appelé
une communication (téléphonique)
un répondeur (téléphonique)
une cabine téléphonique
une carte téléphonique carte de crédit pour
   téléphoner
un téléphone portable
un smartphone un portable avec accès à Internet
un opérateur entreprise qui exploite le réseau
   téléphonique
un(e) abonné(e) un usager du téléphone
un texto un SMS, message écrit et envoyé
   sur un portable
un MMS image ou vidéo envoyée par et sur
   un portable
un kit mains libres kit pour téléphoner sans les mains
une boîte vocale messagerie d'un téléphone mobile
un message vocal message laissé sur la boîte vocale
le réseau liaison téléphonique
une antenne relais émetteur pour le réseau
   téléphonique
appeler téléphoner
décrocher répondre au téléphone
raccrocher
sonner
être coupé appel interrompu par un problème
   de réseau
« Allô ! »
téléphoner

Les autres moyens de communication

le télégraphe système de transmission à l'aide de codes
un télégramme message envoyé par le télégraphe
un(e) télégraphiste
un câble dépêche, pneu, télégramme
le télex système de télégraphie
un fax un télécopieur
câbler
faxer

Expressions usuelles

Se mettre aux abonnés absents. Ne plus donner de nouvelles.
Partir sans laisser d'adresse. Disparaître sans prévenir.
Retourner à l'envoyeur. Renvoyer un courrier à celui qui l'a envoyé.
Passer un coup de fil. Téléphoner.
Rester lettre morte. Qui est sans effet.
Composer un numéro. Faire un numéro, appeler quelqu'un.
Mettre quelqu'un en relation avec quelqu'un. Faire se connaître deux personnes.
C'est occupé. Le correspondant est déjà en ligne.
Être en ligne. Être au téléphone avec quelqu'un.
Faire un faux numéro. Se tromper en composant un numéro de téléphone.
Être sur la liste rouge. Refuser de mettre son numéro dans l'annuaire.
« Ne quittez pas ! » « Ne raccrochez pas ! »
Rester en ligne. Rester au téléphone.
Raccrocher au nez de quelqu'un. Raccrocher avant la fin de la conversation.
Le téléphone arabe. Transmission rapide, de bouche à oreille, d'un message ; jeu.

Exercices

1 ▶ **Parmi les propositions en gras, entourez dans chaque cas celle qui convient.**
a. Avant de s'acheter un téléphone portable, Nina compare les offres d'abonnement de plusieurs **réseaux/opérateurs/télégraphistes**.
b. On ne peut pas utiliser ce timbre car il est **oblitéré/épistolaire/postal**.
c. Jean a besoin d'un ordinateur pour envoyer un **texto/pli/mail** à un ami qui habite en Nouvelle-Calédonie.
d. Les anciens téléphones étaient très encombrants : ils comportaient un socle sur lequel étaient fixés **le cadran/le clavier/une touche**, un combiné et un écouteur supplémentaire.
e. Pour envoyer ce colis, Françoise a payé dix euros de frais de **poste/port/part**.
f. Mon frère s'est acheté **une messagerie vocale/un répondeur/un kit mains libres** pour pouvoir téléphoner au volant.

2 ▶ **Regroupez ces mots ou groupes de mots par couples de synonymes.**
a. le port   1. un courriel
b. une missive   2. un paquet
c. un mail   3. une lettre
d. un colis   4. une boîte à lettres virtuelle
e. une messagerie électronique   5. l'affranchissement

3 ▶ **Corrigez les erreurs qui se sont glissées dans les expressions.**
a. Le destinataire étant parti sans laisser de numéro, le colis a été contourné vers l'envoyeur.
b. Adèle et ses camarades de classe jouent souvent au téléphone russe pendant la récréation.
c. Comme il ne veut plus voir ses anciens collègues, mon voisin s'est fait porter absent.
d. La standardiste m'a prié de rester en réseau pendant qu'elle transmettait mon appel au service demandé.
e. Furieux, mon frère a raccroché à la barbe de son interlocuteur.

4 ▶ **Complétez les phrases suivantes avec les mots de la liste ci-dessous.**
le cachet de la Poste – la levée – une cabine téléphonique –
lettre recommandée – l'indicatif – boîte de réception
a. Je souhaiterais que cette lettre soit postée avant ... pour qu'elle arrive dès demain.
b. Il est conseillé d'envoyer les documents importants en ... .
c. Les réponses au jeu-concours doivent être postées au plus tard le 15 octobre, ... faisant foi.
d. Karine ne reçoit plus ses mails car sa ... est saturée.
e. Avec le développement de la téléphonie mobile, on a de plus en plus de mal à trouver ... !
f. Connais-tu... pour appeler en Espagne ?

Les activités humaines

CORRIGÉS
P. 192

LA PRESSE ÉCRITE

Termes généraux

le journalisme
les médias moyens de diffusion de l'information
le quatrième pouvoir la presse
un journal
  – du matin
  – du soir
la presse
  – locale
  – régionale
  – nationale
  – internationale
la périodicité cadence de parution
un quotidien journal qui paraît tous les jours
un hebdomadaire journal qui paraît toutes
  les semaines
un mensuel journal qui paraît tous les mois
un bimensuel journal qui paraît deux fois par mois
un magazine périodique illustré et spécialisé
un périodique une revue
une revue spécialisée revue qui traite d'un domaine
  précis
la presse à grand tirage journaux largement diffusés
la presse à scandale, la presse à sensation
un tabloïd presse *people*, presse à scandale

Les journalistes

une rédaction ensemble des rédacteurs d'un journal
la déontologie règles morales du journalisme
une carte de presse droit d'exercer le métier de
  journaliste
le directeur de la publication responsable du journal
le rédacteur en chef responsable d'une rédaction
le (la) secrétaire de rédaction assistant(e) du rédacteur
  en chef
un(e) journaliste
un(e) journaliste free-lance qui n'est pas attaché(e)
  à une publication en particulier
le (la) reporter
l'éditorialiste journaliste chargé d'analyser un fait
  d'actualité et d'exprimer l'orientation du journal
le (la) pigiste journaliste qui est payé(e) à la ligne
  ou à la page
le (la) photographe de presse
le paparazzi photographe spécialisé dans les clichés
  indiscrets de personnes connues
le (la) maquettiste celui qui fait le modèle de la mise
  en page
le correcteur celui qui corrige les fautes

Le journal

un article texte qui forme un tout dans le journal
un papier un article
la rubrique ensemble récurrent d'articles sur un thème

un éditorial article qui reflète les orientations
  du journal
une chronique article court et régulier d'un même
  journaliste
un billet court commentaire sur un fait d'actualité
une brève texte court et concis sans titre
les faits divers nouvelles sans grande importance
un reportage enquête sur le terrain
un scoop information exclusive et inédite
un marronnier sujet qui revient régulièrement
un roman-feuilleton récit en plusieurs parties publié
  dans une revue
une source origine d'une information
une coupure de presse passage découpé
  dans un journal
la une première page du quotidien
la manchette haut de la une qui indique le nom
  du journal et la date
le bandeau surtitre sur la première page
les oreilles espaces à gauche et à droite
  de la manchette
le titre annonce de l'article en gros caractères
le sous-titre titre placé après le titre principal
le chapeau court texte qui résume le contenu de
  l'article
l'accroche début de l'article censé retenir l'attention
l'intertitre titre de paragraphe dans un article long
la chute fin d'un article
la colonne bande de texte verticale
la légende texte sous une photo
le crédit photo signature des photographies
un encadré
l'ours encadré qui indique la liste des collaborateurs
un angle un point de vue
le gabarit schéma général de la mise en page
le montage assemblage des textes et des photos
le bouclage heure-butoir pour commencer l'impression
une coquille faute de frappe
le bon à tirer dernier contrôle avant l'impression
l'épreuve exemplaire fait pour visualiser le résultat
  et faire les derniers réglages
la diffusion nombre d'exemplaires distribués
le tirage nombre d'exemplaires imprimés
l'audience le lectorat
un(e) abonné(e)
un abonnement
le bouillon les invendus
imprimer
indépendant qui ne dépend d'aucun parti, d'aucun
  groupe
partial(e) qui prend clairement parti
impartial(e) qui ne prend pas parti, qui reste objectif
médiatique
journalistique

Expressions usuelles

Faire les gros titres. Susciter de nombreux articles dans la presse.
Faire la une. Être l'événement principal.
Faire les choux gras de la presse. Être source de profit pour la presse.
Mettre au pilon. Détruire les exemplaires qui n'ont pas été vendus.
Faire du sensationnalisme. Choisir des sujets spectaculaires.
Un matraquage médiatique. Insistance des médias sur un événement.
La liberté de la presse. Droit de libre expression des médias.
La rubrique des chiens écrasés. Les faits divers, les événements sans intérêt.
Une conférence de presse. Discours public fait aux journalistes.
Une agence de presse. Organisme qui vend des articles et des reportages à la presse.
Une couverture médiatique. Fait de suivre un événement.
Mettre sous presse. Commencer à imprimer.

Exercices

1 ▶ **Trouvez le mot qui correspond à ces définitions dans la fiche.**
a. journal qui paraît deux fois par mois : ...
b. information exclusive et inédite : ...
c. texte placé sous une photographie ou un dessin : ...
d. nombre d'exemplaires imprimés : ...

2 ▶ **Complétez les phrases suivantes avec l'une des expressions de la fiche. Conjuguez les verbes au besoin.**
a. Après la libération des otages, le ministre des Affaires étrangères s'est exprimé publiquement lors d'... .
b. Dans de nombreux pays, les journalistes ne peuvent s'exprimer comme ils l'entendent car ... n'y est pas respectée.
c. Ce scandale politique est un sujet vendeur ! Il ... de la presse depuis plusieurs jours.
d. Mon frère pensait faire des reportages intéressants pour son journal, en réalité il s'occupe de ... !

3 ▶ **Complétez les phrases suivantes avec les mots de la liste ci-dessous. Accordez-les si nécessaire.**

la légende – la manchette – le bouclage – un quotidien – colonne

a. Le journal *Le Monde* est ... .
b. Cette information capitale s'étale sur quatre ... .
c. Après avoir regardé ... de mon journal, j'ai constaté qu'il s'agissait du numéro de la veille.
d. ... indique que cette photo a été prise à Belgrade.
e. ... du journal du matin a été repoussé pour attendre le résultat des élections américaines.

4 ▶ **Remplacez les mots en gras par un mot ou une expression synonyme.**
a. La publication de cet article choquant est contraire à **la morale journalistique**.
b. Ce sont souvent les journaux **qui ne sont liés à aucun groupe financier ni à aucun parti politique** qui dénoncent les scandales financiers.
c. **L'ensemble des journalistes** de ce quotidien a tenu à saluer la mémoire de son ancien rédacteur en chef.
d. Mon fils apprécie **les périodiques illustrés consacrés au** sport.
e. Le journaliste refuse de donner l'identité de **la personne qui lui a communiqué cette information**, pour lui éviter d'éventuelles représailles.

5 ▶ **Regroupez ces mots par couples de synonymes.**
a. un angle   1. un papier
b. un article   2. le quatrième pouvoir
c. les invendus   3. un point de vue
d. la presse   4. le bouillon

CORRIGÉS
P. 192

La radio

un poste de radio
un transistor radio portative
un autoradio poste radio pour la voiture
une station installation de radiodiffusion
un émetteur une station radiophonique
un microphone un micro
les ondes la radiodiffusion
  – longues
  – moyennes
  – courtes
un podcast système de téléchargement d'émissions
  radio
une fréquence
une station
  – généraliste qui aborde des sujets variés
  – thématique spécialisée dans un domaine précis
  – pirate qui n'a pas l'autorisation de diffusion
  – FM
une grille (horaire) programmes d'une station
un programme une émission
un directeur d'antenne celui qui dirige une radio
l'animateur(trice)
un(e) chroniqueur(euse) journaliste spécialisé(e)
  dans un domaine de l'actualité
un(e) invité(e)
un(e) auditeur(trice)
le conducteur document indiquant le déroulement
  d'une émission
une annonce fait d'annoncer l'émission qui va suivre
un édito billet d'humeur qui introduit une émission
une chronique
une interview
le générique musique de début et de fin d'émission
le jingle séquence sonore qui identifie la station
un tapis musique qui sert de bruit de fond
une virgule sonore ponctuation sonore entre
  séquences
une play-list suite de morceaux musicaux
un micro-trottoir enquête d'opinion faite dans la rue
une libre antenne émission qui donne la parole
  à l'auditeur
une part d'audience pourcentage d'écoute
  d'une station
capter
retransmettre
émettre
programmer/déprogrammer mettre dans/supprimer
  de la grille
radiophonique

La télévision

le petit écran la télévision
un poste de télévision un téléviseur
le câble la télévision par câble
la TNT télévision numérique terrestre
la télévision haute définition
un programme une émission
  – en clair que tout le monde peut voir
  – crypté réservé aux abonnés d'une chaîne
  – en direct diffusé pendant son déroulement
  – en différé diffusé avec un décalage temporel
une retransmission fait de diffuser un événement
une chaîne une installation de télédiffusion
une boîte de production une maison de production
le spectateur, la spectatrice
le public personnes présentes sur le plateau
un feuilleton film en plusieurs parties
une série feuilleton qui compte de nombreux épisodes
le téléfilm film tourné pour la télévision
le dessin animé
le journal les informations
le journal de 20 heures émission d'information
un reportage une séquence d'information sur le terrain
un documentaire enquête sur un sujet précis
un sujet un thème de reportage, le reportage lui-même
un débat télévisé
une émission de variétés émission d'interviews
  et de chansons
un jeu télévisé
la météo
la téléréalité
un spot publicitaire un film publicitaire
la réclame (ancien) la publicité
une page de publicité suite de spots publicitaires
un annonceur marque qui sponsorise une émission
l'audimat audience d'une chaîne
un programme télé magazine qui indique
  les programmes de toutes les chaînes
le présentateur, la présentatrice
un(e) speaker(ine) personne qui annonce
  les programmes
un chauffeur de salle personne qui met le public
  en condition pour l'enregistrement d'une émission
un prompteur système qui permet au présentateur
  de lire son texte
une oreillette écouteur qui permet d'entendre la régie
un magnétoscope
un lecteur-enregistreur DVD
un décodeur boîte qui décode les programmes cryptés
la télécommande
la mire dessin coloré qui permet de vérifier la couleur
  et la lumière sur les anciens téléviseurs
enregistrer
diffuser
zapper passer rapidement d'une chaîne à l'autre
audiovisuel(le) qui associe image et son
télévisuel(le)
interactif(tive) qui suppose un échange avec
  le public

Expressions usuelles

La télévision à la carte. Possibilité de choisir son programme.
Une heure de grande écoute. Une heure où beaucoup de gens écoutent la radio.
Être accro à la télé. Ne pas pouvoir s'en passer.
Être à l'antenne. Être filmé ou avoir le micro ouvert.
Prendre l'antenne/rendre l'antenne. Commencer/finir une émission.
Sur les ondes. À la radio.
Se faire un plateau-télé. Manger devant la télévision.
Être sur la même longueur d'onde. Être d'accord, en harmonie.
Être à l'écoute. Montrer des qualités d'écoute, être attentif aux autres.
Une émission en prime time. Une émission diffusée en première partie de soirée, à une heure de grande écoute.

Exercices

1 ▶ Complétez les phrases suivantes avec l'une des expressions de la fiche.
  a. Beaucoup de collégiens lisent peu car ils sont ... .
  b. Après avoir dissipé le malentendu, nous nous sommes rendu compte que sur l'essentiel, nous étions ... .
  c. Ce sujet sur les violences urbaines est trop choquant pour être diffusé à ... .
  d. Il arrive que des journalistes aient des mots malheureux, croyant ne plus ... .
  e. Les infirmières scolaires ... des adolescents qui ne vont pas bien.
  f. L'enthousiasme était tel après la victoire de l'équipe de France que les journalistes ... avec du retard.

2 ▶ Remplacez les mots en gras par un synonyme qui figure dans la fiche. Conjuguez les verbes et accordez les adjectifs au besoin.
  a. J'apprécie particulièrement **les programmes** consacrés à la politique.
  b. Il est impossible de suivre une émission avec des gens qui **changent de chaîne** sans cesse !
  c. Aujourd'hui, **les personnes qui annonçaient les programmes de la journée** ont disparu du petit écran.
  d. Le reporter a réalisé **une enquête d'opinion** sur un marché pour demander aux riverains leur avis sur la rénovation du centre-ville.
  e. Cet acteur se fait rare **sur le petit écran** : il ne tourne pas de téléfilms.
  f. Mon voisin préfère les stations **spécialisées dans des domaines précis**.

3 ▶ Dans chaque groupe de trois mots, encadrez l'intrus.
  a. un reportage – un téléfilm – une série
  b. un poste radio – un autoradio – un transistor
  c. une présentatrice – une auditrice – une animatrice
  d. retransmettre – diffuser – capter
  e. un podcast – une télécommande – un décodeur

4 ▶ Complétez les phrases suivantes avec les mots de la liste ci-dessous que vous accorderez ou conjuguerez si nécessaire.
  actualité – capter – grille – télécommande – chroniqueur – jingle –
  directeur d'antenne – déprogrammer – magnétoscope
  a. Certains ... radio sont très appréciés car ils s'emparent d'un sujet d'... et l'analysent de façon claire, pertinente et parfois humoristique.
  b. Le ... de ma station préférée a choisi de supprimer un jeu de sa ... .
  c. On peut reconnaître une station rien qu'en entendant son ... .
  d. Mon vieux ... ayant rendu l'âme, je me suis équipé d'un lecteur DVD, plus moderne.
  e. L'émission de variétés du samedi a été ... et remplacée par un hommage à un réalisateur récemment décédé.
  f. Dans les régions isolées, il est parfois difficile de ... toutes les stations radio.
  g. Pour empêcher mon fils de passer la journée devant la télévision, j'ai caché la ... .

Les activités humaines

CORRIGÉS
P. 192

Le matériel informatique

un ordinateur
le fond d'écran image apparaissant par défaut
  sur l'écran quand l'ordinateur n'est pas actif
la souris
le clavier
les touches
un disque dur support de stockage des données
un disque externe dissocié de l'ordinateur
un modem système qui permet de se connecter
  à Internet
l'unité centrale boîtier qui contient tous les éléments
  essentiels d'un ordinateur
une imprimante
un port entrée placée sur le côté d'un ordinateur pour
  installer des périphériques
un périphérique matériel connecté à un ordinateur
  pour effectuer une tâche particulière
  – clé USB unité de stockage amovible
  – imprimante
  – scanner outil pour numériser une image
    ou un texte
un adaptateur dispositif pour connecter un système
  ou un appareil à un autre
un CD support de stockage des informations
un DVD support de stockage des informations
  de capacité supérieure à celle du CD
une application programme informatique conçu
  en vue d'une utilisation précise
un logiciel application
  – un traitement de texte(s) logiciel de création
    et de mise en forme du texte
  – un tableur logiciel de création de feuilles de calcul
un didacticiel logiciel destiné à l'enseignement
un bogue/bug problème qui interrompt l'exécution
  d'un programme
un virus programme malveillant qui perturbe
  le fonctionnement d'un ordinateur, voire le met
  en panne
un antivirus programme de lutte contre les virus
  informatiques
un mot de passe suite de caractères propre à chaque
  utilisateur pour accéder à son ordinateur
une icône symbole qui représente une fonction
  ou une application que l'on sélectionne et active
  avec la souris
le bureau fond d'écran sur lequel s'affichent les icônes
un fichier document stocké sur le disque dur
  ou une clé USB
un dossier zone de stockage qui contient des fichiers
la corbeille dossier dans lequel les fichiers sont éliminés
saisir des données taper des informations au clavier
afficher faire apparaître des informations sur un écran
configurer mettre en œuvre un logiciel, le paramétrer
enregistrer conserver un document

valider informer l'ordinateur que la commande
  ou la donnée entrée est à exécuter
verrouiller protéger un ordinateur par un mot de passe
copier-coller assembler les éléments d'un document
  dans un autre document sans détruire l'original

Internet

le Web Internet
un site lieu virtuel du réseau Internet défini
  par une adresse électronique
un blog site Web qui a la forme d'un journal personnel,
  ouvert et interactif, mis à jour régulièrement
un réseau social ensemble de personnes
  ou d'organismes qui se regroupent autour
  de pratiques ou de centres d'intérêt partagés
un domaine ensemble d'adresses qui font l'objet
  d'une gestion commune
une Webcam petite caméra qui transmet des images
  sur le Web
une arobase (@) signe qui précède le domaine auquel
  le message s'adresse
un chat une discussion en ligne en temps réel
un courriel message électronique
un mail un courriel
un cybercafé café qui propose l'accès à des ordinateurs
  connectés à Internet
Wi-Fi réseau sans fil pour se connecter à Internet
un serveur ordinateur sur lequel sont stockées
  des informations auxquelles les utilisateurs
  peuvent accéder à distance
se connecter se mettre en relation avec un système
  informatique
accéder à un réseau pouvoir se connecter à un
  ensemble d'ordinateurs proches ou à longue distance
télécharger transférer des données d'un serveur vers
  un ordinateur
actualiser mettre à jour les informations

La téléphonie mobile

l'autonomie durée de fonctionnement d'un téléphone
  sans recharger la batterie
la batterie boîtier pour stocker l'électricité
la carte SIM puce qui stocke les données relatives
  à l'abonné
le code PIN code à quatre chiffres pour ouvrir
  un téléphone
la commande vocale possibilité de donner
  des instructions au téléphone par la voix
le forfait abonnement basé sur un crédit
  de communications
un SMS message écrit envoyé d'un mobile à l'autre
un MMS image ou vidéo envoyée par et
  sur un portable
le vibreur fonction qui permet de remplacer la sonnerie
  par une discrète vibration du téléphone
la messagerie espace de stockage des messages vocaux

Expressions usuelles

Être à la pointe du progrès. Mettre en œuvre la dernière découverte ou innovation.

Restaurer des données. Récupérer des données précédemment endommagées ou perdues.

Créer une copie de sauvegarde. Enregistrer un double du document que l'on vient de créer.

Utiliser un moteur de recherche. Accéder à une base de données dans le cadre d'une recherche sur Internet.

L'ordinateur s'est planté. (fam.) L'ordinateur est tombé brutalement en panne.

Recharger ses batteries. Au sens figuré, reprendre des forces.

Pirater des données. Transférer illégalement des films ou des chansons sur son ordinateur.

Perdre le fil d'une discussion. Être perdu dans une discussion, ne plus savoir quel était le sujet de la conversation.

Faire écran. Masquer quelque chose.

Travailler sur ordinateur. Exécuter une tâche à l'aide d'un ordinateur.

Des matériels ou des logiciels compatibles. Des matériels ou des logiciels qui peuvent exécuter des programmes conçus par des marques différentes.

Les autoroutes de l'information. Moyens de télécommunication et d'informatique interconnectés, qui offrent à un très grand nombre d'usagers de multiples services.

Passer un coup de fil. Téléphoner. Cette expression date de l'époque où les téléphones sans fil n'existaient pas.

Être déconnecté de la réalité. Se complaire dans l'imaginaire, ne pas vivre dans le réel.

Exercices

1) **Associez ces groupes pour former des phrases correctes.**

a. Ce chercheur met	1. la fiabilité de cet appareil.
b. Internet est désormais	2. de trouver un adaptateur pour son portable.
c. Une panne d'électricité	3. un bond en avant ces dernières années.
d. J'apprécie beaucoup	4. les habitudes de travail des secrétaires.
e. Karim vient enfin	5. est une véritable prouesse technique.
f. L'informatique a bouleversé	6. utilisé par des millions de personnes.
g. La miniaturisation de ce boîtier	7. au point un nouveau logiciel.
h. La science a fait	8. paralyserait le pays tout entier.

2) **Recopiez la phrase en choisissant le nom correct.**

a. Cette nouvelle caméra numérique est à la (portée – pointe – suite) du progrès.
b. En cas de fausse manipulation, j'ai une (touche – prise – copie) de sauvegarde.
c. Cette (police – feuille – liste) de caractères n'est pas adaptée à la nature de ton document.
d. Que se passe-t-il ? Mon ordinateur n'arrête pas de (tourner – se planter – clignoter).
e. Clique sur la (fenêtre – souris – icône) pour ouvrir le programme de traitement de texte.
f. Suite à mon absence, j'ai totalement perdu le (fils – point – fil) de la discussion.

3) **Dans chaque liste, élimez l'intrus (celui qui n'est pas un synonyme des autres).**

a. une découverte – une invention – une innovation – une copie – une nouveauté
b. concurrentiel – efficace – périmé – performant – compétitif – opérationnel
c. mettre au point – régler – organiser – ajuster – bouleverser
d. créer – concevoir – détruire – imaginer – fonder – élaborer
e. verrouiller – décoder – fermer – conserver – protéger – cadenasser
f. enregistrer – oublier – sauvegarder – mettre à l'abri – stocker

4) **Complétez avec les mots qui conviennent.**

a. J'ai oublié mon ... et je ne peux plus accéder au réseau !
b. Ces deux ordinateurs de marques différentes ne sont malheureusement pas ... .
c. Près d'une borne Wi-Fi, on peut facilement se ... à Internet.
d. Celui qui ... illégalement des chansons ou des films ne respecte pas le droit d'auteur.
e. Il faut que tu installes une nouvelle cartouche dans ... ; le document est illisible.
f. Quelle manœuvre faut-il effectuer pour récupérer un document mis par erreur dans ... ?
g. Lorsque tu as changé de téléphone mobile, as-tu aussi modifié ton ... ?

Les activités humaines

CORRIGÉS P. 192

CORRIGÉS DES EXERCICES

L'être humain

24 La tête et le visage (descriptif)

1 ▶ a. [...] j'ai un **compas** dans l'œil. b. [...] m'a mis la **puce** à l'oreille. c. [...] au **nez** et à **la barbe**. d. [...] bon pied **bon œil**. e. [...] au doigt et **à l'œil**.

2 ▶ a. 2 (grisonnantes) – b. 3 (irréguliers) – c. 4 (pincée) – d. 1 (épaté) – e. 8 (globuleux) – f. 7 (clairsemés) – g. 5 (flétrie) – h. 6 (pulpeuses)

3 ▶ a. 3 – b. 4 – c. 1 – d. 2 – e. 6 – f. 7 – g. 8 – h. 5

4 ▶ a. [...] **ternes** [...] **saillantes.** b. [...] **globuleux** [...] **épais** [...] **épaté.** c. [...] **aquilin** [...] **charnues.** d. [...] **buriné** [...] **harmonieux.** e. [...] **étique/émacié/ squelettique, flétri/ridé/fané** et **blême/pâle/ blafard.**

5 ▶ a. la **douceur** de la peau – b. la **soie** des cheveux – c. la **rondeur** des joues – d. le **dessin parfait** des lèvres – e. la **régularité** des traits – f. le **velours** de la peau.

6 ▶ a. un regard **de braise** – b. un teint de **porcelaine** – c. une peau de **pêche** – d. une chevelure **de feu** – e. des cheveux d'**ébène** ou de **jais** – f. un œil **de lynx** – g. des cheveux d'**or** – h. des cheveux **en bataille.**

25 Le visage et ses expressions

1 ▶ **le dégoût** : d. – j. – k. **le mécontentement** : b. – f. – h. – l. **l'étonnement** : a. – c. – e. – g. – i.

2 ▶ a. 4 – b. 3 – c. 2 – d. 1 – e. 5 – f. 7 – g. 6 – h. 10 – i. 8 – j. 9

3 ▶ a. 2 – b. 4 – c. 1 – d. 3 – e. 6 – f. 8 – g. 7 – h. 5

4 ▶ a. [...] **s'assombrit** – b. [...] **a braqué** – c. [...] **accorder** – d. [...] **détacher** – e. [...] **lança des étincelles** – f. [...] **a balayé.**

5 ▶ a. [...] **esquissa/ébaucha** – b. [...] **réprimer/ retenir** – c. [...] **adresse** – d. [...] **grimacer** – e. [...] **affichant/arborant** – f. [...] **figea/s'effaça/ s'évanouit.**

6 ▶ a. [...] **lisait** – b. Il **se dégageait** – c. [...] **brillaient** – d. [...] **révélait** – e. [...] **se peignait** – f. [...] **trahissent.**

26 Le corps (descriptif)

1 ▶ a. [...] **le bras long.** – b. [...] m'a **tenu la jambe.** – c. à **corps perdu** [...]. – d. [...] le **cœur sur la main.** – e. [...] **son corps défendant.**

2 ▶ **corpulence** – embonpoint – athlète, vigoureux et sculptural – large – puissantes

3 ▶ a. 3 – b. 1 – c. 2 – d. 6 – e. 4 – f. 5

4 ▶ a. 2 – b. 4 – c. 1 – d. 3 – e. 5 – f. 7 – g. 6

5 ▶ a. chétif – b. trapu – c. ventripotent – d. souffreteux – e. glabre

6 ▶ a. 3 – b. 5 – c. 4 – d. 2 – e. 1.

27 Le corps en mouvement

1 ▶ a. [...] **marchera sur les traces** – b. [...] **marche sur des œufs.** – c. [...] d'**opiner du bonnet.** – d. [...] **perdit contenance.** – e. [...] **porte beau.**

2 ▶ allure – un port de reine – altière – patauds – contenance dégagée

3 ▶ a. 4 – b. 1 – c. 3 – d. 5 – e. 2 – f. 8 – g. 9 – h. 10 – i. 7 – j. 6

4 ▶ a. [...] **titubant.** b. [...] il **boita/boitilla/claudiqua/ clopina.** c. [...] **trotte/trottine.** d. [...] **se dandine.** e. [...] **se pavane.**

5 ▶ a. [...] **trémousser/dandiner** ! b. **chancelle/ vacille.** c. [...] **gesticuler.** d. [...] **s'affala/se vautra.** e. [...] **se blottir.**

6 ▶ **Mélioratif** : la distinction – dégagé – la prestance **Péjoratif** : la dégaine – saccadé – pataud – balourd – lourdaud – dégingandé

7 ▶ s'immobiliser – se figer – pétrifier – statufier – tétaniser – paralyser

28 Les soins du corps

1 ▶ a. **parler sans fard** – b. **faire une toilette de chat** – c. **a passé** [...] **au peigne fin** – d. **lavage de cerveau** – e. **a piqué un fard.**

2 ▶ le hammam – esthétiques – gommages – hydratants – épilation

3 ▶ a. 2 – b. 3 – c. 4 – d. 1 – e. 5 – f. 10 – g. 6 – h. 7 – i. 8 – j. 9

4 ▶ a. 4 – b. 1 – c. 2 – d. 3 – e. 6 – f. 5

5 ▶ a. un savon, une savonnette, une savonnerie, le savonnage – b. le lavage, un lavement, une laverie, une lavette, un lave-vaisselle, un lave-linge, un lave-glace – c. la purification – d. le démêlage, le démêlement, un démêlant – e. une frisette, un frison, un frisottis, le frisage, le défrisage, le défrisement, une indéfrisable – f. une cure, un curetage

6 ▶ a. 6 – b. 3 – c. 2 – d. 5 – e. 4 – f. 1

29 La santé

1 ▶ a. **en vigueur** – b. **comme un charme** – c. **sains et saufs** – d. **n'est pas dans son assiette** – e. **sain de corps et d'esprit**

2 ▶ a. **a recouvré la santé/ s'est refait une santé, s'est rétabli/s'est remis** – b. épuisé, harassé/fourbu/éreinté/exténué – c. florissante, de fer/prospère – d. surmenage/tension nerveuse – e. précaire/chancelante/délicate/déficiente

3 ▶ un bilan de santé – jouissaient – de fer – antiseptiques – stériles – salubre

4 ▶ fourbu – éreinté – harassé – valétudinaire – exténué – surmené

5 ▶ a. malsain – b. désinfecté – c. insalubre – d. décontaminé – e. indisposé – f. indélicat – g. invalide – h. incurable

6 ▶ a. dévitaliser/revitaliser – b. tonifier – c. fortifier – d. stériliser – e. purifier – f. soigner – g. se rengorger – h. saigner

7 ▶ malsain – un sanatorium – assainir – le sanitaires

30 Les étapes de la vie

1 ▶ a. **roule à tombeau ouvert** – b. **rendu l'âme** – c. **suis né coiffé** – d. **ne suis pas né de la dernière pluie** – e. **démon de midi**

182

2 ▶ décédait – funérailles – cercueil – dépouille – un cortège – corbillard – l'inhumation

3 ▶ a. nubile – b. nuptiale – c. juvénile – d. infantile – e. pubères – f. enfantin

4 ▶ expirer, périr, succomber, trépasser, rendre l'âme, casser sa pipe, passer l'arme à gauche

5 ▶ a. un trentenaire – b. un quadragénaire – c. un quinquagénaire – d. un sexagénaire – e. un septuagénaire – f. un octogénaire – g. un nonagénaire – h. un centenaire

6 ▶ a. intra-utérine – b. une IVG – c. nourrisson – d. puéril – e. accouché de

31 Les vêtements

1 ▶ a. retourné sa veste – b. va comme un gant – c. pris l'habit – d. habillé comme l'as de pique – e. mouiller sa chemise

2 ▶ a. [...] sur son **trente et** un – b. [...] tirée à quatre **épingles** – c. [...] elle qui porte **la culotte** – d. [...] s'est parée de ses plus beaux **atours**

3 ▶ pour enfants : a. – f. – l. ; pour femmes : c. – d. – g. – k. ; pour hommes : b. – e. – h. – j.

4 ▶ a. la layette – b. des haillons, des hardes, des guenilles – c. se fagoter, s'accoutrer – d. la garde-robe – e. un pull-over – f. rapiécer, raccommoder – g. seyant – h. unisexe

5 ▶ a. kilt – b. sari – c. poncho – d. kimono – e. djellabas

6 ▶ a. étriqué – b. fripés – c. élimés – d. reprisait – e. boudiné

32 Les accessoires

1 ▶ a. donner un coup de collier – b. sur les chapeaux de roue – c. trouvaient chaussure à leur pied – d. franc du collier – e. plusieurs casquettes

2 ▶ a. [...] pris la main dans le **sac** – b. [...] dix tours dans **son sac** – c. mettre **la bague** au doigt – d. en faisant porter **le chapeau**

3 ▶ Les chaussures : a. – g. – l. Les bijoux : c – e. – f. – i. – j. Les chapeaux : b. – d. – h. – k.

4 ▶ a. des derbies – b. un cabas – c. une banane – d. une besace – e. des cloches

5 ▶ a. 2 – b. 1 – c. 5 – d. 3 – e. 4

6 ▶ une bague : une bagouze ; un chapeau : un galurin – un bibi ; une chaussure : une godasse – une pompe – une grolle

33 Les états d'esprit, les émotions

1 ▶ a. [...] battre la **chamade** – b. [...] se fait toujours **de la bile** – c. [...] est sorti de ses **gonds** – d. Jeanne est sens dessus dessous.

2 ▶ a. 3 – b. 1 – c. 4 – d. 2 – e. 7 – f. 8 – g. 6 – h. 5

3 ▶ a. 2 – b. 3 – c. 5 – d. 4 – e. 1 – f. 8 – g. 7 – h. 10 – i. 9 – j. 6

4 ▶ a. 3 – b. 4 – c. 2 – d. 1 – e. 8 – f. 5 – g. 6 – h. 7

5 ▶ **Tendus – impatience – jubilent – abasourdis – émoi – en proie à – découragement**

6 ▶ **Les noms** : la peur – le souci – l'énervement ou la nervosité – la tranquillité – la paix
Les adjectifs : peureux, apeuré – soucieux – énervé, nerveux – tranquille – paisible
Les verbes : apeurer – se soucier – énerver – tranquilliser – apaiser

Les adverbes en -ment : peureusement – soucieusement – nerveusement – tranquillement – paisiblement

34 Les sentiments et l'humeur

1 ▶ a. avec un soin jaloux – b. de gaieté de cœur – c. voit la vie en rose – d. état d'âme

2 ▶ a. [...] déprime et **broie** du noir b. [...] un **cœur d'artichaut** ! c. [...] la mort dans l'**âme** d. [...] je l'ai pris en **grippe**

3 ▶ **Positif** : b. – e. – g. – i. **Négatif** : a. – c. – d. – f. – h.

4 ▶ **Bonne humeur** : b. – c. – e. – h. – j. – k. – l. **Mauvaise humeur** : a. – d. – f. – g. – i.

5 ▶ la jalousie et le ressentiment – exècre – honte ni remords – le dépit – culpabilité – penaud

6 ▶ a. aigreur/acrimonie – b. la mélancolie – c. éphémère/fugace – d. morose/morne – e. le dépit – f. sans vergogne

35 Les sensations : voir et entendre

1 ▶ a. [...] je n'y ai vu que **du feu.** – b. [...] on n'y voit goutte. – c. [...] un bruit de **tous les** diables. – d. [...] j'ai vu **trente-six chandelles.** – e. [...] se regardaient en chiens de **faïence.**

2 ▶ retentit – claquent – craquent – grincent – crépite – gargouiller – grondement – frémir – grincements – tintamarre

3 ▶ a. – d. – f. – i. – k. – l.

4 ▶ a. 3 – b. 4 – c. 5 – d. 2 – e. 1 – f. 9 – g. 10 – h. 6 – i. 8 – j. 7

5 ▶ a. contempler – b. se toisent – c. scrute/ observe – d. ai entrevu – e. couve ; des yeux – f. lorgnent/dévisagent

6 ▶ a. le regard – b. un aperçu – c. une entrevue – d. une observation – e. un examen – f. un surveillant – g. la perception – h. une distinction – i. un bruissement/un bruit

36 Les sensations : sentir, toucher, goûter

1 ▶ a. le palais fin – b. en odeur de sainteté – c. du flair – d. met l'eau à la bouche – e. long en bouche

2 ▶ tâte – palpe – renifle – arômes – embaument – senteurs – parfums – relever – insipides – déguster

3 ▶ **Une bonne odeur** : a. – d. – g. – h. – j. – k. **Une mauvaise odeur** : b. – c. – e. – f. – i. – l.

4 ▶ a. embaume – b. empeste/empuantit – c. exhale – d. fétide/nauséabonde/malodorante/ pestilentielle – e. des fragrances/arômes/ senteurs

5 ▶ **Un bon goût** : c. – d. – f. – h. – i. **Un mauvais goût** : a. – b. – g. – e.

6 ▶ a. arrière-goût – b. insipide – c. savoure – d. succulentes/savoureuses – e. astringentes

37 Situer dans l'espace et le temps

1 ▶ a. dure qu'un temps – b. a fait son temps – c. à une heure indue – d. sur ces entrefaites/au chant du coq – e. à point nommé

2 ▶ **Au passé** : ce jour-là – antérieur – jadis – la veille

Au présent : séance tenante – contemporain
Au futur : le surlendemain – imminent – incessamment

3 ▶ l'avant-veille – la veille – ce jour-là – le lendemain – le surlendemain

4 ▶ a. 3 – b. 1 – c. 4 – d. 6 – e. 5 – f. 2 – g. 9 – h. 12 – i. 10 – j. 11 – k. 7 – l. 8

5 ▶ a. au sud – b. au nord – c. à l'est – d. à l'ouest

6 ▶ a. récurrent – b. séculaire – c. les parages/les alentours – d. simultanément – e. séance tenante – f. momentanés

7 ▶ a. quotidien – b. mensuel – c. trimestriel – d. annuel – e. bisannuel/biennal – f. un lustre – g. une décennie – h. un siècle – i. un millénaire – j. l'éternité

38 Le caractère

1 ▶ a. [...] les deux pieds dans le même sabot – b. [...] langue de vipère – c. [...] un peu soupe au lait – d. [...] la langue bien pendue – e. [...] l'esprit d'escalier

2 ▶ Des qualités : a. – b. – c. – d. – f. – g. – n. Des défauts : e. – h. – i. – j. – k. – l. – m. – o. – p.

3 ▶ a. 3 – b. 1 – c. 4 – d. 5 – e. 2 – f. 8 – g. 9 – h. 6 – i. 10 – j. 7

4 ▶ a. tolérant – b. mielleux – c. taciturne – d. ombrageux – e. vindicatif – f. indulgent

5 ▶ a. crédule – b. hypocrite – c. minutieux – d. susceptible – e. fiable

6 ▶ a. l'envie – b. la mesquinerie – c. l'orgueil – d. la naïveté – e. la générosité – f. le dévouement – g. l'altruisme – h. la dignité – i. l'impassibilité – j. le flegme – k. la bienveillance – l. la loyauté – m. la fausseté – n. la fourberie – o. la témérité – p. l'hypocrisie

39 Les facultés intellectuelles

1 ▶ a. perdu l'esprit – b. pour mémoire – c. mémoire d'éléphant – d. de mémoire d'homme – e. un jour à marquer d'une pierre blanche !

2 ▶ a. la clairvoyance – b. l'amnésie – c. une aberration – d. irrationnel – e. très ignorant

3 ▶ a. 3 – b. 4 – c. 5 – d. 2 – e. 1 – f. 7 – g. 10 – h. 8 – i. 6 – j. 9

4 ▶ a. mémoriser – b. sombré – c. écervelé – d. discernement – e. déraisonnes

5 ▶ l'attention – la concentration – finesse – de perspicacité – clairvoyant – raisonner – l'intuition

40 L'expression de l'opinion et du raisonnement – L'humour

1 ▶ a. vérité de la Palice – b. changé son fusil d'épaule – c. tirée par les cheveux – d. mauvais plaisant – e. parler à tort et à travers

2 ▶ a. justifier – b. objectif – c. se raviser – d. versatile – e. cohérent – f. un préjugé

3 ▶ a. 3 – b. 4 – c. 5 – d. 1 – e. 2 – f. 7 – g. 9 – h. 8 – i. 10 – j. 6

4 ▶ a. désopilants – b. résoudre les conflits – c. d'autodérision – d. subjectif – e. narquois

5 ▶ a. se ranger au/rallier le point de vue – b. badiner – c. railleries – d. réfuta – e. délibérer

6 ▶ a. la badinerie – b. une preuve – c. une défense – d. une conception ou un concept – e. une déduction – f. une pensée – g. une résolution – h. une conviction – i. une assurance – j. une réflexion – k. une affirmation – l. une contradiction

41 L'expression de l'imagination, du rêve et du souvenir

1 ▶ a. [...] bayer aux corneilles – b. [...] construire des châteaux en Espagne – c. [...] est souvent dans la lune – d. [...] ne rêvant que plaies et bosses – e. C'est le fruit [...]

2 ▶ a. inspiration – b. exécrable – c. créativité – d. se remémorer – e. concrétiser – f. impérissable

3 ▶ a. impérissable/vivace – b. s'effacent – c. cuisant/poignant – d. obsède – e. perpétuer

4 ▶ a. affabuler – b. une commémoration – c. onirique – d. réminiscence – e. une utopie

5 ▶ a. doué – b. tarie – c. réfréner – d. réel – e. renoncer à

La nature et l'environnement

42 La campagne

1 ▶ a. [...] champ d'honneur. – b. [...] la charrue avant les bœufs – c. [...] comme un coq en village. – d. [...] la clé des champs – e. [...] de se disperser sur-le-champ.

2 ▶ a. 4 – b. 3 – c. 2 – d. 1 – e. 6 – f. 7 – g. 8 – h. 5

3 ▶ a. 2 – b. 4 – c. 1 – d. 3 – e. 7 – f. 5 – g. 8 – h. 6

4 ▶ a. 2 – b. 4 – c. 1 – d. 3 – e. 5 – f. 10 – g. 8 – h. 7 – i. 6 – j. 9

5 ▶ a. 5 – b. 3 – c. 4 – d. 1 – e. 2 – f. 9 – g. 8 – h. 7 – i. 6 – j. 10

6 ▶ a. un pré – b. un coteau – c. un bosquet – d. une haie – e. un manoir – f. un hameau

43 La mer

1 ▶ a. [...] on a le pied marin – b. [...] es arrivé à bon port – c. [...] prennent la mer – d. [...] écumer les mers – e. [...] la mer à boire – f. [...] lancé une bouteille à la mer

2 ▶ corniche – la crique – mouillait – escarpé – pinède – les flots – yachts – large – d'écume

3 ▶ a. un îlot – b. une calanque – c. un promontoire – d. une embouchure – e. un rouleau – f. une digue

4 ▶ a. un récif – b. fit route sur – c. archipel – d. la grève – e. d'huile – f. les dunes

5 ▶ a. le roulis (donne) – b. du jusant – c. un dock – d. mouilla – e. à la criée

44 La montagne

1 ▶ a. [...] comme l'eau de roche – b. [...] par monts et par vaux – c. [...] elle s'en est fait toute une montagne – d. [...] promet monts et merveilles – e. [...] fera feu de tout bois

2 ▶ a. un fourré – b. sinueux – c. une gorge – d. un massif – e. un layon – f. une lisière

3 ▶ vallée – refuge – plateau – crête – crevasses – raidillons – parois – précipices – gorge

4 ▶ a. sapinière – b. le feuillage (est tellement dense) – c. les cimes/les crêtes – panorama – d. les virages/les zigzags – e. escalader – f. raides/escarpées

5 ▶ a. Une aiguille domine la vallée. – b. Les neiges éternelles couvrent la ligne de crête. – c. Un raidillon franchit le col. – d. Le layon s'enfonce dans les fourrés. – e. Les frondaisons abritent des faisans.

45 ▶ **Paysages d'ailleurs (hors de l'Europe)**

1 ▶ a. [...] un coup de **bambou** – b. [...] la loi de la **jungle** – c. [...] prêcher **dans le désert** – d. [...] un vrai corps **de liane** – e. [...] en pleine **brousse**

2 ▶ **Les animaux :** un caribou – un koala – un lama
Les végétaux : un lotus – un eucalyptus – un bambou – une orchidée – un palétuvier
Les constructions humaines : une isba – un palanquin – un gratte-ciel – une casbah – un souk – une favela – une pirogue

3 ▶ **L'Afrique :** une case – un baobab – une mosquée – un souk – une oasis – la brousse
Le pôle Nord : un iceberg – un renne – une banquise – le pergélisol – un igloo – un kayak
L'Australie : le bush – un kangourou – un koala

4 ▶ **La Russie :** une taïga – une steppe – une toundra – une isba
L'Amérique du Sud : une pampa – une hacienda – une favela
L'Asie du Sud : un palétuvier – une jonque – une rizière – une mangrove – une orchidée

5 ▶ a. baobab/**bambou** – b. l'igloo/**l'oasis** – c. à la pirogue/**au traîneau** – d. d'une isba/**un souk** (d'autres solutions sont possibles).

6 ▶ a. palétuviers/**d'érables** – b. palmier/**d'eucalyptus** – c. la mangrove/**l'iceberg** – d. des gratte-ciel/**de la mosquée**

46 ▶ **Les cours d'eau et les étendues d'eau**

1 ▶ a. coup d'épée dans l'eau – b. à vau-l'eau – c. se ressemblent comme deux gouttes d'eau – d. marin d'eau douce – e. n'est pas la mer à boire

2 ▶ a. la berge – b. la décrue – c. le gué – d. envasé

3 ▶ grossit – charrie – s'envase – dévale – murmure – serpente

4 ▶ a. cristalline – b. lit – tarie – c. méandres – d. quais – en crue

5 ▶ a. digues en amont – b. passerelle – vannes – l'écluse – c. lacustre – d. rides – e. aquatiques

6 ▶ artificiel – inondé – barrage – lacustres – rives

47 ▶ **Le temps qu'il fait**

1 ▶ a. [...] sont au **septième ciel.** – b. [...] bonjour en **coup de vent.** – c. [...] a vécu son enfance **sur son nuage.** – d. [...] ciel et **terre.** e. – [...] fondent comme **neige au soleil.**

2 ▶ a. La neige ensevelit le village. – b. La pluie détrempe le sol. – c. Les nuages obscurcissent le ciel. – d. Le vent courbe les arbres. – e. Les éclairs zèbrent le ciel.

3 ▶ a. Les flocons virevoltent dans le ciel. – b. Les glaçons pendent aux branches. – c. La pluie tam-

bourine sur les vitres. – d. Un orage s'abat sur la ville. – e. Le vent hurle dans les sapins.

4 ▶ a. 2 – b. 4 – c. 5 – d. 1 – e. 3 – f. 8 – g. 10 – h. 7 – i. 6 – j. 9

5 ▶ a. une congère – b. une trombe d'eau – c. le mistral – d. une embellie

6 ▶ a. Les pluies **diluviennes** – b. un ciel **dégagé** – c. Les maisons, **ensevelies** – d. nuages noirs et **menaçants** – e. Les **gémissements** du vent

48 ▶ **Les quatre éléments et les phénomènes naturels**

1 ▶ a. [...] promesses **en l'air.** – b. [...] Il y a **de l'orage** dans l'air. – c. [...] jouent avec **le feu** – d. [...] dîner de famille jeta **un froid.** – e. [...] prête à faire feu de tout **bois.**

2 ▶ a. 2 – b. 5 – c. 1 – d. 4 – e. 3 – f. 7 – g. 8 – h. 6 – i. 10 – j. 9

3 ▶ a. Un ouragan balaie toute une région. – b. Une avalanche ensevelit des skieurs. – c. Un raz de marée engloutit un village de pêcheurs. – d. Un séisme ébranle les murs des maisons. – e. La canicule flétrit les pieds de tomates.

4 ▶ a. [...] potable – b. [...] fendit – c. [...] ardent. – d. [...] déshydratent [...] – e. [...] embrasé.

5 ▶ a. [...] feu qui **pétillait** dans l'**âtre.** – b. la **fournaise** [...] **tisons.** – c. [...] **flottait** dans l'air et **embaumait** – d. [...] **attisa** les **braises** du feu.

6 ▶ dégel – givre – ranimé – foyer – enseveli

49 ▶ **Les arbres – Les fleurs**

1 ▶ a. **prend ombrage** – b. **à trembler comme une feuille** – c. **prennent racine** – d. **la fine fleur** – e. **la fleur au fusil**

2 ▶ a. 3 – b. 2 – c. 4 – d. 4 – e. 6 – f. 8 – g. 5 – h. 7

3 ▶ a. 4 – b. 3 – c. 5 – d. 1 – e. 2

4 ▶ a. 4 – b. 5 – c. 1 – d. 2 – e. 3 – f. 8 – g. 9 – h. 7 – i. 10 – j. 6

5 ▶ a. palpiter – b. écloses – c. ployer – d. le couvert des frondaisons – e. souche

6 ▶ a. bourgeons – reverdir – b. s'**épanouissent** – **hampe** – c. **chatoyer** – **panachées** – d. **bosquet** en **bosquet** – **rameaux**

50 ▶ **Les oiseaux et les insectes**

1 ▶ a. [...] il ne ferait pas de mal à une mouche. – b. [...] voler de ses propres ailes. – c. [...] vivre **de leur plume.** – d. [...] M. Audrain **lui a donné des noms d'oiseaux.** – e. [...] faire la mouche du coche.

2 ▶ a. Le rouge-gorge picore des graines de tournesol. – b. Une hirondelle voltigeait dans les airs. – c. L'aigle fondit sur sa proie. – d. Le canard lissait ses rémiges. – e. Le grillon se tapit dans son terrier.

3 ▶ a. 3 – b. 1 – c. 4 – d. 5 – e. 2 – f. 10 – g. 6 – h. 9 – i. 7 – j. 8

4 ▶ tapi – survolée – migraient – perché – proie – sifflement – volée de passereaux – s'égaila

5 ▶ a. une capture/un captif – b. un piaillement/une piaillerie – c. un gazouillis/un gazouillement – d. le chapardage/un chapardeur – e. un ravitaillement – f. un séjour – g. la fréquentation – h. le survol – i. un tourbillon

6 ▶ a. becquée – le gosier d'un oisillon – couvée – b. picorer – mangeoire – c. gober – virevoltant

51 **Les animaux sauvages**

1 ▶ a. comme le loup blanc – b. se sont taillé la part du lion – c. une langue de vipère – d. un ours mal léché – e. s'est jeté dans la gueule du loup.

2 ▶ a. L'ours hiberne dans sa tanière. – b. Le faucon dépèce sa proie. – c. La lionne a mis bas sa première portée. – d. La gazelle paît dans la savane. – e. La grenouille gobe une mouche.

3 ▶ a. Le zèbre lape l'eau du lac. – b. La biche allaite ses faons. – c. Le sanglier se repose dans sa bauge. – d. Le lièvre se réfugie dans son terrier. – e. Le serpent mue à différentes périodes de l'année.

4 ▶ a. un carnassier – b. la toison – c. le groin – d. un antre – e. un essaim

5 ▶ a. flanc – b. des bancs – c. jarret – d. avoir vêlé – e. bramer – harde

6 ▶ a. 8 – b. 7 – c. 2 – d. 1 – e. 4 – f. 3 – g. 6 – h. 5

52 **Les animaux domestiques**

1 ▶ a. à bride abattue – b. comme chien et chat – c. en chiens de faïence – d. est immédiatement monté sur ses grands chevaux – e. j'ai d'autres chats à fouetter !

2 ▶ **Un chat :** a. – f. – g. – k. **Un chien :** b. – c. – d. – j. **Un cheval :** e. – h. – i. – l.

3 ▶ a. les vibrisses – b. se pelotonner – c. épouiller – d. désarçonner – e. les naseaux – f. le harnais

4 ▶ a. litière – b. japper – c. ses babines – des crocs – d. haret – feule

5 ▶ a. pur-sang – crinière – naseaux – b. au garrot – c. fouet – attelage – d. encolure

6 ▶ a. hippique – des haras – robe alezan – harnaché – pelage lustré – piaffaient

53 **La ville**

1 ▶ a. [...] à un **quartier** libre. – b. [...] cannelés a **pignon sur** rue – c. [...] la Ville **Lumière** – d. [...] à la **rue.** – e. [...] a jeté un **pavé dans la mare.**

2 ▶ a. 3 – b. 4 – c. 1 – d. 2 – e. 6 – f. 8 – g. 7 – h. 5

3 ▶ a. verbaliser – b. cosmopolite – c. une artère – d. un réverbère – e. municipal

4 ▶ a. intra-muros – b. résidentiel – c. assiégèrent – d. grouillent – e. cosmopolites

5 ▶ l'esplanade – artère – quais – avenue passante – populaire et cosmopolite – l'arrondissement – labyrinthe de ruelles – pavées

6 ▶ a. piétiner – b. peupler – c. urbaniser – d. localiser – e. agglomérer – f. prospérer – g. manifester – h. croître – i. siéger/assiéger

54 **L'habitat**

1 ▶ a. sa dernière demeure – b. travailler à domicile – c. rentrer au bercail/regagner ses pénates – d. il y a péril en la demeure – e. à la Maison Blanche

2 ▶ a. mansarde – lucarne – b. volée – perron – c. porche – auvent

3 ▶ a. chambre de bonne – héberger – b. (je) séjourne – c. (mes grands-parents) ont résidé – demeure – d. soupirail – sous-sol

4 ▶ a. un faîte – b. un manoir – c. un palier – d. un bouge – e. un pignon

5 ▶ [...] demeure [...] façade de pierre de taille [...] marquise [...] le perron [...] croisées [...] persiennes [...] balustrades des balcons [...] gouttière [...] loger [...] battants

55 **L'intérieur de la maison**

1 ▶ a. fait souvent tapisserie – b. Au saut du lit, Albertine – c. de fond en comble – d. au chevet – e. assis entre deux chaises

2 ▶ a. 4 – b. 5 – c. 2 – d. 1 – e. 3 – f. 9 – g. 8 – h. 6 – i. 10 – j. 7

3 ▶ a. 5 – b. 4 – c. 1 – d. 2 – e. 3 – f. 9 – g. 10 – h. 6 – i. 7 – j. 8

4 ▶ a. une buanderie – b. les sanitaires – c. les combles – d. un cellier – e. une patère

5 ▶ a. mansarde – b. débarras – c. buanderie – d. cellier – e. véranda

6 ▶ a. boudoir – causeuse – b. candélabre – corridor – c. dressing – penderies – d. desserte

56 **Les couleurs et la lumière**

1 ▶ a. série noire – b. noires de monde – c. la couleur – d. fasse la lumière

2 ▶ a. **tamisée** – b. **flot** – c. **chatoyants** – d. **miroiter** – e. **embrasement**

3 ▶ a. **obscurité** – **opaques** – **filet** – **clarté** – **pénombre** – c. **scintiller**

4 ▶ corail – pourpre – incarnat – vermeil – écarlate – cramoisi

5 ▶ **demi-jour** – bleu **céruléen** – ailes blanches **diaphanes** – **incarnat** – un paon du jour **bigarré** – **multicolore**

6 ▶ **bleu** : lavande – pervenche – marine – **rose** bonbon – indien – **jaune** : citron – bouton d'or – paille – poussin – **vert** : pistache – pomme – amande – bouteille – **gris** : anthracite – perle

57 **Les formes et les matières**

1 ▶ a. [...] une peau de **satin** – b. [...] dur comme **fer** – c. [...] l'acteur resta de **marbre** – d. [...] l'**étoffe** d'un héros – e. [...] il est né avec une **cuillère** en **argent dans la bouche**

2 ▶ a. rétrécir – b. transfigurer – c. effilé – d. évasé – e. se ratatiner

3 ▶ a. le frêne – b. le bronze – c. le cristal – d. la nacre – e. le palissandre

4 ▶ a. acier – b. chêne – c. cachemire – d. porce laine – e. ivoire

5 ▶ a. **effilés** – b. **évasé** – c. **cruciforme** – d. **coniques** – e. **incurvée**

6 ▶ a. 5 – b. 3 – c. 8 – d. 7 – e. 1 – f. 6 – g. 2 – h. 4

Les liens sociaux

58 **La famille**

1 ▶ a. mon oncle – b. mon cousin – c. ma cousine – d. ma cousine – e. ma tante – f. mon grand père – g. ma belle-sœur – h. mon grand-père

2 ▶ a. [...] il faut présenter le **livret** de famille. b. Ces deux vêtements ont un **air** de famille [...]. c. Lors de la **réunion** de famille [...] ! – d. Le employés de ce magasin ont l'**esprit** de famille [...]. – e. Cet enfant abandonné a été placé dans une famille **d'accueil**. – f. [...] mon frère fut notre **soutien** de famille. – g. La famille de M. Aouad est **dispersée**.

3 ▶ a. ses aïeux – b. la succession des rois Capétiens – c. la transmission des biens – d. benjamin – e. l'époux – f. les obsèques

4 ▶ a. couple – b. parrain – c. majorité – d. fraternel – e. noces – f. nécessiteuse – g. naturels.

5 ▶ a. belle-fille (ou la bru) – b. le frère – c. la belle-sœur – d. la nièce – e. la tante

59 La scolarité

1 ▶ a. à rude école – b. cas d'école – c. à bonne école – d. fait école – e. l'école buissonnière

2 ▶ a. principal – b. internes – c. surveillants – d. moniteur – e. collégiens – f. étudiants

3 ▶ a. corrige – rendre/distribuer – b. s'instruire/ de travailler – c. réviser – d. redoubler – e. interroge – f. retenir/citer – g. récite

4 ▶ a. les travaux pratiques – b. un pédagogue – c. s'instruire – d. le réfectoire – e. le programme

5 ▶ a. [...] cet acteur possède **une classe** extraordinaire. – b. Le dortoir des **internes** se trouve au dernier étage du bâtiment B. – c. Pour suivre le cours **d'éducation** physique, les élèves se rendent au gymnase./Pour suivre le cours de physique, les élèves se rendent au **laboratoire**. – d. [...] tu penses miser sur les deux **tableaux**. – e. [...] vous lui faites **la leçon**. – f. [...] Bertrand donne **libre cours** à son imagination.

60 Les relations humaines

1 ▶ a. facile à vivre – b. restées en bons termes – c. se met en rapport – d. comme larrons en foire – e. peut compter – f. souhaitent la bienvenue – g. reste à distance – h. des atomes crochus

2 ▶ a. un ennemi – b. une confidence – c. ennuyer – d. une conversation – e. antipathique – f. se séparer

3 ▶ a. Des scientifiques du monde entier **coopèrent** [...]. – b. Il est normal que des voisins **se saluent** lorsqu'ils **se rencontrent**. – c. [...] ces deux personnes **s'apprécient**. – d. Mathilde **se confie** volontiers [...]. – e. [...] ces deux hommes **dialoguent** [...] – f. [...] les adversaires **fraternisent** oubliant les affrontements.

4 ▶ a. La complicité – b. Les tribus – c. La solidarité – d. L'hospitalité – e. La fréquentation – f. Le dévouement

5 ▶ a. chaudière – b. chaudrons – c. chaleureusement – d. réchauffer – e. échaudé – f. s'échauffe

61 Le travail

1 ▶ a. sa retraite – b. donner de la tête – c. longue haleine – d. d'arrache-pied – e. dilettante – f. bourreau de travail

2 ▶ a. [...] les ouvriers **fabriquent** [...]. – b. Ce sculpteur **crée** des statues [...]. – c. [...] Magali **s'occupe** [...]. – d. [...] un caricaturiste **exécute** le portrait des hommes politiques. – e. [...] il **s'applique** [...]. – f. [...] tu **peines** [...]. – g. Michaël **parfait** ses connaissances [...].

3 ▶ **Travail pénible** : exténuant – titanesque – ardu – rude – laborieux – difficile – fatigant – éreintant – harassant
Travail facile : aisé – enfantin – simple – plaisant – commode – élémentaire – insignifiant

4 ▶ a. honoraires – b. supplémentaires – c. salaire – d. indemnité – e. traitement – f. rétribution – g. appointements

5 ▶ a. certificat de travail – b. contrat d'apprentissage – c. grève – d. congés payés – e. chômage technique – f. arrêt de travail – g. législation du travail

62 Les loisirs

1 ▶ a. ses positions – b. consacre – c. temps – d. se livre – e. friand – f. se mettent au vert

2 ▶ a. 4 – b. 2 – c. 1 – d. 3 – e. 7 – f. 5 – g. 6

3 ▶ a. l'aquariophilie – b. les cartes – c. la lecture – d. la peinture – e. la poterie – f. le théâtre – g. les mots croisés – h. la broderie – i. la pétanque

4 ▶ Le gérant du camping leur a réservé un **emplacement** à l'ombre. Tout d'abord, elles déplient la **tente** et la disposent sur le sol. Elles enfoncent les **piquets** [...] et elles montent le **mât** [...]. Elles disposent leur **sac de couchage** sur le **tapis de sol** [...]. Sous l'**auvent**, elles placent leur matériel [...].

5 ▶ M. Robin choisit une **canne à pêche** suffisamment flexible [...]. Il sort sa boîte d'**hameçons** [...]. Il n'aura donc pas besoin d'une **épuisette** [...]. Il enroule sa **ligne** autour du **moulinet** [...]. Il choisit un **bouchon** très sensible qui s'enfoncera à la moindre **touche**. [...] M. Robin pêchera la truite au **lancer** ; il fixera une **mouche** ou une **cuillère** au bout de sa ligne [...].

63 Les vacances – Le tourisme

1 ▶ a. d'air – b. ses pénates – c. à l'aventure – d. quête – e. l'étalement des vacances – f. point de chute – g. prend pension – h. roulé sa bosse

2 ▶ a. un raid – b. une croisière – c. un détour – d. une excursion – e. une randonnée – f. l'itinéraire – g. la traversée – h. le parcours – i. une expédition

3 ▶ Arrivée sur son **lieu** de vacances, une station **balnéaire**, Lisa se dirige vers son **hôtel** [...]. Demain, elle se rendra à l'**office** du tourisme et elle retiendra une place pour une **croisière** [...]. Elle pense que l'**affluence** ne sera pas trop importante, car le mois de juin se situe en **basse** saison. [...] elle profite du **dépaysement** [...].

4 ▶ a. **Rachel part en bateau** : s'embarquer – débarquer – un voilier – un port – naviguer – jeter l'ancre
b. **Béatrice part en train** : un wagon – la voie ferrée – les rails – un wagon-lit – un tunnel – le TGV
c. **Carlos part en avion** : les réacteurs – atterrir – une piste d'atterrissage – un aéroport – survoler – une hôtesse de l'air
d. **Francis part à pied** : un sac à dos – une randonnée – une gourde – une tente – une promenade – un marcheur

187

Corrigés

1 ▶ a. [...] les enfants **sautent** de joie. – b. [...] nous étions à la **fête**. – c. Aucun trouble-**fête** n'est venu [...]. – d. [...] il a un air **de fête**. – e. [...] ce n'est pas tous les **jours** fête. – f. [...] Martin ne s'était pas **trouvé** à pareille fête. – g. [...] elle **pend** la crémaillère avec des amis. – h. [...] elle **arrose** ça avec ses collègues.

2 ▶ **Événements heureux** : un banquet – l'inauguration – les réjouissances – le carnaval – la kermesse – un festin – le mariage – la fête foraine – le gala
Événements malheureux : les obsèques – l'accident – la défaite – la maladie – une déception – une trahison

3 ▶ a. loisirs/passe-temps – b. réjouissances – c. fête aérienne – d. kermesse – e. Ramadan – f. recevait/accueillait – g. banquet – h. carnaval

4 ▶ **Fêtes civiles** : le 14 Juillet – la fête du Travail – la fête des Mères – le 11 Novembre
Fêtes religieuses : Noël – Pâques – Yom Kippour – l'Aïd-el-Kébir – la Pentecôte – la Toussaint – l'Épiphanie – l'Ascension

5 ▶ a. gala – b. kermesse – c. cortège – d. guerroyer – e. inauguration

1 ▶ a. jette l'éponge – b. saute pas aux yeux – c. se pique au jeu – d. un temps d'avance – e. saute un repas

2 ▶ a. 4 – b. 6 – c. 3 – d. 5 – e. 2 – f. 1 – g. 7 – h. 10 – i. 14 – j. 9 – k. 11 – l. 13 – m. 8 – n. 12

3 ▶ a. **sports de combat** : le karaté – la boxe – le judo – la lutte – l'aïkido – l'escrime
b. **sports nautiques** : le plongeon – la natation – le kayak – la plongée – le water-polo – la voile – l'aviron
c. **sports de glisse** : le patinage – le ski – le skateboard – la luge – le patin à roulettes – le surf
d. **sports mécaniques** : le rallye – le moto-cross – la formule 1 – l'enduro – le trial – le karting

4 ▶ a. [...] des banderoles pour **encourager** leur équipe favorite. – b. [...] s'installent sur le **pas de tir**. – c. Le sauteur à la perche prend son **élan** [...]. d. Le marathonien court à perdre **haleine** [...].

5 ▶ a. saute-mouton – b. les courses au marché – c. l'intervalle – d. le lancer de pierres – e. le tir des cartes – f. le lever de voile

6 ▶ a. **sports individuels** : le golf – le parachutisme – le marathon – l'haltérophilie – le patinage artistique – le fitness – le karting – le ski acrobatique – le deltaplane – le trampoline – le catch – le bowling
b. **sports d'équipe** : le cricket – le rugby – le hockey sur gazon – le base-ball – le curling

1 ▶ a. il a **pris son bâton de pèlerin** b. il ne se **fait pas prier** – c. ne **sait plus à quel saint se vouer** – d. pas un enfant de chœur – e. **Ce n'est pas très catholique** ! – f. ses propos sont **paroles d'évangile** – g. ma **religion est faite** – h. c'est un **saint homme** – i. il a **le diable au corps**

2 ▶ **Religion juive** : le rabbin – une synagogue – la Bible. **Religion catholique** : le pape – le curé – le moine – le cardinal – l'abbé – la chapelle – une église – un couvent – une cathédrale – un presbytère – un cloître – la Bible – l'Évangile **Religion musulmane** : l'imam – le mollah – une mosquée – un minaret – le Coran. **Religion protestante** : le pasteur – la chapelle – un temple – la Bible. **Religion bouddhiste** : le bonze – le moine – un temple.

3 ▶ a. pratiquants – b. converti – c. pieuses – d. croyants – e. Athée – f. adeptes

4 ▶ a. au paradis – b. le muezzin – c. le rite – d. l'animisme – e. les cardinaux – f. le prieur – g. la laïcité

1 ▶ a. [...] voilà qui est **de bon augure** ! – b. [...] un vrai **oiseau de malheur** ! – c. [...] boule de cristal pour **prédire l'avenir**. – d. [...] les candidats par **tirage au sort** – e. [...] pour **se protéger du mauvais œil**. – f. La fée jeta un sort.

2 ▶ a. aux folklores – b. rebouteux/sorcier – c. une amulette – d. un revenant – e. des devins – f. une légende – g. une chiromancienne

3 ▶ a. un esprit – b. le tarot – c. une spirite – d. un astronome – e. envoûter – f. la pharmacie

4 ▶ a. l'astrologue – b. vaudou – c. (les religions) païennes – d. la mythologie – la nymphe – e. hanté – f. la grande faucheuse

1 ▶ a. une monarchie – b. gouverner – c. le marxisme – d. un chef d'État – e. une insurrection – f. une reine

2 ▶ a. démagogie – b. république – c. constitution – d. civisme – e. capitalisme – f. totalitarisme

3 ▶ a. des émeutes – b. totalitaire – c. au Kremlin – d. une fédération – e. la démocratisation – f. un dictateur – g. la Constitution – h. abdiquer d'une révolution

4 ▶ a. [...] a franchi le **Rubicon** – b. [...] un véritable coup de **Jarnac** ! – c. [...] être **politiquement** correct – d. [...] **a retourné sa veste** – e. [...] une véritable république **bananière** !

5 ▶ a. république – b. une monarchie constitutionnelle – c. révolution – d. capitalisme – e. communiste – f. civique – g. tolérance

1 ▶ a. [...] il veut **ménager la chèvre et le chou** b. [...] le député qui **manie la langue de bois** c. [...] a décidé de **dissoudre l'Assemblée nationale**. d. Leur candidat était **en ballottage** [...]. e. [...] **remplir notre devoir électoral** – f. [...] gouverne en **allant dans le sens de l'opinion**

2 ▶ a. motion de censure – b. décentralisation – c. le Parlement – d. un scrutin – e. pouvoir exécutif – f. la mairie

3 ▶ a. président de la République – b. le Premier ministre – c. l'Assemblée nationale – d. scrutin – plébiscite – e. voter blanc – f. revendications

4 ▶ a. abstentionniste – b. démagogique – c. parlementaire – d. législatif – e. électoral

5 ▶ a. une coalition – b. s'est abstenu – c. le gouvernement – d. l'électorat – e. un amendement

70 **La justice et la loi**

1 ▶ a. le témoin – b. un acquittement – c. un réquisitoire – d. un larcin – e. débouter

2 ▶ a. effraction – b. droit – c. expertise – d. à huis clos – e. réquisitoire – l'accusé

3 ▶ a. par contumace – b. parodies de justice – c. travaux d'intérêt général – d. arrangement à l'amiable – e. dommages et intérêts

4 ▶ a. Le garde des Sceaux – b. dérobé – c. la partie civile – d. le parquet – e. homicide

5 ▶ **Culpabilité** : infraction – homicide – condamnation – délinquant. **Innocence** : victime – acquitter – disculper – blanchir

6 ▶ a. [...] pour **voie** de fait – b. [...] entré **par effraction** – c. Dans sa **plaidoirie** [...] – d. [...] a été **débouté** – e. [...] il a été mis en **détention provisoire**

71 **Les relations internationales**

1 ▶ a. représenter – b. un coopérant – c. déchiffrer – d. un médiateur – e. la coopération

2 ▶ a. l'Union européenne – b. ultimatum – ses frontières – c. le protocole – incident diplomatique – d. une aide humanitaire – e. un agent double – f. cryptés – g. coopérant – h. l'Indépendance

3 ▶ a. Cet état défend le **droit d'ingérence** [...] – b. [...] droit des peuples à **disposer d'**eux-mêmes – c. [...] ces deux pays ont **rompu** leurs relations diplomatiques – d. [...] respectez le **protocole** – e. [...] le **porte-parole** des interventions humanitaires

4 ▶ a. infiltrer – b. droit d'asile – c. ultimatum – d. médiateur – e. coopérant – f. agent double

72 **La guerre et la paix**

1 ▶ a. 2 – b. 3 – c. 4 – d. 1 – e. 6 – f. 7 – g. 8 – h. 5

2 ▶ a. un va-t-en-guerre – b. la capitulation – c. poilus – d. belligérants – faire une trêve – e. se mutinent – f. tombés au champ d'honneur – g. pratiquent la politique de la terre brûlée

3 ▶ a. traître – b. déclaré la guerre – c. l'offensive – d. pilonné – e. renforts – munitions – f. réfugiés – hostilités/attaques/bombardements – g. tranchées

4 ▶ a. un armistice – b. un génocide – c. un missile – d. le drapeau blanc – e. déserter

5 ▶ Après une **victoire** écrasante sur l'ennemi, le général proposa une **trêve** pour entamer des **négociations** de paix. L'ennemi reconnut sa **défaite** et accepta de **capituler** sans condition. Les **belligérants** signèrent **un traité de paix** qui mit fin à la **guerre**.

Les activités humaines

73 **Les activités domestiques**

1 ▶ a. [...] **balaie devant ta porte**. – b. [...] **parler chiffons**. – c. [...] **se mettre en ménage**. – d. [...] **grand échalas** [...]. – e. [...] **font bon ménage**.

2 ▶ a. bêcher – b. un abrasif – c. astiquer – d. un boulon – e. une serpillière – f. un godet

3 ▶ a. 2 – b. 4 – c. 5 – d. 1 – e. 6 – f. 3 – g. 9 – h. 7 – i. 11 – j. 8 – k. 12 – l. 10

4 ▶ a. 4 – b. 5 – c. 1 – d. 3 – e. 2 – f. 9 – g. 10 – h. 6 – i. 7 – j. 8

5 ▶ biner – bêche – l'ameublir – un plantoir – rabat – boutures – godet – serre – repiquera

74 **La nourriture et les repas**

1 ▶ a. [...] j'ai mangé **mon pain blanc**. – b. [...] à **quelle sauce** ils seraient mangés. – c. [...] j'ai **fait honneur à** ta ratatouille ! – d. [...] à la bonne **franquette**.

2 ▶ a. [...] **à manger à tous les râteliers**. – b. [...] un **coq en pâte**. – c. [...] **mangé de la vache enragée**. – d. [...] **mangent dans la main**. – e. [...] **faisons bombance**.

3 ▶ a. un repas léger – b. une personne qui participe à un repas avec d'autres – c. un plat sucré que l'on sert après le fromage et avant les fruits – d. un festin entre amis – e. un verre d'alcool pris au milieu d'un repas copieux – f. sucrerie ou pâtisserie délicate

4 ▶ a. un en-cas – b. un digestif – c. jeûner – d. se restaurer – e. frugal

5 ▶ a. [...] **banquet.** – b. [...] les **copieux** [...] **diète**. – c. [...] **se gaver.** – d. [...] **chipote.** – e. [...] **ingéré.**

6 ▶ a. épicé – b. agapes – c. hors-d'œuvre – d. rafraîchissements

75 **La cuisine et la table**

1 ▶ a. [...] tout apporté sur **un plateau d'argent.** b. Mes collègues sont à **couteaux tirés** [...]. c. [...] a souvent joué les **deuxièmes couteaux**. d. [...] ils mettent les **petits plats dans les grands**. e. [...] Mme Vuillet l'a passé à son **fourneau**.

2 ▶ a. une ménagère – b. une soucoupe – c. épépiner – d. un saladier – e. une louche

3 ▶ a. une carafe – b. assaisonner – c. enduire – d. émincer – e. mijoter – f. une flûte

4 ▶ a. 3 – b. 5 – c. 4 – d. 1 – e. 2 – f. 7 – g. 10 – h. 6 – i. 8 – j. 9

5 ▶ a. 2 – b. 1 – c. 3 – d. 6 – e. 4 – f. 5

6 ▶ a. [...] **ménagère** – b. [...] **réserver** – c. **peler** [...]. – d. [...] **set** – e. [...] **enduire**.

76 **Les transports**

1 ▶ [...] alors pour le **remettre sur les rails**, son oncle lui a proposé de s'associer. Sébastien a beaucoup hésité avant de **s'embarquer dans cette aventure**, mais depuis qu'il a pris **le train en marche/est à la barre**, les affaires marchent bien et **au train où vont les choses** il faudra bientôt agrandir [...]. Sébastien rêve déjà qu'il **mènera grand train** [...].

2 ▶ **Transports individuels** : une moto – une voiture – un planeur – un vélo – un scooter – un camping-car – une trottinette – un quad – un tricycle. **Transports collectifs** : le RER – un tramway – le métro – l'autobus – un autorail – un paquebot – un trolleybus – un aéroglisseur – un long-courrier.

3 ▶ a. M. Besson **vérifie** le niveau [...] avant de **mettre** le contact. – b. Un bon conducteur **ralentit** [...]. – c. Lorsque le feu est au rouge, on s'arrête [...]. – d. Les poids lourds ne **dépassent** pas la vitesse [...]. – e. Quand on **croise** un autre véhicule [...]. – f. [...] tous les véhicules **roulent** sur la partie gauche [...]. – g. [...] la camionnette **dérape** [...]. – h. [...] les véhicules **freinent** [...].

4 ▶ **Moyens de transport anciens** : une galère – une caravelle – une pirogue – un char à bœuf – une chaise à porteurs – une diligence – un carrosse – une limousine – une charrette – un fiacre – une carriole – une calèche. **Moyens de transport actuels** : un pétrolier – un hélicoptère – un taxi – une limousine – un semi-remorque – un monorail – un méthanier.

5 ▶ a. chauffeur – aéroport – terminal b. ferry-boat – s'arrime – quai c. motrice – TGV – wagons d. camion – stationne – repartit.

77 ▶ Le monde du travail

1 ▶ a. [...] il connaît **toutes les ficelles** de son métier. b. Il n'y a pas de **sot** métier [...]. c. Pour avoir une **augmentation** [...]. d. [...] ne peuvent que **tuer** la profession. e. Depuis qu'il a monté **en grade**, il paraît plus détendu.

2 ▶ a. 8 – b. 12 – c. 3 – d. 15 – e. 9 – f. 1 – g. 7 – h. 5 – i. 6 – j. 11 – k. 14 – l. 2 – m. 4 – n. 10 – o. 13

3 ▶ a. fonctionnaires – b. salariés/négociations – c. collègue – d. CV – e. affectation

4 ▶ a. travail – b. patron – c. carrière – d. est bien rémunéré – dégradant – e. candidature

5 ▶ a. artisan – b. traditionnel – c. offre d'emploi – d. entrepreneur – e. libérale

78 ▶ L'agriculture et l'élevage

1 ▶ a. [...] c'est un **esprit cultivé**. – b. [...] les Lyonnais **se mettent au vert** [...]. – c. [...] c'est vraiment **chercher une aiguille dans une botte de foin**. – d. Harold a bien révisé et il a **récolté le fruit de son travail** [...]. – e. L'expérience inédite [...] a **semé le doute** [...]. – f. [...] il a l'**imagination fertile** assure son éditeur. – g. Si tu nous **mets des bâtons dans les roues** [...]. – h. Trop souvent la publicité **pousse à la roue** les acheteurs [...].

2 ▶ a. 2 – b. 3 – c. 1 – d. 4 – e. 6 – f. 5 – g. 9 – h. 11 – i. 10 – j. 12 – k. 8 – l. 7

3 ▶ a. 7 – b. 4 – c. 3 – d. 9 – e. 8 – f. 1 – g. 2 – h. 5 – i. 6 ou h. 6 – i. 5

4 ▶ a. [...] il lui laisse le champ **libre**. – b. [...] de nombreux soldats sont tombés au champ **de bataille**. – c. Pour donner de la **profondeur** de champ à une photographie [...]. – d. [...] ce député a décidé de **prendre** du champ [...]. – e. [...] prendre **la clé** des champs ! – f. [...] le routier **partit** sur-le-champ. – g. Cette personne interrompt l'orateur à tout **bout** de champ [...]. – h. [...] des mots appartenant au champ **lexical** du mot « bateau » ? – i. Les chevaux [...] sont au départ sur le champ de **courses** [...].

79 ▶ Les sources d'énergie et l'industrie

1 ▶ a. Ce joueur d'échecs a **des nerfs d'acier** – b. La réunion [...] est animée, on dirait même qu'il **y a de l'électricité dans l'air**. – c. [...] une majorité d'élèves a **fait barrage** à son élection. – d. [...] les candidats sont **sur les charbons ardents**.

2 ▶ **Le charbon** : un terril – un filon – un mineur – le grisou – une mine – un coron. **Le pétrole** : un baril – une raffinerie – un oléoduc – une plate-forme. **Le gaz** : une raffinerie – un brûleur. **Les énergies renouvelables** : le vent – la marée – le soleil – un biocarburant – une éolienne.

3 ▶ a. 2 – b. 3 – c. 10 – d. 8 – e. 4 – f. 7 – g. 11 – h. 6 – i. 12 – j. 9 – k. 1 – l. 5

4 ▶ a. [...] une **bonne** mine. – b. [...] ils font **grise** mine. – c. Ce déménageur ne **paie** pas de mine [...]. – d. Maxime a **fait** mine de vouloir prendre le chemin [...]. – e. Les mines de **fer/charbon** de la région lorraine [...]. – f. [...] vous trouverez une mine d'**informations**.

5 ▶ Les carrosseries, les ailes, les **portières**, les capots, sont lisses, brillants, multicolores. Nous les **ouvriers**, nous sommes gris, sales, fripés. La **couleur**, c'est l'objet qui l'a sucée [...]. Elle resplendit de tous ses **feux**, la voiture en cours de fabrication. Elle avance **doucement**, [...], s'enrichit d'**accessoires** et de chromes, son intérieur se garnit de **tissus** douillets, toutes les **attentions** sont pour elle. [...] Pour elle, pour elle seule, les lumières de la grande **chaîne**. Nous, une nuit invisible nous **enveloppe**.
Robert Linhart, *L'Établi*, Éd. de Minuit, 1978.

80 ▶ Le commerce

1 ▶ a. [...] ses parents disent qu'il a déjà la **bosse du commerce**. – b. [...] il a **pignon sur rue** dans le quartier. – c. [...] le garagiste est en **rupture de stock** de chaînes [...]. – d. [...] M. Léon essayait de vendre des encyclopédies en faisant du **porte-à-porte**. – e. Ces chaussures [...] **s'enlèvent comme des petits pains** ! – f. La famille Desroches **versent un acompte** sur l'achat d'un canapé [...].

2 ▶ a. 4 – b. 5 – c. 1 – d. 6 – e. 2 – f. 7 – g. 3

3 ▶ a. [...] le guide est payé pour le **savoir** ; en marchant il s'est blessé. – b. [...] amis qui l'ont bien **payé en retour** [...]. – c. [...] il a payé de sa **personne** tout au long de la journée. – d. Les humoristes se paient [...] la **tête** des hommes politiques [...]. e. [...] la comédienne se paie du bon **temps**. f. [...] le coureur belge s'est payé le **luxe** de ralentir. – g. [...] il paie toujours les producteurs **rubis sur l'ongle**. – h. [...] qui va payer les **dégâts** ? i. [...] « Le **crime** ne paie pas ! »

4 ▶ a. 3 – b. 4 – c. 6 – d. 2 – e. 5 – f. 1 – g. 10 – h. 12 – i. 11 – j. 9 – k. 8 – l. 7

5 ▶ **Synonymes de vendeur** : commerçant – détaillant – marchand – boutiquier. **Synonymes d'acheteur** : client – consommateur – preneur – acquéreur.

81 ▶ Les services financiers

1 ▶ a. [...] certains sont entrés **sans bourse délier** [...]. – b. [...] mais tu en as eu **pour ton argent**. c. [...] ce n'est pas étonnant, elle jette l'**argent par les fenêtres** ! – d. Les élèves ont obtenu un **chèque en blanc** [...] pour organiser un tournoi de tennis de table [...]. – e. [...] c'est **monnaie courante** à la campagne. – f. [...] Gabriel n'avait qu'un billet de 50 euros ; il a dû faire la **monnaie**

2 ▶ a. provision. – b. cours – c. acompte – d. fonciers – e. d'initié

3 ▶ a. bouts de chandelle – b. de ce pays – c. petites – d. banque – e. échelle – f. l'offre

4 ▶ a. 5 – b. 4 – c. 1 – d. 3 – e. 11 – f. 2 – g. 8 – h. 9 – i. 10 – j. 7 – k. 6

82 La médecine

1 ▶ a. [...] il est tenu au **secret professionnel**. – b. Le serment **d'Hippocrate** [...]. – c. [...] garder **la chambre**. – d. [...] il a attrapé une **infection nosocomiale**. – e. [...] cures de **désintoxication**.

2 ▶ a. 6 – b. 4 – c. 2 – d. 3 – e. 1 – f. 5

3 ▶ a. 2 – b. 1 – c. 4 – d. 3

4 ▶ a. 5 – b. 4 – c. 1 – d. 2 – e. 3 – f. 9 – g. 10 – h. 7 – i. 6 – j. 8

5 ▶ a. obstétricien – b. maternité – c. pédiatre – d. soins palliatifs – e. dispensaire

83 L'écologie et le développement durable

1 ▶ a. une campagne de **sensibilisation** [...] – b. [...] commerce **équitable** – c. [...] principe de **précaution**. – d. [...] protocole de **Kyoto** [...]. – e. [...] gaz à effet de **serre** [...].

2 ▶ a. le reboisement – b. toxique – c. la canicule – d. un sinistre – e. la désertification – f. le compostage

3 ▶ a. biodégradable – b. recycler – c. énergie fossile – d. un biocarburant – e. le compostage – f. les biocarburants

4 ▶ a. pénuries [...]. – b. stations d'épuration [...]. – c. marée noire [...]. – d. [...] covoiturage – e. toxique – f. [...] voie d'extinction. – g. éolienne.

84 Les arts : la sculpture et l'architecture

1 ▶ a. [...] Pygmalion avait **modelé** [...]. – b. Il tomba amoureux de **sa statue/sculpture** [...]. – c. [...] un **buste** de Napoléon. – d. Ce **bas-relief** représente une danse macabre [...] qu'on **sculptait** au Moyen Âge. – e. Le Parthénon [...] est un **temple** grec. – f. **L'aile** du bâtiment va être **restaurée**.

2 ▶ a. burin – b. un moule – c. l'assemblage – d. le relief – e. cathédrale – f. austère – g. une plume

3 ▶ a. [...] l'un des **architectes** du projet européen. – b. [...] C'est l'effet **Pygmalion !** – c. Gala a été **la muse** du poète Paul Eluard [...]. – d. [...] Jeff Koons est très **inspiré** par les objets du quotidien. – e. [...] les moyens **d'expression** artistique de Michel-Ange.

4 ▶ a. Avec l'effet de **perspective** [...]. – b. Michel-Ange a sculpté dans **le marbre** ses célèbres esclaves [...]. – c. [...] nombreuses villes **fortifiées** par Vauban [...]. – d. Lille est connue pour sa **citadelle** [...]. – e. Les trois **styles architecturaux** de la Grèce antique [...]. – f. [...] Dédale est **l'architecte** du Labyrinthe [...]. – g. [...] la Pyramide du Louvre en utilisant **le verre et l'acier**.

85 Les arts : la peinture et la photographie

1 ▶ a. [...] les couleurs **primaires** [...]. – b. [...] leur **clair-obscur**. – c. [...] aux **toiles** expression-

nistes. – d. [...] dans le **révélateur**. – e. Un appareil photo **analogique** [...].

2 ▶ a. une fresque – b. une acrylique – c. le tirage – d. encadrer – e. une touche

3 ▶ a. une vanité – b. le trompe-l'œil – c. l'exposition – d. le fixateur

4 ▶ a. numérique – b. flou – c. surexposée – d. abstraite – e. mates – f. pictural

5 ▶ a. [...] leurs **fresques** [...]. – b. [...] une série de **diapositives** [...]. – c. [...] a fait d'elle un **autoportrait** [...] tenant sa **palette**. – d. [...] sa période **cubiste**. – e. [...] des peintres **impressionnistes** [...]. – f. [...] la **chambre noire** [...] !

86 Les arts : la musique, la danse et l'opéra

1 ▶ a. [...] d'accorder **nos violons**. – b. [...] du papier à **musique**. – c. [...] Pierrot **en pince** [...]. – d. [...] comme un **sonneur** ! – e. [...] il avait des **trémolos** [...]. – f. [...] des ronds de jambe. – g. [...] y mettre **un bémol**.

2 ▶ a. cantatrice – b. l'ouverture/airs – c. la salle de bal – d. mélomane – e. mélodieux

3 ▶ a. une star – b. une mélomane – c. une octave – d. allegro – e. un entremets

4 ▶ a. [...] un **instrument de musique** [...]. – b. [...] de **danses de salon**. – c. [...] sa **partition** [...]. – d. [...] le **livret** [...] ! – e. [...] une « **diva** ». – f. [...] un **maître de ballet** [...]. – g. [...] leurs **concerts** en play-back [...]. – h. [...] des **vocalises** [...].

87 Les arts : le cinéma et le théâtre

1 ▶ a. [...] mes **cinéastes/réalisateurs** préférés. – b. [...] d'une **comédie** de Molière. – c. [...] la *Farce de Maître Pathelin* [...]. – d. [...] des **auteurs dramatiques/dramaturges** [...]. – e. Le **cinéma** [...]. – f. Le directeur de **casting** [...]. – g. [...] de nombreux **flash-backs**.

2 ▶ a. [...] elle brûlait **les planches** – b. [...] fait toujours **du cinéma** – c. [...] cet athlète est sous le feu des **projecteurs** – d. [...] véritable monstre **sacré** – e. [...] un coup **de théâtre** !

3 ▶ a. le paradis – b. un péplum – c. les coulisses – d. une didascalie – e. une bande-annonce – f. le plateau

4 ▶ a. le régisseur/un accessoire – b. le montage du film – c. en aparté – d. une loge – e. une voix off – f. au dénouement

5 ▶ a. comédienne – b. du spectacle – c. bande originale – d. l'intrigue – e. cinéaste

88 Les arts : la littérature

1 ▶ a. au fil de la plume – b. conter fleurette – c. en perdre son latin – d. vivre de sa plume – e. l'angoisse de la page blanche – f. à dormir debout

2 ▶ a. [...] les **philosophes** les plus connus du siècle des **Lumières**. – b. [...] les **bandes dessinées**. – c. [...] les **éditeurs** [...]. – d. [...] avec ses **fables** [...] ! – e. [...] leurs **contes de fées**. – f. [...] à la **Pléiade** [...]. – g. [...] **dramaturge**. – h. [...] c'est un écrivain **réaliste**.

3 ▶ a. un roman de cape et d'épée – b. un calligramme – c. un nègre – d. un pamphlet – e. le naturalisme – f. romanesque

89 Le langage

1 ▶ a. langue maternelle – b. illisible – c. vociférer – d. taciturne – e. formules – f. bégayer
2 ▶ vernaculaire – maternelle – ancienne – morte – étrangère – véhiculaire
3 ▶ a. bavarde – b. une récitation – c. la conjugaison – d. bredouiller – e. un polyglotte
4 ▶ a. grammaire – b. dialecte – c. polyglotte – d. bredouiller – e. langage – f. déclamer
5 ▶ a. les mauvaises langues – b. le jargon – c. un écrit – d. au sens propre – e. une déclaration

90 Les moyens de communication

1 ▶ a. opérateurs – b. oblitéré – c. un mail – d. le cadran – e. de port – f. un kit mains libres
2 ▶ a. 5 – b. 3 – c. 1 – d. 2 – e. 4
3 ▶ a. [...] sans laisser d'adresse, le colis a été retourné à l'envoyeur. – b. [...] au téléphone arabe [...]. – c. [...] mon voisin s'est mis aux abonnés absents. – d. [...] de rester en ligne [...]. – e. [...] au nez de son interlocuteur.
4 ▶ a. la levée – b. lettre recommandée – c. le cachet de la Poste – d. boîte de réception – e. une cabine téléphonique – f. l'indicatif

91 La presse écrite

1 ▶ a. un bimensuel – b. un scoop – c. une légende – d. le tirage
2 ▶ a. [...] lors d'une conférence de presse. – b. [...] car la liberté de la presse [...]. – c. [...] Il fait les choux gras de la presse [...]. – d. [...] de la rubrique des chiens écrasés !
3 ▶ a. un quotidien – b. (quatre) colonnes – c. la manchette – d. la légende – e. le bouclage

4 ▶ a. la déontologie – b. indépendants – c. la rédaction – d. les magazines de (sport) – e. sa source
5 ▶ a. 3 – b. 1 – c. 4 – d. 2

92 La radio et la télévision

1 ▶ a. [...] ils sont accro à la télé. – b. [...] nous étions sur la même longueur d'onde. – c. [...] à une heure de grande écoute. – d. [...] croyant ne plus être à l'antenne. – e. [...] sont à l'écoute des adolescents [...]. – f. [...] les journalistes ont rendu l'antenne [...].
2 ▶ a. [...] les émissions consacrées à la politique. – b. [...] des gens qui zappent [...] ! – c. Aujourd'hui les speakers/les speakerines [...]. – d. Le reporter a réalisé un micro-trottoir [...]. – e. Cet acteur se fait rare à la télévision [...]. – f. [...] les stations thématiques [...].
3 ▶ a. un reportage – b. un autoradio – c. une auditrice – d. capter – e. un podcast
4 ▶ a. Certains chroniqueurs radio [...] s'emparent d'un sujet d'actualité [...]. – b. Le directeur d'antenne [...] un jeu de sa grille. – c. [...] en entendant son jingle. – d. Mon vieux magnétoscope [...]. – e. L'émission [...] a été déprogrammée [...]. – f. [...] de capter [...]. – g. [...] j'ai caché la télécommande.

93 Les nouvelles technologies – Internet

1 ▶ a. 7 – b. 6 – c. 8 – d. 1 – e. 2 – f. 4 – g. 5 – h.
2 ▶ a. pointe – b. copie – c. police – d. se planter – e. l'icône – f. fil
3 ▶ a. une copie – b. périmé – c. bouleverser – d. détruire – e. décoder – f. oublier
4 ▶ a. mot de passe – b. compatibles – c. connecter – d. télécharge/pirate – e. l'imprimante – f. la corbeille – g. code PIN

Achevé d'imprimer en Espagne par UNIGRAF
Dépôt légal : Janvier 2017 - Édition: 04
88/6665/7